本书获得教育部人文社科基金青年项目(20YJC740095)、上海市教育科学研究项目(C2021188)、湖南省教育厅优秀青年项目(18B146)、湖南省教研教改项目(2017-643)资助

# 公共教育投入
# 对国民收入差异的影响

廖毅 张薇 ◎ 著

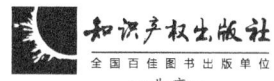

—北京—

图书在版编目（CIP）数据

公共教育投入对国民收入差异的影响/廖毅，张薇著.—北京：知识产权出版社，2021.6
ISBN 978-7-5130-7531-2

Ⅰ.①公… Ⅱ.①廖… ②张… Ⅲ.①教育投资—影响—国民收入分配—收入差距—研究—中国 Ⅳ.①G526.72 ②F124.7

中国版本图书馆CIP数据核字（2021）第088260号

**内容提要**

全球各国均将对公共教育投入数量的增减和结构的变化作为对社会结构、社会流动和经济状况进行调节的重要手段，而民众缘于其各自独特的经历、背景、地域和信仰等因素对公共教育投入的反应各异，故当考察公共教育投入对国民收入差异的影响时需要对被考察对象进行综合考量，将各国差异化的国情和民情等外部因素之于公共教育投入对国民收入差异的影响进行具体化差别对待。国民收入差异的完全消失和过度极化均将阻碍社会的发展和进步，因而各国需要将它们各自的国民收入差异保持在一个适当的范围之内，在保障社会和谐稳定的同时又具有不断进步的动力。

| 责任编辑：荆成恭 | 责任校对：潘凤越 |
|---|---|
| 封面设计：臧 磊 | 责任印制：孙婷婷 |

## 公共教育投入对国民收入差异的影响

廖毅 张薇 著

| 出版发行：知识产权出版社 有限责任公司 | 网　　址：http://www.ipph.cn |
|---|---|
| 社　　址：北京市海淀区气象路50号院 | 邮　　编：100081 |
| 责编电话：010-82000860转8341 | 责编邮箱：jcggxj219@163.com |
| 发行电话：010-82000860转8101/8102 | 发行传真：010-82000893/82005070/82000270 |
| 印　　刷：北京九州迅驰传媒文化有限公司 | 经　　销：各大网上书店、新华书店及相关专业书店 |
| 开　　本：720mm×1000mm　1/16 | 印　　张：17 |
| 版　　次：2021年6月第1版 | 印　　次：2021年6月第1次印刷 |
| 字　　数：258千字 | 定　　价：89.00元 |
| ISBN 978-7-5130-7531-2 | |

出版权专有　侵权必究
如有印装质量问题，本社负责调换。

# 序　言

　　国民收入的差异是关乎社会稳定和持续发展的重要问题，一直以来该问题始终备受各方关注。随着全球社会经济的不断发展，虽然各国民众的整体生活水平逐步得以提升，但来自世界各地的诸多实例均显示国民收入的差异呈持续扩大之势，上述情形的持续发展将导致社会正常运转所需的社会流动停滞，故而对国民收入的差异进行调节成为现今社会的当务之急。同时，由于世界正处于重视知识、科学、技术和创造的知识经济时代，世界各国均秉持人力资本理论，将教育投入视为本国在知识经济时代持续发展不可或缺的保障，因此公共教育投入成为各级、各地政府对国民收入差异进行有效调节的重要手段之一。从理论上看，人力资本理论对人力的资本性进行了肯定，教育是现代社会中积累人力资本的重要途径，基于人力资本理论，各国政府均将对公共教育投入数量的增减和结构的变化作为对社会结构、社会流动和经济状况进行调节的重要手段；由教育价值观理论可知，民众缘于其各自独特的经历、背景、地域和信仰等因素而结成同质化的群体，一般而言，属于同一群体的个体对事物具有相似的反应，而不同群体中的个体则反应各异，故而当考察公共教育投入对国民收入差异的影响时，需要将被考察对象所处的教育价值观加入进行综合考量，将各国差异化的国情和民情等外部因素之于公共教育投入对国民收入差异的影响进行具体化差别对待；国民收入差异的完全消失和过度极化均将阻碍社会的发展和进步，所以各国需要将它们各自的国民收入差异保持在一个适当的范围之内，在保障社会和谐稳定的同时又具有不断进步的动力。有鉴于此，本书按照提出问题、探究理论、构建研究模型、进行定量分析、研究回顾和扩展的思路进行，在以实证研究为基本研究途径的框架下,以定性分析为基础,以定量分析为手段,综合运用了文献研究、历史研究、比较研究、方差分析、主成分分析、格兰杰因果关系检验、回归分析等方法,尝试在鉴别地理区位和文化价值观两种影响因素强弱的基础上,通过格兰杰因果关系检验定量地判别公共教育投入与国民收入差异两者间的因变量与自变量的关系,综合经济影响因素的效力建立统计回归模型,基于全球统计数据实证计量分析公共教育投入对国民收入差异的影响效应。

人力资本理论、教育价值观、社会流动理论奠定了本书问题分析的基础,但公共教育投入对国民收入差异所发挥的具体功效也受诸多外生性因素的影响。同样规模和结构的公共教育投入对国民收入差异的影响在不同的教育价值观和经济状况群体中的具体表现各有不同。为此,本书引入教育流动理论对外生性的教育价值观和经济状况因素进行界定,从而辨析公共教育投入对国民收入差异的具体影响。

基于前人的研究成果,本书使用世界银行数据库、世界收入不平等数据库(WIID)和世界价值观调查数据库(WVS Database)的历年统计数据,首先剖析公共教育投入的基本概念及影响因素,其次探究在地理区位和文化价值观两大维度下公共教育投入、国民收入差异及相关影响因素的发展趋势,再次研究公共教育投入对国民收入差异的时序影响,最后分析公共教育投入对国民收入差异的综合影响。经过上述研究,得出以下三大方面的主要结论。

第一,世界范围而言,在公共教育投入持续增加的同时,国民收入差异在不断减小。但当以教育价值观和地理区位作为维度进行衡量时,公共教育投入和国民收入的差异均存在显著的统计差异。最初,地理区位之间的差异大于教育价值观之间的类别差异,但随着时间的推移,地理区位之间的差异逐渐缩小,而教育价值观之间的差异逐步增大。也就是说,全球地理区位之间的差异越来越小,而文化价值观之间的差异越来越大。在各因素中,公共教育投入和国民收入的差异成为世界各国之间的主要差异。

第二,由格兰杰因果关系检验发现公共教育投入为国民收入差异的格兰杰的"因"。一个标准单位的公共教育投入占比的冲击将先扩大国民收入差异，而后再缩小国民收入的差异；而一个标准单位高等教育投入占比的增加则将一直恒定地降低国民收入的差异，上述公共教育投入对国民收入差异的影响长久并随着时间的推移不断递减。研究发现在诸多影响因素中，前期国民收入差异对现期国民收入的影响最大，公共教育投入规模和经济发展状态的影响力次之，公共教育投入结构的影响力再次之，经济发展速度对国民收入差异的影响力最弱。其中，前期国民收入差异的影响力随时间不断递减，而公共教育投入规模、公共教育投入结构和经济发展状态的影响力则不断上升。

第三，长期而论，在控制了教育价值观和经济发展状况的影响之后，公共教育投入对国民收入差异具有显著减小的影响。对比不同的影响因素发现，公共教育投入规模对国民收入差异的长期影响力最大，教育价值观次之，经济发展现状再次之，公共教育投入结构位列其后，经济发展速度的影响力最弱。对公共教育投入之于国民收入差异的影响做进一步的精细分析发现公共教育投入结构对国民收入差异不存在门限效应；而在控制了教育价值观和经济发展状况的前提下，公共教育投入规模超过国内生产总值（以下统称GDP）的13.058%后，其对国民收入差异的影响将由最初的扩大变为减小。

# CONTENTS

# 目 录

第一章 绪 论 ……………………………………………… 1
　第一节 研究缘起及意义 …………………………………… 1
　　一、研究缘起 …………………………………………… 1
　　二、研究问题 …………………………………………… 2
　　三、研究意义 …………………………………………… 6
　第二节 文献综述 …………………………………………… 8
　　一、国内外相关研究概述 ……………………………… 8
　　二、教育与经济的关系研究 …………………………… 9
　　三、教育与国民收入差异的关系研究 ………………… 13
　　四、教育价值观同教育投入的关系 …………………… 22
　　五、公共教育投入与国民收入差异的关系 …………… 23
　第三节 理论框架和研究方法 ……………………………… 28
　　一、理论框架与分析框架 ……………………………… 28
　　二、研究方法及基本思路 ……………………………… 29
第二章 本书的理论框架 …………………………………… 36
　第一节 人力资本理论 ……………………………………… 36
　　一、人力资本理论的起源 ……………………………… 36
　　二、人力资本理论的形成 ……………………………… 39
　　三、人力资本理论的转折 ……………………………… 39
　　四、人力资本对国民收入差异的影响研究 …………… 44

## 第二节　教育价值观 ········· 46
一、教育价值观的定义及国内外研究 ········· 46
二、教育价值观对公共教育投入的影响 ········· 52
三、教育价值观对国民收入差异的影响 ········· 53

## 第三节　社会流动理论 ········· 55
一、社会流动的定义 ········· 55
二、社会流动的种类 ········· 55
三、公共教育投入与社会流动的关系研究 ········· 56

## 第四节　研究假设 ········· 61

# 第三章　公共教育投入的基本概念及影响因素 ········· 65

## 第一节　公共教育投入的内涵、种类和特征 ········· 65
一、公共教育投入的内涵 ········· 65
二、公共教育投入的种类 ········· 66
三、公共教育投入的特征 ········· 68

## 第二节　公共教育投入的性质 ········· 71
一、公共教育投入的消费性和生产性 ········· 72
二、公共教育投入的公共性 ········· 76
三、公共教育投入的补偿性 ········· 79

## 第三节　公共教育投入的动机 ········· 80
一、公共教育投入满足公共需求 ········· 81
二、公共教育投入实现社会和谐 ········· 81
三、公共教育投入弥补个体和社会教育投入的不足 ········· 82

## 第四节　公共教育投入与相关影响因素的基本关系 ········· 83
一、公共教育投入与教育总投入 ········· 84
二、公共的教育投入与教育收益 ········· 86
三、公共教育投入与教育成本 ········· 94

## 第五节　公共教育投入的影响因素 ········· 96
一、文化价值观与政策法规 ········· 96

二、人口因素 …………………………………………… 98
　　三、经济发展程度 ……………………………………… 101
　　四、科学技术 …………………………………………… 105
　　五、社会环境与政治体制 ……………………………… 108
　　六、社会保障体系 ……………………………………… 110

第四章　公共教育投入与国民收入差异的测量和趋势 …… 112
　第一节　相关指标的选取和理论阐释 …………………… 112
　　一、国民收入差异 ……………………………………… 112
　　二、公共教育投入规模 ………………………………… 113
　　三、公共教育投入结构 ………………………………… 114
　　四、区域经济发展现状 ………………………………… 115
　　五、区域经济发展速度 ………………………………… 116
　　六、民众的教育价值观 ………………………………… 117
　第二节　数据来源和样本选择 …………………………… 118
　　一、数据来源 …………………………………………… 118
　　二、样本选择 …………………………………………… 120
　第三节　公共教育投入与国民收入差异状况分析 ……… 120
　　一、基于生存和自我实现价值观的分析 ……………… 121
　　二、基于传统与世俗理性价值观的分析 ……………… 129
　　三、基于地理区位的分析 ……………………………… 137
　　四、公共教育投入与国民收入差异状况综合分析 …… 149

第五章　公共教育投入对国民收入差异的时序影响 ……… 152
　第一节　样本数据和时序特征 …………………………… 152
　　一、公共教育投入规模的时序特征和趋势 …………… 153
　　二、公共教育投入结构的时序特征和趋势 …………… 155
　　三、经济发展状态的时序特征和趋势 ………………… 156
　　四、经济发展速度的时序特征和趋势 ………………… 157
　　五、国民收入差异的时序特征和趋势 ………………… 159

第二节　时序样本数据的平稳性检验 …………………………… 160
　一、时序数据进行平稳性检验的原因 …………………………… 160
　二、时间序列平稳性检验方法 …………………………………… 160
　三、数据平稳性检验结果 ………………………………………… 162
第三节　公共教育投入与国民收入差异的格兰杰因果关系
　　　　检验 ……………………………………………………… 163
　一、格兰杰因果关系检验的理论基础 …………………………… 164
　二、格兰杰因果关系检验的方法 ………………………………… 165
　三、格兰杰因果关系检验的结果 ………………………………… 165
第四节　公共教育投入与国民收入差异的向量自回归模型 …… 167
　一、VAR 模型的理论基础 ………………………………………… 167
　二、VAR 模型的建立 ……………………………………………… 168
第五节　公共教育投入与国民收入差异脉冲响应函数 ………… 171
　一、脉冲响应函数的原理 ………………………………………… 172
　二、脉冲响应函数分析结果 ……………………………………… 172
第六节　公共教育投入与国民收入差异方差分解分析 ………… 175
　一、方差分解分析的原理 ………………………………………… 175
　二、方差分解分析的结果 ………………………………………… 176
第七节　本章小结 ……………………………………………… 178

## 第六章　公共教育投入对国民收入差异的综合影响 …………… 180
第一节　数据一般性分析 ……………………………………… 181
第二节　面板数据模型 ………………………………………… 184
第三节　前验性面板模型检验与选择 ………………………… 186
　一、面板数据平稳性检验 ………………………………………… 186
　二、多重共线性检验 ……………………………………………… 189
　三、面板回归模型的选择 ………………………………………… 192
　四、内生性检验 …………………………………………………… 197
　五、异方差检验 …………………………………………………… 198
第四节　公共教育投入对国民收入差异的回归分析 ………… 199
　一、回归模型的构建 ……………………………………………… 199

二、回归结果分析 ································· 200

　第五节　公共教育投入对国民收入差异的面板门限分析 ········ 205

　　一、门限分析的原理 ································· 206

　　二、公共教育投入对国民收入差异的门限分析 ············ 208

　第六节　本章小结 ····································· 216

第七章　理论阐释和回应 ································· 219

　第一节　对假设1的回应和讨论 ·························· 219

　第二节　对假设2的回应和讨论 ·························· 226

　第三节　对假设3的回应和讨论 ·························· 231

　第四节　对假设4的回应和讨论 ·························· 234

第八章　结论、政策建议及研究展望 ······················· 238

　第一节　研究结论 ····································· 238

　　一、公共教育投入与国民收入差异的关系体现了人力的
　　　　资本性 ······································· 238

　　二、公共教育投入与国民收入差异的变化趋势反映了影响
　　　　因素的兴替 ··································· 241

　　三、公共教育投入与国民收入差异的交互关系得以确认 ···· 243

　　四、公共教育投入对国民收入差异的具体影响被进一步
　　　　量化 ········································· 244

　第二节　政策建议 ····································· 245

　　一、发挥公共教育投入因素对国民收入差异的宏观调节
　　　　作用 ········································· 245

　　二、关注公共教育投入的不同方面对国民收入差异的
　　　　差异化影响 ··································· 246

　　三、把握不同时期和不同强度公共教育投入对国民收入
　　　　差异的差异化效用 ····························· 247

　　四、充分利用公共教育投入调节民众价值观保障社会稳定
　　　　发展 ········································· 247

五、关注国民收入差异对经济因素的反作用 …………………… 248
　第三节　研究展望 …………………………………………………… 249
　　一、扩大样本容量,提高研究结果的信度和效度 ………………… 249
　　二、与质性研究相结合,深化定量研究 …………………………… 250
　　三、扩大所研究的影响因素,完善研究生态图谱 ………………… 251
**主要参考文献** ……………………………………………………………… 252
**附　　录** …………………………………………………………………… 260

# 第一章 绪 论

## 第一节 研究缘起及意义

### 一、研究缘起

19世纪以来，公共教育与国民收入差异的关系不但是极具深远意义的社会、政治和经济问题，而且是学术界一直探讨的热门课题。一方面，国民收入差异的变化会影响经济的增长、社会的发展、政治的稳定、民族和民众的关系等社会生活的各个方面；另一方面，它也受多方面因素的制约，如公共教育投入、经济发展水平、民众的教育价值观及教育制度等。其中，公共教育投入是最基本，也是最主要的因素，其原因在于公共教育投入不仅是社会整体人力资本积累的最主要途径，而且是提高低收入人群收入能力和缩小国民收入差异最为有效的手段。因此，公共教育投入对国民收入差异的影响是一个具有重要理论价值和实践意义的课题。

笔者对该课题具有较长时间的关注与思考，笔者在北美学习和生活期间，由于学习、工作和生活需要，经常往来于加拿大和美国。在亲身体会了同位于北美大陆，同样由盎格鲁－撒克逊人为主体形成的加拿大和美国这两个国家在社会文化、教育体制等各个方面所存在的巨大相似性和差异性后，对不同地域、国家、种族和教育价值观下教育投入对国民收入差异影响的相关话题倍感兴趣，囿于个人专业理论知识储备不足，虽然每日都在切身感受并收集相关的一手资料，但始终无法形成对相关问题的系统性思考和分析。而后在攻读教育经济与管理博士研究生期间，公共管理学院和前教育学院的多位老师都在他们的课堂上从不同的研究视角提及公共教育投入对国民收入差异具有的重要影响，这让我备受启发和鼓舞，研究冲动顿时油然而生，深感公共教育投入在现在和未来都对社会的经济增长和国民收入的高低走势具有重要意义，而公共教育投入不均和国民收入差异过大又都是当前各国政府均亟待解决的社会问题。另外，教育在中国人的传统观念中还停留于它所具备的"升官发财"功能，该传统观念中的主观性相对较大、随意性较强，没有科学的指标作为衡量标准，因而用科学的方法来论证公共教育投入对国民收入差异的影响是十分迫切和必要的。

笔者在关注公共教育投入对国民收入差异的影响这一课题的过程中，持续进行了资料的收集、整理和分析工作。例如，对比较教育学、教育经济学、教育管理学、数理统计学等多个学科的知识所进行的较长时间的积累，为本书的撰写奠定了扎实的理论基础和技术支持。其中，尝试以公共教育投入与国民收入差异为研究对象，系统研究公共教育投入对国民收入差异的影响，探讨公共教育投入与国民收入差异是如何联动的，不同时期和不同维度的公共教育投入对国民收入差异的具体影响因素，等等，以此揭示公共教育投入是国民收入差异的重要影响因素，形成科学的教育投入观，设计科学合理的教育制度，从而调节国民收入差异，促进社会和谐、稳定的发展。

## 二、研究问题

本书以世界范围内多国历年的真实数据为基础，运用数理统计方法为分析手段，以时间、经济发展水平、经济发展速度、地域、教育价值观等多种因素为控制变量，以公共教育投入对国民收入差异的影响为分析主体，对促使经济发展与经济和谐同步的因素进行分解，从不同角度分析公共教育投入对国民收入差异的影响。具体的研究有以下四个方面。

### （一）与地理因素相比较，教育价值观是否是引致国家之间存在教育投入和国民收入差异不同的更重要的因素

由于在全球范围内接受教育的民众来自六大洲及 7~8 个文明圈

的200多个国家（地区），不同的民众对世界上的事物均有其独特的理解。而地理区位和教育价值观不同的人对教育的整体作用、接受教育所能获得的外部收益和内部收益以及接受教育对个人影响的理解各不相同，因而地理区位和教育价值观的差异均有可能引致公共教育投入对国民收入差异具有不同的影响。传统而言，对各国类别的划分主要以地理区位为维度，如各国所属大洲的划分就是基本以其所处的地理板块为基础进行分类的。但现今学界发现教育价值观对人们社会行为的影响越来越大。为了保障后续实证分析的效度和信度，有必要对上述两类影响因素进行综合考察，辨析在地理区位和教育价值观两类因素中究竟依据哪一种标准对公共教育投入和国民收入差异进行类别划分时不同类别之间的差异更大？本书将从人力资本理论、文化价值观、教育制度出发，运用世俗理性与传统价值观、生存与自我实现价值观、地理区位三个维度对公共教育投入、经济因素和国民收入差异等因素近15年的联动变化情况进行考察，探究被上述三个维度分类的各个国家中公共教育投入、经济因素和国民收入差异等因素的变化趋势及差异，从而在教育价值观和地理区位两个分类标准中找出依据上述标准进行分类时，不同类别之间拥有最显著差距的因素作为后续分析的影响因素加入所构建的回归模型进行综合分析。

（二）从统计学意义上说，到底公共教育投入是国民收入差异的"因"，还是国民收入差异是公共教育投入的"因"，又或者上述两因素互为因果

在教育社会学科研领域中，一部分学者单方面强调公共教育投入对国民收入差异的调节作用，认为公共教育投入是国民收入差异变化的关键因素；另一部分学者则强调公共教育投入对国民收入差异的依赖，认为国家收入差异增加才会导致公共教育投入的增加，因而国民收入差异是"因"，而公共教育投入是"果"。有关公共教育投入与国民收入差异——"鸡与蛋"——关系的讨论一直延续至今，尚无定论。但总体看来，相对于教育和国民收入差异问题对社会和谐稳定及其发展的极端重要性，现有的对公共教育投入和国民收入差异之间因

果关系的论证仍显不足,在理论视角和分析方法的多样性方面仍有待加强。以往的研究成果虽然也分别从定性和定量的角度论证了公共教育投入和国民收入差异之间的关系,但运用格兰杰因果关系检验法考察上述两因素之间关系的多国别研究尚属空白。本书基于15个国家32年的经验数据,用计量统计方法中的格兰杰因果关系检验法考察公共教育投入、经济因素和国民收入差异各因素之间统计学意义上的因果关系。

### (三) 公共教育投入对国民收入差异的影响是否显著且与经济因素相比是否更为重要

出于对人力资本理论的认同,学者们大多认可教育对人力资本的提升效果,但在公共教育投入对国民收入差异的作用上则态度不一。一部分学者认为加大公共教育投入可以加速人们在社会层级中的向上流动,从而在实质上起到弱化社会生活阶层之间壁垒的作用;另一部分学者则将公共教育投入的增加与国民收入差异程度扩大关联起来,认为教育的强化将导致社会阶层的固化和极化,而以上相对立的两种观点均得到了理论及经验研究的支持。因此,本书将通过VAR模型、脉冲响应函数、方差分解分析、面板数据回归等数理统计方法考察公共教育投入的各个方面因素变化对国民收入差异的时序影响,以及公共教育投入和经济因素等多方面因素变化对国民收入差异的综合影响。其中,VAR模型的构建为所有后续时序统计分析的基础;脉冲响应函数用于考察公共教育投入发生一个标准单位改变时,国民收入差异在某一时间段内所发生的改变状况;方差分解详细分析了使国民收入差异产生一个标准单位改变,各影响因素所发挥的具体影响作用。

同时,教育与国民收入差异的关系一直受到学者、政治家及公众的广泛关切。[1] 可能出于思维定式及政府治理所需,在各国主流媒体报道的作用下,民众和政治家习惯将教育投入的增加与国民收入差异

---

[1] Galor O, Zeira J. Income Distribution and Macroeconomics [J]. The Review of Economic Studies, 1993, 60 (1): 35–52.

缩小关联起来，并试图以此为基础原则对相关政策进行讨论和制定。❶然而这种关联在国际上并未得到理论及经验研究的一致支持，有研究甚至发现教育可能一定程度上迟滞社会阶层的流动，引至社会阶层的固化和极化，扩大国民收入的差异。❷由于教育事业在社会知识积累、文化传承、技术创新等方面的特殊作用和地位，学者们对于教育对社会稳定和发展的推动作用给予了格外热切的关注。❸学术界对教育之于社会发展的调节作用进行了大量实证研究，并发现了教育发展与国民收入差异减小的正向关系，这为后续的研究奠定了良好的基础。❹本书在对经济和教育价值观等多方面的外部控制因素进行考察后，重点研究公共教育投入对国民收入差异的影响。本书通过基于面板数据的回归分析考察公共教育投入、经济因素和教育价值观等各个因素对国民收入差异的综合影响。

**（四）公共教育投入对国民收入差异的影响是否一直维持着一个趋势不变**

从分析对象的范围而言，现有的大多数研究仅使用一省、一国，或包含有限国家的地区数据作为分析对象，导致被分析对象的异质性无法得到充分体现；从分析方法的种类而论，现有的研究大多仅单独使用截面分析、时序分析，或者面板数据分析作为分析手段，使各种分析方法所具备的优势无法有机结合。以上各种研究局限导致相应的研究成果缺乏科学性和说服力，研究结论失之偏颇甚至互相对立。因此，本书试图构建教育投入与国民收入关系的立体分析框架，将全球六大洲43个国家连续15年的教育经济数据置于经济、社会、地缘、文化情境之中，以空间、时间及时空综合为三种考察维度进行探究，

---

❶ Morel N, Palier B, Palme J. Towards a Social Investment Welfare State: Ideas, Policies and Challenges [M]. Bristol: Policy Press, 2012: 37–42.

❷ Boudon R. Education, Opportunity and Social Inequality: Changing Prospects in Western Society [J]. American Political Science Review, 1974 (2): 18–39.

❸ Alesina A, Rodrik D. Distributive Politics and Economic Growth [J]. The Quarterly Journal of Economics, 1994, 109 (2): 465–490.

❹ Haveman R, Smeeding T. The Role of Higher Education in Social Mobility [J]. The Future of Children, 2006 (1): 125–150.

在上述面板回归模型的基础上构建门限回归模型，通过对公共教育投入因素门限值的求取，探究其对国民收入差异综合影响的变异点。

## 三、研究意义

由于教育伴随人类社会的进步而处于不断发展之中，因而对教育所进行的研究时间跨度一般都相对较大。与此同时，缘于全球社会民众的异质性（如地理位置、国别、文明、制度等因素），以不同维度划分的各地区之间的国情民情差异也相对较大。因而，各个地区在经济发展程度和速度、文化背景、民众价值观和行为准则等方面均呈现较大的差异性，以后还可能与一个地区多文化背景民众混杂而居的问题相交织，让问题更加错综复杂、迷离难辨。❶ 为此，本书将针对地区经济发展状况和经济发展速度、民众价值观的差异，运用跨国别数据来分析教育投入的影响，从而拓展对国民收入差异成因的认识。由此，本书具有以下五个方面的理论价值和现实意义。

### （一）有利于增强理论解释的概括力

自从亚当·斯密在《国富论》中对人力资本与教育的关系予以肯定和确认后，全球教育界和经济界的学者们即对教育投入与民众收入的关系抱以极大的研究热情，他们持续地从各个维度对两者之间的关系进行深入探索，并取得引人瞩目的成果。尽管全球学界不少研究者对教育投入与国民收入之间关系的研究珠玉在前，但从教育经济与管理理论研究的角度出发，仍有不少值得深思和挖掘之处。

因此本书以已有的管理学、教育学及经济学的理论和实证研究为基础，将教育经济学、教育管理学、教育人类学、教育社会学等多学科知识整合构建教育经济与管理的综合研究体系，探讨作为公共财政核心部分的教育支出对国民收入的影响机制，以期可提供一些相关的理论参考，同时丰富教育经济与管理的理论层次。

---

❶ 廖毅，张薇. 法国民族融合与教育优惠政策［J］. 西北民族大学学报（哲学社会科学版），2016（6）：171-176.

## （二）有利于形成科学的教育财政观

因受限于公共财政投入的规模，各国政府均对公共投入的有效性极为重视。而兼具知识传递与创新推动社会发展与进步的公共教育投入则为政府公共财政投入的重中之重。通过深入分析公共教育投入与国民收入差异之间的相互作用机制，明确在不同的时间维度上文化价值观、公共教育投入的规模和结构对国民收入差异的影响，从而形成科学的教育财政观，为各国政府根据自身所处时代和国民所拥有的文化价值观确定与其相适配的公共教育投入规模，以及设计科学合理的公共教育投入结构提供积极有用的参考依据。

## （三）有利于教育财政制度的制定

政府对未来教育财政制度的制定，对未来公共教育投入金额和规模的判断和把握，依赖于对社会经济发展趋势的判断。通过对多国公共教育投入、文化价值观、国民收入水平、国民收入差距、经济发展速度等各因素在过去多年间的变化情况进行梳理，以地理和文化价值观两个维度对各国关于教育投入与国民收入的关系规律进行归纳，明确外部因素综合作用下各因素未来的变化趋势，基于已有的历史数据，通过实证分析探索获得成果，为政府部门制定教育财政制度提供相应的决策依据。

## （四）有利于优化公共财政的政策结构

政府的核心职能之一是"为保持国家经济的发展，对社会经济进行管理"，教育具有加速人力资本积累和提高劳动生产率的功能。在当今这个科技高速发展、人力资本日益重要的知识经济时代，公共教育投入的规模和结构均成为社会经济管理的重点关注对象。通过对公共教育投入与国民收入差异关系的深入分析，明确能够促进社会经济发展的公共教育投入规模和结构，将有利于各国政府适当调整教育公共财政的支出模式，从而合理分配教育投入的资源，最终促进社会经济的发展。

## （五）有利于维护社会的稳定团结

在保持经济发展的同时，政府需要保障社会的和谐稳定。任何政府如果一味追求经济发展而忽视社会民众内部的平衡稳定，将影响甚至阻碍国家的长期可持续发展态势。减小民众的收入差异，弱化社会层级壁垒，加强社会层级间流动是社会和谐稳定的有效保障。通过探究公共教育投入与民众收入之间相互作用的机理，明确能促进民众收入差异减小的各种有效的决定因素，从而有利于对民众收入水平及其原因未雨绸缪地加以研判，不仅有助于升华对贫富差距加大的条件和规律的认识，也有利于维护社会稳定，推动治理实践的探索及和谐社会的构建。

## 第二节 文献综述

本书对公共教育投入与国民收入差异关系的研究均基于对过去实际情形的考量，作为对当下现状定位的依据，进而指引对未来的构建。拥有不同教育价值观民众的公共教育投入与国民收入差异关系的异质性是本书的现实背景，因此关涉教育与经济关系研究的文献构成本书的重要文献基础。这些文献使大家能明晰当前学界对教育与经济关系的探索达到了何种层次。由于探究在异质人群中教育与经济的关系是本书重要的研究内容，因此在文献回顾部分：首先，对国内外相关的研究成果按收录主题和时序进行简要的梳理；其次，分别对教育投入与经济发展的关系、教育投入与国民收入差异的关系及文化价值观与行为习惯的关系三个与本书的研究主题相关的研究方向上已有的研究进行梳理；最后，对已有的相关研究予以评述，总结以往学者研究成果的得失。

### 一、国内外相关研究概述

本书收集了各种相关资料，包括教育学、教育经济学、教育管理学、教育人类学、公共管理学等相关学科的学术图书、专业科研论文及各国相关专业的学术学位论文，同时还包括各跨国机构和各国政府部门相关的历史文献典籍、工作报告及统计资料等有关文献，另外还有各地相关的新闻报道等。其中，科研论文资料主要通过赛捷在线论文库（SAGE Journals Online）、中国知网（CNKI）期刊全文数据库、中山大学（SYSU）和多伦多大学（U of T）图书馆、Pro Quest 博士论文数据库等搜索所获，在关注收集最新的数字化电子资料的同时，也兼顾对经典实物文献的探究。

例如，在对"赛捷在线论文库"1990 年 1 月至 2016 年 1 月的检索中，以"'education''culture or value'and'economy or income'"为主题的论文仅有 2 篇，其中一篇发表于 2013 年，是关于 19 世纪爱尔兰科学与技术状况的评述，另一篇发表于 2014 年，是以教育为中间媒介对比了美国和土耳其在经济与文化各个方面的差异；而以"'education'and'culture or value'"为主题的论文则在 1990—2010 年发表了 236 篇，其中 1990—1999 年发表了 85 篇，2000—2010 年发表了 151 篇；1990—2010 年主题中包含了"'education'and'economy or income'"的论文总发表篇数为 61 篇，其中 1990—1999 年发表了 12 篇，2000—2010 年发表了 49 篇。在对中国知网期刊全文数据库 1990—1999 年的检索中，以"'教育''文化或价值观''经济或收入'"为主题的论文共有 245 篇，其中 1990—1999 年发表了 77 篇，而 2000—2010 年发表了 168 篇。以上检索显示国内外学界对教育、文化价值观与经济关系的研究日趋活跃，研究方向也呈现日趋细分与多元之势。

## 二、教育与经济的关系研究

对教育与经济关系的明确阐述可以追溯到亚当·斯密于 1776 年发表的《国富论》一书，亚当·斯密认为，由于工作岗位对工作人员知识和技能的要求，使民众花费一定的时间和精力接受相关教育，从而使自己所拥有的工作知识和技能与相关工作岗位相适配。接受了教育后的民众可以为所在组织创造等于或大于接受教育所花费成本的边际利润，因此该组织将为不同个体支付与其所受教育相对应的高于一般工人的工资。[1] 在明确了接受教育对个人及其所在组织所带来的效益后，学界对教育与经济关系的研究热情自此日渐高涨，学者们从不

---

[1] 亚当·斯密. 国富论 [M]. 张兴, 等译. 北京：燕山出版社, 2009：37-42.

同的角度对与此相关的主题进行了多方向、多维度的研究。而后，随着科学技术在经济发展中起到越来越重要的作用，同时由于科技的发展，科学论证手段得以进一步完善，论证技术也得以进一步提高，到20世纪60年代，舒尔茨（Schultz）❶和贝克尔（Becker）❷提出了具有划时代意义并与教育息息相关的人力资本理论。自此之后，无论是对宏观经济发展的研究，还是对个人成就的探索，都将该人力资本理论作为所进行研究开展的基础理论予以重视。

  人力资本理论的基本原理在于将教育视为一种可以增加民众知识和技能的投资行为。这一投资行为某种程度上可类比于对高端生产机械等物质资本的投资，因而与对物质投资的目的一样，投资于教育的民众虽然需要负担接受教育所带来的初始成本，但接受教育的重要目的之一也是期待受教育后能获得与受教育之前相比有更多的收益。对教育的投资既包括直接投入（如教材、学费和时间等），也包括机会成本（人们可以用接受教育这段时间去做其他事情而可以产生的效益）；同样，来自教育的收益也包括多个方面（如可增加民众的独立能力、社会的参与度、社会凝聚力、个人健康意识以及对犯罪的减少等）。❸就经济方面而言，教育投入在经济上的回报主要体现在接受教育不但可使民众将所学的知识和技术运用于社会生产中，从而提高社会工作生活中的劳动生产率，也使民众可基于从教育所获得的知识和能力产生新的想法，进而促成科技的创新和技术的进步。因而一个受过更多教育的人可以为其所在组织产生更多的边际效益，而在市场经济体制里该员工所在的组织将据此付给此人更高的工资，由此可见，因接受教育而带来的对收入的长期收益大于对接受教育所做的前期投入。因此，人力资本理论构建了教育投入与经济关系的理论解释框架，明确了教育投入与经济的关系无论在个人的微观层面，还是在国

---

  ❶ Schultz Theodore W. Investment in Human Capital [J]. American Economic Review, 1961（1）：1-17.

  ❷ Becker Gary S. Human Capital：A Theoretical and Empirical Analysis, with Special Reference to Education [M]. New York：National Bureau of Economic Research, 1964：79-82.

  ❸ 何艳玲. "公共价值管理"：一个新的公共行政学范式 [J]. 政治学研究, 2009（6）：62-68.

家社会的宏观层面均存在正相关关系。

在人力资本理论确认了教育与经济的关系后,世界各国学者即以极大的热情投身到对教育投入回报率的测算和推导中。❶ 其中一部分学者充分利用所能收集到的数据资源,期望能推导出一个放之四海而皆准的通用型教育投入回报率,因此他们在被研究对象中不断增添国家,以此扩大所推导出的教育投入回报率的适用范围。在经过仔细地测量与详细计算后,第一个教育投资回报率于1967年夏被公布于世,这一篇发表于《人力资源期刊》(*The Journal of Human Resources*)的文章基于各国数据,宣布算出了墨西哥、意大利、美国和英国四国的教育投资回报率;1970年Hansen基于经济合作与发展组织(Organisation for Economic Co-operation and Development,OECD)关于教育方面的统计数据,宣布得出14个国家的教育投资回报率;❷ 1973年Psacharopoulos公布了32个国家的教育回报率;❸ 1980年Psacharopoulos又根据世界银行年度发展报告中的相关数据计算出45个国家的投资回报率。❹ 但随着相关研究的增加,学者们对于教育回报率精确数值越来越难以达成一致意见。例如,在对中国的研究中,学者们发现,由于其民众的多元性,教育回报率就出现多种不同的数值;❺ 而在美国,墨西哥裔美国人和盎格鲁-撒克逊后裔美国人之间的教育回报率也各有不同。❻ 随着认识到教育投资回报率受其他因素影响而呈现多元化

---

❶ 廖毅,张薇. 经济因素对民族省份与西部地区人均受教育水平的差异分析 [J]. 求索,2017(7):186-191.

❷ Lee Hansen W. Patterns of Rates of Return in Education:Some Inter-National Comparisons,DAS/EID/70.3 [R]. In Conference on Policies for Educational Growth. Paris:OECD,1970:33-41.

❸ George Psacharopoulos. Returns to Education:An International Comparison [M]. San Francisco:Elsevier-Jossey Bass,1973:117-119.

❹ The World Bank. Education in Developing Countries:A Cost-Benefit Analysis [R]. Staff Working Paper No. 440. Washington:The World Bank,1980:87-91.

❺ Chung. Y-P. Economic Returns on Education Received in Mainland China for Workers Employed in a Free Market Economy [J]. Issues and Studies,1989,25(11):126-139.

❻ Raymond R and Sesnowitz M. The Rate of Return to Mexican Americans and Anglos on an Investment in a College Dducation [J]. Economic Inquiry,1983,21(3):400-411.

和差异化，使学者们对教育投资回报率的精确测算热情从20世纪90年代中期开始逐渐降温。

虽然大部分的产能差异可以归因于物质资本和教育获得的不同，但随着计量经济学的发展，学者们发现在不同国家的解释模型中存在大量无法解释的残差。❶ 由于这些用已有数学模型无法解释的影响因素对教育与经济的关系存在重要的影响，因而这些影响因素引起了学者们的极大兴趣，通过对实际经验性数据的仔细测算，同时基于自己的逻辑分析，学者们各自提出了在教育投入与经济收益关系分析中会产生残差的影响因素。Klasen S、Thévenon O 和 Del Pero A S 分别对性别因素在教育与经济关系中的影响进行了探究，他们发现增加女性的受教育程度有利于提高人均受教育水平，因而最终将有利于人均 GDP 的增长；❷❸ Hall R E 和 Jenes C I 则认为政府的体制和政策因素对教育与经济关系中造成长久而深远的影响，❹ Teixeira P N 也对该观点持赞成态度；❺ 而 Hadi F、Lai B S 和 Llabre M M 在对1990—1991年在海湾战争中经历了战争洗礼的孩子们进行相关检测发现战争体验对孩子们的教育和职业都有负面影响，其中对男孩的影响更大，即经历战争体验的男孩有着更低的受教育水平和职业；❻ 除上述影响因素外，学

---

❶ Hall R E, Jones C I. Why Do Some Countries Produce so much More Output Per Worker than Others? [J]. The Quarterly Journal of Economics, 1999, 114 (1): 83–116.

❷ Klasen S. Low Schooling for Girls, Slower Growth for All? Cross–Country Evidence on the Effect of Gender Inequality in Education on Economic Development [J]. The World Bank Economic Review, 2002, 16 (3): 345–373.

❸ Thévenon O, Del Pero A S. Gender Equality or Economic Growth? Effects of Reducing the Gender Gap in Education on Economic Growth in OECD Countries [J]. Annals of Economics and Statistics/Annales d'Économie et de Statistique, 2015 (117–118): 353–377.

❹ Hall R E, Jones C I. Why do Some Countries Produce so Much More Output Per Worker than Others? [J]. The Quarterly Journal of Economics, 1999, 114 (1): 83–116.

❺ Teixeira P N. Economic Beliefs and Institutional Politics: Human Capital Theory and the Changing Views of the World Bank about Education (1950—1985) [J]. The European Journal of the History of Economic Thought, 2016: 1–28.

❻ Hadi F, Lai B S, Llabre M M. Life Outcomes Influenced by War–Related Experiences during the Gulf Crisis [J]. Anxiety, Stress & Coping, 2014, 27 (2): 156–175.

者们还发现种族、[1][2] 宗教信仰、[3] 学校质量、[4] 家庭背景,[5] 以及居住身份背景[6]等因素均对教育与经济关系存在显著的影响。故此,在学者孜孜不倦的探索下,学界发现越来越多的因素对教育与经济的关系具有影响。

## 三、教育与国民收入差异的关系研究

### (一) 教育与国民收入的因果研究

教育对现代经济的发展起着至关重要的作用。来自不同国家和针对不同时间段的大量相关研究确认,受过更好教育的民众,不但可以获得更高的收入,还拥有更小的被解雇概率,以及比受较少教育的民众获得更有名望职业的可能性。[7][8] 虽然大多数证据证明教育与国民收入有正相关关系,学者们依然对教育与国民收入的因果关系进行持续探究。当相关的经验证据缺乏之时,对于受过良好教育的民众获得高收入这一现象中的受教育程度与民众收入之间的因果关系仍有待进一步考证,因为这一现象的产生也有可能缘自获得高收入的民众更有可能去选择接受更多的教育。换言之,前述研究中的教育与经济有正相关的现象无法推导出受教育程度与收入这两个变量中哪一个为原

---

[1] Finis Welch. Black - White Differences in Returns to Schooling [J]. American Economic Review, 1973 (63): 893 - 907.

[2] Smith James P and Finis Welch. Closing the Gap: Forty Years of Economic Progress for Blacks [M]. California: The RAND Corporation, 1986: 31 - 47.

[3] Sequeira T N, Viegas R, Ferreira - Lopes A. Income and Religion: a Heterogeneous Panel Data Analysis [J]. Review of Social Economy, 2016: 1 - 20.

[4] Card David and Alan B Krueger. School Quality and Black - White Relative Earnings: A Direct Assessment [J]. Quarterly Journal of Economics, 1992, 107 (1): 151 - 200.

[5] Altonji Joseph G and Thomas A Dunn. Using Siblings to Estimate the Effect of School [J]. Quality on Wages, Review of Economics and Statistics, 1996, 78 (2): 665 - 671.

[6] Li Q, Sweetman A. The Quality of Immigrant Source Country Educational Outcomes: Do They Matter in the Receiving Country? [J]. Labour Economics, 2014, 26 (1): 81 - 93.

[7] Cohn Elchanan and John T Addison. The Economic Returns to Lifelong Learning [R]. University of South Carolina College of Business Administration Division of Research Working Paper B - 97 - 04, 1997.

[8] George Psacharopoulos. Returns to Investment in Education: A Global Update [J]. World Development, 1994 (22): 1325 - 1343.

因，哪一个为结果。

随着理论构建方法与论证技术的不断进步，经济学家们从20世纪50年代末开始使用增长计算法对教育与收入之间的因果关系进行求证，他们发现教育水平的提升可以较大程度地解释"二战"后美国生产率的增加。❶❷而有一部分学者则对这一结论提出质疑，他们认为上述结论仅基于截面数据对不同受教育团体的收入差异进行解释，而没有对与教育相关的内生性因素予以关注。❸由于20世纪60年代大量微观数据的可得性使关于教育与收入关系的相关研究得以进一步深入。在这些研究中，大部分学者致力于教育与收入之间数值关系的确定。在对这些相关研究进行详细考证后，Griliches认为教育与收入之间的数值关系十分微弱，因此，这一结论也进一步弱化了教育与国民收入之间的因果关系。❹而在Becker早期的研究中也认为人力资本的作用被学者们夸大了。❶虽然学者们对教育与国民收入的关系存在着不同的声音，但大多数学者仍然认为接受教育的多少在一定程度上决定了民众所能获得收入的多少，并一致认定与此相反的观点是与现实情况相违背的。❺❻

为了明确教育与国民收入的因果关系，经济学家们试图通过对计量经济模型的构造从而明确两变量之间的关系。学者们在对投资回报率精确测算的研究中，最先是以明瑟（Mincer）提出的人力资本利润函数（HCEF）为基础依据进行研究。❼在这个函数中，明瑟指出一定

---

❶ Becker Gary S. Human Capital：A Theoretical and Empirical Analysis，with Special Reference to Education [M]. New York：Columbia University Press，1964：114 – 123.

❷ Griliches Zvi. Role of Education in Production Functions and Growth Accounting [M]. New York：Columbia University Press，1970：71 – 127.

❸ Denison Edward F. The Residual Factor and Economic Growth [M]. Paris：OECD，1964：29 – 46.

❹ Griliches Zvi. Estimating the Returns to Schooling：Some Econometric Problems [J]. Econometrica，1977（45）：1 – 22.

❺ Bils M，Klenow P J. Does Schooling Cause Growth？[J]. American Economic Review，2000（2）：1160 – 1183.

❻ Krueger A B，Lindahl M. Education for Growth：Why and for Whom？[R]. National Bureau of Economic Research，2000：1101 – 1136.

❼ Mincer Jacob. Schooling，Experience and Earnings [M]. New York：Columbia University Press，1974：71 – 94.

时间内民众收入的导数（log）等于与受教育程度相关的各因素之和，函数公式可表示为：$\log y = a + bS + cX + dX^2 + e$，其中 S 代表受教育年限，X 代表个人完成学习后工作的年限，而 e 代表统计残差。

明瑟人力资本利润函数不但影响巨大，也是众多关于人力资本投资回报研究的依据，学者们使用该回归模型对所有的经验观察数据中的教育回报率进行计算后，发现教育投入对民众收入存在 20%~35% 的解释力和预测力，该结论使此模型迄今为止仍具备广泛的认同和适用性。虽然通过仔细分析，可以发现此模型缺失了很多对细节的考量，如收入、年龄、受教育等各个影响因素具体的方面，但无论如何，该模型不但是对教育与收入关系进一步探索的起点，也是研究其他影响因素（如人种、性别、公司特性等）对教育与收入关系的基础。更重要的是通过该模型，学者们从理论上确认了教育对收入的影响。因而，以明瑟函数为基础，Card David 在 1995 年建构了更具说服力的教育回报因果模型。❶ 为了增强教育回报因果模型的说服力，David 不但参考了教育与收入全范围内各个影响因素的动态过程，而且该模型还进一步细分了对教育投入与回报关系的影响因素，如该模型不但明确了民众在进入劳动力市场前接受的是正规教育还是半职的业余教育之间的区别，而且将学校的学习经验与工作中的经验进行了区分。因此，David 的教育回报因果模型在明瑟模型的基础上进行了本质性改进和提升，从而为之后众多学者进一步深入地对教育与收入关系的探究奠定了良好的基础。

虽然明瑟的人力资本利润函数（HCEF）和 David 的教育回报因果模型对于教育与回报的因果关系有一定的解释力，但一部分社会科学家认为一直以来上述两种计量模型在截面数据中所体现出来的教育与收入的相关关系还是无法证明两者之间存在着真实的因果关系。为了明晰两者间的关系，学者们提出借助于工具变量法作为明确教育与收入之间因果推断的解决方法。❷ 该方法需要研究者找到一个可以被

---

❶ Card David. Earnings, Schooling and Ability Revisited [J]. Research in Labor Economics, 1995 (14): 23 – 48.

❷ Wooldridge Jeffrey M. On Two – Stage Least Squares Estimation of the Average Treatment Effect in a Random Coefficient Model [J]. Economics Letters, 1997 (56): 129 – 133.

观察和测量的变量作为工具变量，该变量需要仅与教育相关，而与个人能力等其他方面的影响因素无关。在这之后，学者们尝试了用多种工具变量对教育与收入的因果关系进行尝试，其中较多学者认同的工具变量有社会基础设施❶❷和家庭背景。❸❹❺❻ 虽然每年都有新的研究试图厘清教育与收入的因果关系，但迄今为止，学界对此并无一致意见，因而对于教育与收入两者之间的因果关系仍有待进一步探究。

### （二）教育与国民收入差异研究

无论是从个人角度还是社会角度，教育都被认为是提升人们劳动力水平及加快其社会化的最主要工具。这一结论在世界各国研究者研究的结果上得到了充分体现和验证：受过良好教育的人，不但被认为更容易获得较好的工作机会❼以及更高的薪资水平，❽❾ 而且拥有更健康的人生。❿⓫ 由此可见，接受教育的投入与收入呈现正相关关系。⓬

---

❶ Hall R E, Jones C I. Why do Some Countries Produce so much More Output Per Worker than Others? [J]. The Quarterly Journal of Economics, 1999, 114 (1): 83 - 116.

❷ Daron Acemoglu K, Simon Johnson and James Robinson A. Institutions as a Fundamental Cause of Long - Run Economic Growth [J]. Economic Growth, 2005 (6): 385 - 472.

❸ Blackburn M, Neumark D. Omitted - Ability Bias and the Increase in the Return to Schooling [J]. Journal of Labor Economics, 1993 (3): 521 - 544.

❹ Blackburn M, Neumark D. Are OLS Estimates of the Return to Schooling Biased Downward? Another Look [J]. The Review of Economics and Statistics, 1995 (2): 217 - 230.

❺ Parker S C, Van Praag C M. Schooling, Capital Constraints and Entrepreneurial Performance: The Endogenous Triangle [J]. Journal of Business & Economic Statistics, 2006 (4): 416 - 431.

❻ Hoogerheide L, Block J H, Thurik R. Family Background Variables as Instruments for Education in Income Regressions: A Bayesian Analysis [J]. Economics of Education Review, 2012, 31 (5): 515 - 523.

❼ Biagi F and Lucifora C. Demographic and Education Effects on Unemployment in Europe [J]. Labour Economics, 2008 (15): 1076 - 1101.

❽ Strandh M. Ungdomsarbetslöshet och Ekonomisk Marginalisering (Young People Unemployment and Economic Marginalisation) [M]. Umeå: Boréa, 1999: 135 - 154.

❾ Danziger S and Ratner D. Labor Market Outcomes and the Transition to Adulthood [J]. The Future of Children, 2010 (20): 133 - 158.

❿ Ross C E and Wu C - l. The Links between Education and Health [J]. American Sociological Review, 1995 (60): 719 - 745.

⓫ Michalos A C. Education, Happiness and Wellbeing [J]. Social Indicators Research, 2008 (87): 347 - 366.

⓬ Brännlund A, Nordlander E and Strandh M. Higher Education and Self - Governance: The Effects of Higher Education and Field of Study on Voice and Agency in Sweden [J]. International Journal of Lifelong Education, 2012 (31): 817 - 834.

但随着研究的深入，学者们发现社会生活中的多种因素均对教育投入与收入的关系存在显著的影响。由于不同的民众个体、不同的国家（地区）拥有多方面与众不同的特性，由此使接受同质性教育的民族、国家（地区）所产生的结果不尽相同，进而使相同教育所能获得的经济回报率呈现差异化状态。

1. 教育对民众收入差距的影响

由于受到多种异质因素（如种族、性别、家庭背景、生活习惯等）的综合影响，几十年来对这一问题的研究仍充满争议，迄今为止仍处于臧否参半的阶段。一些学者认为教育能够使个人积累知识，而获得重要的社会经济资本，随着受教育程度的增加，能够使贫穷的个人收入上升，由此弱化民众间的收入差异；❶❷❸ 而另一些学者则认为教育系统在增加人力资本的同时，也在产生并复制社会的不平等。大量跨地域、跨时间的国际比较研究显示不同的教育系统，在效率及教育成果等方面存在着显著的差异，❹❺ 不但其所处环境及机构的社会地位导致了教育系统所产生结果的极大差异，❻❼❽ 而且不同的传统文化习俗也深刻影响着各国教育机构的教育成果。❾ 因此，学者们认为

---

❶ Brint S. The "New" Class and Cumulative Trend Explanation of the Liberal Political Attitudes of Professionals [J]. American Journal of Sociology, 1984 (90): 30 – 71.

❷ Kriesi H. New Social Movement and the New Class in the Netherlands [J]. American Journal of Sociology, 1989 (94): 1078 – 1116.

❸ De Graaf N D and Steijn B. De "Service" Klasse in Nederland: Een Voorstel tot Aanpassing van de EGP – Klasseindeling [J]. Tijdschriftv oor Sociologie, 1997 (18): 131 – 154.

❹ Shavit Yossi and Hans – Peter Blossfeld. Persistent Inequality: Changing Educational Attainment in Thirteen Countries [M]. Boulder: Westview Press, 1993: 209 – 215.

❺ Baker David P and LeTendre Gerald K. National Differences, Global Similarities: World Culture and the Future of Schooling [M]. Stanford: Stanford University Press, 2005: 55 – 62.

❻ Meyer John W. The Effects of Education as an Institution [J]. American Journal of Sociology, 1977 (83): 55 – 77.

❼ Kerckhoff Alan C. Institutional Arrangements and Stratification Processes in Industrial Societies [J]. Annual Review of Sociology, 1995 (21): 323 – 347.

❽ Van Der Werfhorst Herman G and Mijs Jonathan J B. Achievement Inequality and the Institutional Structure of Educational Systems: A Comparative Perspective [J]. Annual Review of Sociology, 2010 (36): 407 – 428.

❾ Mayer, Karl Ulrich. The Paradox of Global Social Change and National Path Dependencies [M]. London: Routledge, 2001: 89 – 110.

在以上这些因素的共同作用下，不同的社会文化制度因素会对毕业生的质量产生不同的影响，从而加大毕业生的收入差异。

早期关于教育对收入差异的研究多聚焦于一个国家，或者有限几个国家的样本上。Brint S 和 Karabel J 在梳理了美国教育历史后，重点针对社区学院和大学进行分析，他们认同教育本身确实能给年轻人提供无限可能的发展机会，但不同层级大学的设置，禁锢了在不同高等教育机构就读的学生的思维，从而在体制上实现了社会层级结构在一代代美国人中稳固地传承下去，由此导致民众在接受教育后所能获得的收入很大程度上取决于其所出生的阶层。❶ 与此相对，Kriesi H 在基于对 1986 年荷兰选举的调查数据研究后指出一个有较高受教育程度、拥有相似收入的同质新阶层将会在社会经济方面起到越来越重要的作用。❷ 此后，各国学者针对自己国家的实际情况进行了相关研究，并各自发表了不同的看法。其中一部分学者认为教育可以缓解民众的收入差异，如日本的 Kawasaki K I、❸ 美国的 Brooks C 和 Manza J、❹ 澳大利亚的 Tranter B、❺ 韩国的 Chung C、❻ 芬兰的 Guveli A 及 Need A 和 De Graaf N D❼ 以及以色列的 Katz – Gerro T。❽ 而另一部分学者则认为教育将会加大民众的收入差异，其中瑞典的 Erikson Robert 和 Jonsson

---

❶ Brint S, Karabel J. The diverted dream: Community Colleges and the Promise of Educational Opportunity in America, 1900—1985 [M]. Oxford: Oxford University Press, 1989.

❷ Kriesi H. New Social Movement and the New Class in the Netherlands [J]. American Journal of Sociology, 1989 (94): 1078 – 116.

❸ Kawasaki K I. Youth Culture in Japan [J]. Social Justice, 1994 (6): 185 – 203.

❹ Brooks C, Manza J. Class Politics and Political Change in the United States, 1952—1992 [J]. Social Forces, 1997, 76 (2): 379 – 408.

❺ Tranter B. Environmentalism and Education in Australia [J]. Environmental Politics, 1997, 6 (2): 123 – 143.

❻ Chung C. The New Class and Democratic Social Relations in South Korea Nascent Moves towards Non – Hierarchical and Participatory Relations [J]. International Sociology, 2005, 20 (2): 225 – 246.

❼ Guveli A, Need A, De Graaf N D. The Rise of "New" Social Classes within the Service Class in the Netherlands: Political Orientation of Social and Cultural Specialists and Technocrats between 1970 and 2003 [J]. Acta Sociologica, 2007, 50 (2): 129 – 146.

❽ Katz – Gerro T. In The New Middle Classes: New Middle Class and Environmental Lifestyle in Israel [M]. Netherlands: Springer, 2009: 197 – 215.

Jan O、[1] 法国的 Vallet Louis – André、[2] 德国的 Below S 及 Powell J J W 和 Roberts L W [3]是持这种观点的典型代表。

后来的研究多以定量研究为分析手段，建立在多国别、多族群或其他差异性比较的基础上。Devine F 在仔细研究并比较美国及英国的社会发展历史及现实状况后认为随着后工业时代的到来，20 世纪被分为六层的社会阶层将在 21 世纪的第一年变为八层，而其中最引人注目的是拥有高知识、高技能、高收入、高生活标准及健康的新中间阶层的崛起，他认为这一新中间阶层人数的不断增加将使社会更加同质化，民众间收入的差异也将由此减小。但他在对比英美两国的现实状况后，揭露了不同的孩子所拥有的教育机会不均等的现象，并试图从历史由来、社会因素、文化传统等方面寻找可以对这一现象进行解释的影响因素。[4] Mayer 对比了美国、德国、英国、法国、丹麦、瑞士及意大利的现实状况后，认为不但社会中个人地位取决于此人的受教育水平，而且不同国家的社会结构也在很大程度上体现了该国的教育框架。更进一步来说，不同国家的社会、经济、文化及福利制度都被该国的教育结构所牢牢牵引。[5] Buchmann 和 Dalton 采用来自国际教育评价协会（IEA）的国际数学和科学研究趋势（TIMSS）数据分析了 12 个国家的教育环境与教育成果的关系，他们发现受教育程度将直接决定学生个人以后所能获得的收入。此研究以同学和父母的影响为主要解释变量，以学习成果为被解释变量，经逻辑回归分析证实：①学

---

[1] Erikson Robert and Jonsson Jan O. From School to Work. A Comparative Study of Educational Qualifications and Occupational Destinations [M]. Oxford: Oxford University Press, 1998: 369 – 406.

[2] Vallet Louis – André. The Dynamics of Inequality of Educational Opportunity in France: Change in the Association Between Social Background and Education in Thirteen Five – Year Birth Cohorts (1908—1972): Paper Presented to the ISA Research Committee on Social Stratification and Mobility [R]. Neuchatel: 2004, 7 (9): 5.

[3] Below S, Powell J J W, Roberts L W. Educational Systems and Rising Inequality: Eastern Germany after Unification [J]. Sociology of Education, 2013, 86 (4): 362 – 375.

[4] Devine F. Social Class in America and Britain [M]. Edinburgh: Edinburgh University Press, 1997: 261 – 265.

[5] Mayer Karl Ulrich. European Societies: The Paradox of Global Social Change and National Path Dependencies [M]. London: Routledge, 2001: 89 – 110.

生的数学成绩与父母的教育显著正相关;②除挪威以外的所有其他国家,拥有越多教育资源的学生相应地将获得更好的教育成果;③除瑞士、德国和奥地利外,其他国家的学生学习的成果都与其母亲的态度正相关;④在韩国和泰国,同学及母亲的影响对学生的学习成果有更大幅度的正相关;⑤在高层级教育和职业教育发达的瑞士、德国和奥地利,同学的态度对个人成绩无显著影响。[1]

可见,所有研究成果都认为教育可以增加知识的积累。但研究成果也显示机会平等的教育可以通过增加社会流动性而使民众的收入差异变小;而不平等的教育将会加固并扩大社会层级,拉大民众的收入差异。

2. 民众收入差异对教育的影响

源于韦伯主义的传统观点,学者们认为独立个体所拥有的差异化社会资源将导致其获得有差异的社会机会,以及由此产生的不同行为模式和习惯。[2] 然而,由于年轻人无法决定自己的出身,所以他们在成长阶段可以获得的社会资源及行为方式大部分已经被他们的父母所拥有的资源决定了。

前已述及,对教育而言,传授知识及加深人们社会化是其最主要的功能,所以教育被大量研究者认为在不断复制社会生活中的不平等并使之常态化。[3][4] 不但人们所能获得的教育资源经常取决于个人所拥有的文化资本,[5] 而且孩子们及其家庭成员所习惯的不同文化传统也决定了他们的教育参与度及教育成果。Crozier G 等基于英国的教育

---

[1] Buchmann C and Dalton B. Interpersonal Influences and Educational Aspirations in 12 Countries: The Importance of Institutional Context [J]. Sociology of Education, 2002 (5): 99 – 122.

[2] Breen R and Jonsson J O. Inequality of Opportunity in Comparative Perspective: Recent Research on Educational Attainment and Social Mobility [J]. Annual Review of Sociology, 2005 (31): 223 – 243.

[3] Reay D, David M E and Ball S J. Degrees of Choice: Class, Race, Gender and Higher Education [M]. London: Trentham Books, 2005: 57 – 63.

[4] Crozier G, Reay D, Clayton J, Colliander L and Grinstead J. Different Strokes for Different Folks: Diverse Students in Diverse Institutions – Experiences of Higher Education [J]. Research Papers in Education, 2008 (23): 167 – 177.

[5] Bourdieu P. Distinction [M]. London: Routledge, 1984: 93 – 117.

大扩张过程中所产生的变动,追踪了来自不同社会背景的申请者基于各自不同文化资本及文化传统所提出的不同目的、方向、期望的入学申请,他们基于定量实证研究发现,与来自传统中产阶级家庭的年轻人相比较而言,来自非传统家庭的申请者的学习目的和学习期望明显不同。❶

可见,与前文涉及观点一致的是,不同的背景对独立个体的教育选择和教育成效会形成一种重要的选择机制,故而民众收入的差异将会影响并产生不同的教育所得。

3. 教育投入与国民收入差异之间的关系

自从卢卡斯发表了关于人力资本的论著之后,更多的经济学家认识到人力资本对社会经济增长的重要性,特别是从长期维度来看的重要性。有鉴于此,在此之后很多国家的政府都试图通过公共教育投入的加大来快速增加本国国民的人力资本总量,但由于人力资本、国民收入情况和社会经济状况等因素是相互交织并互相决定的内生性变量,因此部分经济学家发现用内生迭代生长模型研究公共教育投入对国民收入差异的影响更为有效。通过从动态和宏观的角度对已有研究进行梳理后可知,当今学界对公共教育投入与国民收入差异之间的关系尚无定论,而已有的研究成果大致可分为三类主要观点:以 Thurow L C 和 Todaro M P 为代表的学者认为公共教育投入的增加将加大国民收入的差异情况,❷❸ 而以舒尔茨和 Ahluwalia M S 为代表的学者则认为教育投入的增加将缩小国民收入的差异情况,❹❺ 但以 Ram R 为代表的学者们则认为公共教育投入的增加对国民收入差异的影响是不甚

---

❶ Crozier G, Reay D, Clayton J, Colliander L and Grinstead J. Different Strokes for Different Folks: Diverse Students in Diverse Institutions – Experiences of Higher Education [J]. Research Papers in Education, 2008 (23): 167 – 177.

❷ Thurow L C. Education and Economic Inequality [J]. The Public Interest, 1972, 28 (4): 66 – 81.

❸ Todaro M P. Economic Development in the Third World [M]. New York: White Plains, 1989: 387 – 397.

❹ 舒尔茨. 论人力资本投资 [M]. 北京: 北京经济学院出版社, 1990: 187 – 210.

❺ Ahluwalia M S. Income Distribution and Development: Some Stylized Facts [J]. American Economic Review, 1976, 66 (2): 128 – 135.

清晰的。❶ 换言之，一方面，教育投入与民众的收入存在正相关影响关系；另一方面，教育投入受个人父母的教育程度和收入等社会背景影响显著。因而，不均的社会、经济、文化方面的资源配置会导致教育机会不平等，从而不但限制个人的发展，也使民众收入的差异进一步扩大。❷❸❹ 此结论也进一步被许多学者基于实际数据，应用定量研究方法所证实。❺❻❼

## 四、教育价值观同教育投入的关系

张建平指出"教育价值观是人们在一定历史条件下对教育价值的认识和评价以及在此基础上所确立的行为取向和基准，是人们对教育所持的基本看法，是指导和评判教育实践和教育行为的核心观念"❽。

公共教育投入是指一个国家用于教育方面的全部开支。包括教育的基本建设投入、教育的经常费用、国家的财政拨款、社会团体和个人用于教育方面的支出等。公共教育投入受国家的经济发展制约，国际上通常采用以下四个指标：教育投入在国民收入中所占的比例、教育投入在GDP中所占的比例、教育投入在国家财政总支出

---

❶ Ram R. Educational Expansion and Schooling Inequality: International Evidence and Some Implications [J]. The Review of Economics and Statistics, 1990, 72 (2): 266 – 274.

❷ Jencks C, Smith M, Acland H, Bane M J, Cohen D, Gintis H, Heyns B and Michelson S. Inequality: A Reassessment of the Effect of Family and Schooling in America [M]. New York: Basic Books, 1972.

❸ Sewell W H, Hauser R M and Featherman D L. Schooling and Achievement in American Society [M]. New York: Academic Press, 1976.

❹ Halsey A H, Heath A F and Ridge J M. Origins and Destinations: Family, Class and Education in Modern Britain [M]. Oxford: Clarendon Press, 1980: 143 – 159.

❺ Mare R D. Social Background and School Continuation Decisions [J]. Journal of the American Statistical Association, 1980 (75): 295 – 305.

❻ Mare R D. Change and Stability in Educational Stratification [J]. American Sociological Review, 1981 (46): 72 – 87.

❼ Shavit Y and Blossfeld H P. Persistent Inequality: Changing Educational Attainment in Thirteen Countries [M]. Boulder: Westview Press., 1993: 311 – 335.

❽ 张建平. 教育价值观的历史变迁及其新走向 [D]. 南京：南京师范大学，2003：15 – 32.

中所占的比例和教育基本建设费用占全部基本建设费用的比例来衡量一个国家教育支出的水准，从而反映一个国家对教育事业重视的程度。

余飘萍指出"公共教育投入是一种价值活动，教育价值表明的是教育与主体需要之间的关系。只有当教育与主体的需要发生关系并能满足主体某种需要时，才具有价值。一方面，公共教育投入离不开教育的内部属性，公共教育投入是教育价值的承担者、载体；另一方面，公共教育投入始终离不开人和社会的需要，只有在能满足人和社会某种需要时，才称得上它的价值，否则，就构不成价值关系。对教育价值的认识和评价，就构成了教育价值观，它既是一定时期社会的产物，受社会发展的制约，又是个体主观性的反映，是人们认知、情感、需要、兴趣、信念等因素的综合体现。因此，随着我国经济的不断发展和社会法治的健全和完善，国家加大对教育的投入是教育政策和教育理念能够成为现实的重要保障"[1]。

## 五、公共教育投入与国民收入差异的关系

针对教育与收入分配之间的关系，国内外学者从不同角度进行了研究。威廉·佩蒂（William Petty）在17世纪就提到教育对平衡居民收入分配能起到积极作用。继20世纪60年代舒尔茨首次提出人力资本理论后，学者们对教育与收入分配之间的关系研究大量涌现。Psacharopoulos以49个国家为样本进行跨国数据分析，结果显示在教育年限、人均收入水平、教育差距等变量中，教育差距的改善和人均受教育年限提高都会扩大收入分配差距。[2] Knight J B 和 Sabot R H 研究发现高等教育结构层次人才的增加会扩大收入不平等；而随着受教育人口的扩张，收入不平等状况会得到缓解。[3] Glomn 和 Ravikumar 研究

---

[1] 余飘萍. 新疆公共教育支出对居民收入差距的影响研究 [D]. 乌鲁木齐：新疆财经大学，2015：34-38.

[2] Psacharopoulos. Schooling and Income Distribution [J]. Review of Economics and Statistics, 1976 (2): 332-338.

[3] Knight J B, Sabot R H. Educational Expansion and the Kuznets Effect [J]. American Economic Review, 1983, 75 (3): 1132-1136.

结论表明：公共教育比私人教育更能有效地降低收入差异水平。❶ Sylwester认为公共教育越多的国家，其国内人均收入越不平等。❷ Ram R选用28个国家的数据，研究发现教育投入的差距和国民收入差异的关系并不显著。❸ IDB利用19个国家的数据证明教育资源分配越不均衡，国民收入差距就越大。❹ Gregofio J D和Lee J基于100多个国家的跨国数据，发现教育因素是能极大地影响居民收入分配的重要因素。❺ Chun – Hung A研究发现在中国台湾，教育的差距越大，收入的分配就越不均衡。❻ 赖德胜的实验证明了教育扩张与收入差距之间存在倒U形关系，这为相关后续研究提供了较新的研究视角。❼ 陈钊、陆铭在此基础上进行进一步的数据分析后发现加大教育投入对缩小国民收入差异有正面的影响。❽ 梁玮的研究结果显示，教育投入的差距对新疆居民收入差距产生了一定的作用。❾ 熊广勤、张卫东的研究结果表明，受教育水平的提高和教育不平等状况的增加都会扩大农村居民收入的差距。❿ 董鲲通过对中国19个省份的实证分析得出区域间财政教育支出差距的扩大是居民收入差距扩大的重要因素。⓫ 彭杨鲲首

---

❶ Glomn, Ravikumar. Inequality, Poverty and Development [J] Journal of Development Economics, 1992 (3): 215 – 231.

❷ Sylwester. The Impact of Education on Income Distribution [J]. Review of Incomeand Wealth, 1999 (16): 87 – 103.

❸ Ram R. Pollution Increase, Economic Growth, Education Inequality on Income distribution: Some Recent Evidence [J]. Journal of Development Economics, 1984 (14): 536 – 552.

❹ IDB. Education and the distribution of earnings [J]. American Economic Review, 1996 (56): 79 – 98.

❺ Gergorio J D, Lee J. Education and Income Distribution: New Evidence from Cross – country Data [J]. Review of Income and Wealth, 2002, 48 (3): 395 – 416.

❻ Chun – Hung A. Education Expansion, Educational Inequality and Income Inequality: Evidence from Taiwan, 1976—2003 [J] Social Indicators Research, 2007 (3): 215 – 233.

❼ 赖德胜. 教育与收入分配 [M]. 北京: 北京师范大学出版社, 2000: 37 – 61.

❽ 陈钊、陆铭. 教育、人力资本和兼顾公平的增长——理论、台湾经验及启示 [J]. 上海经济研究, 2002 (1): 10 – 15.

❾ 梁玮. 新疆人力资本与城乡收入差距的关系研究 [D]. 乌鲁木齐: 新疆大学, 2009: 42 – 48.

❿ 熊广勤, 张卫东. 教育与投入分配差距: 中国农村的经验研究 [J]. 统计研究, 2010, 27 (11): 40 – 46.

⓫ 董鲲. 中国地区间政府教育支出与居民收入差距的关系研究 [D]. 济南: 山东大学, 2012: 17 – 31.

先提出层次分析法，继而通过实证研究得出：政府教育支出能缩小我国各地区居民收入的差距。❶ 最后，罗丹通过面板数据分析，得出城乡收入差距的直接导致因素是城乡教育差距。❷

基于以上研究结果，可知公共教育投入对国民收入差异的影响程度各有不同，缘于研究方法、研究视角、研究手段等方面的不同，笔者发现国内外针对公共教育投入与国民收入领域进行研究的时间还相对较短，且相关研究不够深入、研究方法亦不全面、研究成果相对零散稀少。而当下，需要更多研究者和相关研究的加入。有鉴于此，本书以世界范围内多国历年的真实数据为基础，以运用数理统计方法为分析手段，以时间变量、经济发展水平、经济发展速度、地域、教育价值观等为参考因素，进行相关研究，希望对公共教育投入和整体国民收入分配关系的研究提供参考性建议。

综上所述，从以上对学者们相关研究的梳理可见学界对于教育与国民收入关系的研究历史久远悠长，因而与此相关的研究一直是学者们关注的焦点。同时，随着全球化的趋势和进程，不同地域、不同经济发展程度和不同文化价值观民众间的交流越来越频繁，故而对教育和经济关系的相关研究成果呈与日俱增之势。在以上这些已有的研究中：既有对此关系的理论分析，又有对此关系的实践探讨；既有以多文化、多国别和不同经济发展状态为对象的宏观比较归纳，又有对单个文化、单个国家为目标的微观精细分析；既有对历史研究的回顾，又有对未来探索的指引。这些研究不但增加了我们对教育、文化价值观与经济关系的了解，也加大了相关研究的深度，同时还为相关领域的研究奠定了坚实的基础。但就目前的研究而言，存在以下五个方面的不足。

## （一）基于公共管理视角的分析不足

从前文对教育、文化价值观与经济关系的相关研究文献所进行的

---

❶ 彭杨鲲. 政府教育投资对区域收入差距影响的实证研究 [D]. 北京：财政部财政科学研究所，2013：12 - 45.

❷ 罗丹. 我国西部地区城乡教育差距对城乡收入差距影响的实证研究 [D]. 重庆：重庆工商大学，2014：16 - 38.

梳理来看,大多数现有研究都局限于以该研究重点关注的单一学科为基础(如教育学、人类学、经济学等),因而所进行的研究均受限于各传统学科的既有惯性思维和研究模式,导致研究者无法从宏观层面对各个变量之间的交互关系进行整体把握,由此所得出的结论也就有失偏颇。因而对教育、文化价值观和经济等社会中的各方面元素进行有效整合,对这三种变量各自的特性及相互关系进行全面细致的探究,厘清人力资本对经济的直接或间接影响,明确教育投入在社会中发挥的作用,进而达到加强治理公共事务的能力、实现公共福祉和利益的目标。

### (二)教育与经济的因果关系迄今仍存争议

虽然舒尔茨和贝克尔通过对人力资本理论的阐述从理论层面上明确了教育与经济的因果关系,但对这两个变量之间因果关系在实证层面上的计量分析仍在摸索之中。虽然在探索期间,学者们不但构建了明瑟人力资本利润函数(HCEF)和 Card 教育回报因果模型两种影响广泛的人力资本数学回报模型,也提出过用社会基础设施和家庭背景作为计量统计分析中工具变量的设想,但迄今为止,在从计量统计的角度对教育与经济因果机制的分析方面,学者们仍未能达成一致意见。而计量统计分析法是基于实际社会生活中的真实数据对被分析变量之间关系进行检验的方法,因而在实证层面计量统计分析对学术理论的构建有重要的支撑作用,使用计量统计法对教育与经济的因果关系进行进一步探究对教育与经济关系理论的整体构建及其完整性有重大意义。

### (三)教育与收入不平等的关系有待厘清

如上所述,一部分学者认为由于个人受所属社会环境中多种因素的影响,因而拥有不同社会资源的民众将接受差异化的教育,由此导致民众收入不平等的增大;另一部分学者则认为可以通过政府提供同质化的公共服务产品(包括无差别的教育体系和知识结构),从而使民众收入的不平等得以缩小。持这两种观点的学者们均从理论与实证层面找到并提出支持自己观点的证据。因而迄今为止,学者们对于教育与民众间收入不平等的关系仍然各执一词、针锋相对。基于以上现实,未来的相关研究有必要对教育与民众收入不平等的关系在理论和实证层面上进一步厘清。

### (四) 外部因素对教育与经济关系的影响研究有待加强

虽然早在1904—1905年,马克斯·韦伯即已经认识到价值观对经济的决定性作用,并就新教伦理对新世界经济发展的作用做了详细阐述,但此后相当长的时间内,学者们均仅仅专注于对世界强势文化价值观内部特性的研究,同时对文化价值观的相关研究也被限制在人类学和社会学的范畴。随着全球化进程的发展,从20世纪80年代开始,学者们认识到异质文化在不同时空背景下对社会经济发展的作用,由此逐渐开始对异质价值观予以重视并加以研究。而随着全球化进程的加速,同一区域内异质价值观交互的加剧使相关的研究也与日俱增,价值观逐渐成为相关领域的研究热点。此外,因为经济发展状态即价值观对教育与经济关系影响的相关研究仍是屈指可数,所以对于经济发展状态和价值观等外部因素对教育与经济关系影响的研究有待学者们对其进行更深入的探究。

### (五) 不同衡量维度下教育投入与国民收入的联动趋势有待廓清

迄今为止,虽然关于教育投入与国民收入的研究一直络绎不绝,但是对在不同衡量维度下教育投入对国民收入影响的研究仍寥寥无几,而在这些有限的研究文献中,一部分研究注重于对教育投入和国民收入两个变量间关系的理论构建,另一部分研究则基于社会生活中的实际数据对上述两个变量在当下或历史上某个时间截面的关系予以检验。在所有的研究文献中,迄今为止鲜少有研究关注在地理区位、教育价值观等不同的衡量维度下教育和经济这两个变量相对于上述各种外部因素的变化趋势。由于世界科技发展的不断加速,社会各组成元素的变化也随之不断加快,为了更好地应对未来社会经济快速发生的变化,对在地理区位和教育价值观的视域下教育投入与国民收入这两个变量变化的趋势进行研究和把握的重要性日益凸显。而由于各种变量都受到具有保持其之前状态的惯性力作用，因此各变量前期的变化影响它们之后的发展方向，故此对各变量过往变化历史的分析有利于廓清教育投入与国民收入将来的变化趋势，因而此类研究尚有待进一步探究。

## 第三节 理论框架和研究方法

本书的研究具有跨学科性，其集中体现在将教育学、经济学、教育经济学、统计学、管理学等学科知识结合起来，以人力资本、教育价值观、社会流动三大重点理论进行分析。在技术路线上，采用定性与定量相结合的方法，全书研究思路为：提出问题与假设→相关理论阐释→实证分析与结果讨论→理论分析与研究总结。同时，本书构建以公共教育投入和国民收入差异为基点，以人力资本理论为研究依据的全面而综合的分析框架。其中，综合性体现在跨学科的结合、理论与实践的结合、整体与部分的结合，集中在纵向上不同国家公共教育投入与国民收入差异的研究、横向上的区域对比与分析研究，力图证明公共教育投入是影响国民收入差异的最重要途径和标志。

### 一、理论框架与分析框架

#### （一）人力资本理论对公共教育投入与国民收入差异的解释力

人力资本理论一直是教育研究的主要理论之一，随着亚当·斯密、欧文·费雪、卡尔·马克思和欧多尔·舒尔茨等人对受教育程度之于人力资本功能的肯定，深化了学界对教育与人力资本相互关系的认识，与此同时，教育对人力资本的调节作用也引起世人的广泛关注。缘于教育对社会所具备的公共效应，各国政府均将公共教育投入作为对本国的人力资本进行有效调节的重要手段之一，故而选择人力资本理论作为分析公共教育投入的分析工具是可行的。

## (二) 教育价值观对不同群体教育投入与国民收入差异关系的解释力

亨利·泰弗尔发现在个体行为里蕴含着来源于价值观力量的作用，由此他提出了教育价值观理论。泰弗尔认为当价值观里融合了个体和群体对教育作用的认知和所具备的特殊情绪，就形成了教育价值观。故而居住在不同地域和拥有不同价值观的群体对于类似的事物表象将会依据他们拥有的独特视角产生不同的反应，形成不同的教育价值观。本书的研究对象在地域上涉及全球六大洲的多个国家，同时在这些国家中的群众又被分为不同的价值观群体。因此，教育价值观理论对不同群体中公共教育投入与国民收入差异具有较好的解释力。

## (三) 社会流动理论对公共教育投入与国民收入差异的解释力

社会流动理论是在一个普适的理论框架下对个体生命中所发生的事件与该个体生命中的社会变迁之间的关联进行解释。对该理论的研究发现，社会流动受历史和地理位置因素、社会关系因素、个体的自我控制因素和时代的变迁等因素的综合影响。随着时代的发展，学界发现各地的社会流动都呈现出变缓，甚至固化状态。在当今这个以经济水平为重要发展指标的时代，国民收入差异的变化反映了社会流动的实际状况，公共教育投入对国民收入差异影响的实质是对社会流动的影响。故而，公共教育投入在此充当的是"国民收入差异"和"社会流动"调节者的角色。

本书的分析框架如图 1-1 所示。

## 二、研究方法及基本思路

### (一) 研究方法

研究方法具有工具属性，它的选择服务于研究问题。定量研究（Quantitative research）与定性研究（Qualitative research）是社会科学

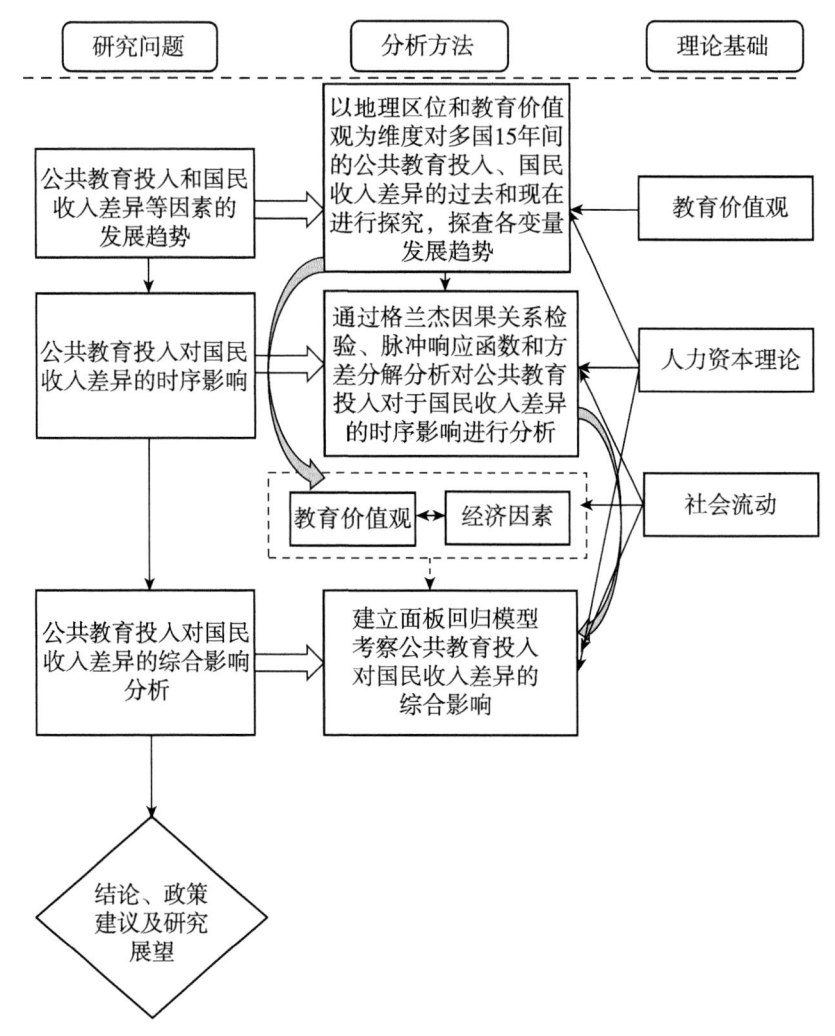

图1-1 本书的分析框架

领域的基本研究范式。风笑天指出,"定量研究依赖于对事物的测量和计算,多用之于统计和演绎,目标是确定变量之间的关系,常常是对已有理论的检验;而定性研究依赖于对事物的含义、特征、隐喻、象征的描述和理解,多用之于归纳,目标是确定变量关系间的意义"。❶ 陈向明认为,"'量'的研究主要用于对社会现象中各种相关

---

❶ 风笑天. 社会学研究方法 [M]. 北京:中国人民大学出版社,2005:15-39.

因素的分析,依靠对事物可以量化的部分及其相关关系进行测量、计算和分析,以达到对事物'本质'的一定把握。而'质'的研究是通过研究者和被研究者之间的互动对事物进行深入、细致、长期的体验,然后对事物的'质'得到一个比较全面的解释性理解"。[1]

本书首先应用统计归纳方法,利用不同时间点的截面数据,横向分析比较各国、各文化圈在不同时间点之间教育投入与国民收入关系相对于所在环境变化的方向和大小,由此找出各国未来各个指标的发展趋势;其次利用纵向时序数据对前期的公共教育投入与经济关系理论进行检验;最后使用面板数据对公共教育投入与国民收入之间的长期交互机制进行精细分析。由于定量研究与定性研究各有侧重,对同一个事物,能给我们提供不同的观察及理解视角。有鉴于此,笔者采用定量加定性的混合模式进行研究,一方面可以发挥相关性设计以及量化数据的严谨性和精确性;另一方面可以发挥定性方法和相关资料对于理解的深刻性。以下是本书采用的技术方面的具体方法。

1. 定性分析范式

(1) 文献研究法

文献研究法主要指收集、鉴别、整理文献,并通过对文献的研究,形成对事实科学认识的方法。该研究法具有客观性、非接触性、结构性、定量与定性结合、方便经济性等优点,因此文献研究法是本书主要的研究方法之一。本书通过对国内外文献资料的收集、鉴别、整理、分析,形成对相关领域的最新研究状况、理论体系及世界范围内可用数据的客观科学认识,从而不但为本书的研究做出前期方向上的指导,也为本书的研究的后续工作做好理论和数据的准备,保证研究工作顺利进行。

(2) 历史研究法

历史研究法是指系统的运用历史资料,按照历史发展顺序对过去发生的事进行研究的方法。通过历史研究法,研究者可以明晰事件发

---

[1] 陈向明. 质的研究方法与社会科学研究 [M]. 北京:教育科学出版社,2000:47-62.

生前后的环境,从而对该事件形成完整概念;明确事件发生的原因和结果,对将来发展的趋势进行推论;通过对历史事件的探讨,获得不可或缺的经验。本书的研究通过对历史上的学者们在相关领域研究成果的系统分析,明确了当今学界对教育投入与国民收入关系的研究状况后,再利用1981—2012年15国的历史数据对上述两因素及其间的发展历史进行剖析,对因果关系给予厘清,对发展趋势予以揭示。

(3) 比较研究法

比较研究法是根据一定标准,对两个或两个以上有联系的事物进行考察,寻找其异同,探求事物普遍与特殊规律的方法。此研究法的特点在于通过对比了解异同,因而此法重在比较、贵在分析。比较研究法的适用对象非常广泛,同时使用非常灵活,由此导致该研究法可被用于种类、属性、时空、目标、性质等不同维度进行定量和定性的比较。由于本书的研究涉及全球六大洲的多个国家连续多年社会生活中的多方面数据,在本书的研究中需要将教育投入、文化价值观与经济发展的脉络和特征呈现与展示出来,因而本书将在宏观层面同时用纵向时间数据和横向多国别数据对不同国家、地区、文化内的数据进行求同和求异比较,以期精细地厘清所研究因素之间的变化趋势、因果关系和相关关系。

2. 定量分析范式

(1) 方差分析法

方差分析法是用于鉴定连续型因变量在类别型自变量内是否相等的统计分析方法,它是通过明确不同类别的组间和组内变异,厘清受等于或大于两个以上因子影响的类别间关系的分析方法。根据被研究对象控制变量的数量,方差分析可分为单因素方差分析和多因素方差分析两类。方差分析法的优势在于对具有多类别的变量进行异同比较时,该方法由于基于统计计量方法,可以大幅减少所需的运算量和工作时间。本书的研究需要基于不同维度的界定(如以地理区位分类、以文化价值观分类等)对比43个国家在不同时段的状况,因此方差分析在保障研究结果准确的同时,也有利于研究过程高速有效。

（2）主成分分析法

主成分分析法是为全面、系统地分析受众多因素影响的被研究对象而设计的。主成分分析法通过将实际生活中的众多互相关联、互有重叠的影响因素利用线性变换的方法减少为几个有代表性的、互不重复的综合影响因素，由此在保持数据信息的前提下降低影响问题的维度，从而促进研究的进行。主成分分析法的主要优势在于消除评估指标之间的相关性和减少研究中需要考虑的指标。本书的研究需要对43个国家教育投入和国民收入两个因素的多元数据变量进行研究，因此主成分分析法有利于将复杂的多维度问题进行简化。

（3）格兰杰因果关系检验法

格兰杰因果关系检验法是通过纯数学的计量统计手段，以两个变量间的时间序列数据为基础，对两个变量间因果关系进行假设检定的统计方法。该方法由诺贝尔经济学奖得主克莱夫·格兰杰在1967年提出，他认为可通过对自回归模型两个变量的时序序列进行检定，揭示此两个变量之间在统计意义上的因果关系是可行的。[1] 该检验法的理论基础在于未来的事件不会对当前和过去的事件产生因果关系，而只有过去的事件才可能对当前和未来的事件产生影响。因此，在控制了 x 变量的过去值后，如果 y 变量的过去值仍能对 x 变量有显著影响，那么就可以认为 y 为 x 的格兰杰原因。[2] 格兰杰因果关系检验法由此为两个事件之间因果关系的推定提供了一种数学逻辑上的视角。在本书的研究中，对教育投入与社会经济发展水平、教育投入与国民收入差异的关系都将进行格兰杰因果关系检验。对这两组关系进行格兰杰因果关系检验首先可以为一直以来教育投入与国民收入因果关系的研究提供一种纯数学角度的结论，其次可以为后续多元回归分析中变量之间的相关关系提供更加深入透彻的理解视角。

（4）回归分析法

回归分析法是以大量观察数据为基础，运用数理统计方法建立数

---

[1] Granger C W J. Investigating Causal Relations by Econometric Models and Crossspectral Methods [J]. Econometrica. 1969（1）：424-438.

[2] Anil Seth. Granger Causality [J]. Scholarpedia. 2007，2（7）：1667.

学模型来研究两个或多个变量间的相关关系,并对变量的未来变化进行定量预测的研究方法。回归分析法有多种分类方法,有简单回归和复杂回归、一元回归和多元回归,线性回归和非线性回归,自回归、偏回归、逐步回归等。由于回归分析法能够建立直观的定量模型而备受研究者们的青睐。本书将基于1998—2012年43个国家的教育投入与国民收入差异的面板数据建立多元回归模型,进而对上述两种因素的关系进行精细分析。

(二) 研究基本思路

公共教育投入对国民收入差异的影响一直是教育学家和经济学家关注的焦点;而随着最近30年全球化的加速,地理区位和多元文化之间的交互引起了人类学家极大的兴趣。以往的研究或受制于单一学科的限制,或受限于时空的局限,因而无法对不同地理区位国家和不同文化价值观国家公共教育投入与国民收入之间关系予以全面综合的把握。本书认为,对不同因素之间关系的理解,不仅要从空间维度考察其异质性,同时要从时间维度分析时间效应对各因素的影响。因此,本书将建立一个公共教育投入对国民收入差异影响关系进行多维度综合分析的框架。在此框架内,不但有基于时间和空间维度对此两因素的分析,而且有对它们所在环境各因素的探讨,由此对上述两因素进行客观全面的研究。

本书分析思路首先以时间作为纵向维度,在全球社会发展的背景下,把世界各国及各文化圈置于时间、空间和多重影响因素情境中,以公共教育投入与国民收入差异作为分析主体,辅以发生变化的方法、强度及其他差异,对公共教育投入与国民收入差异这两者之间关系变化的历史和时间趋势进行综合分析;其次基于上述公共教育投入与国民收入差异这些可观察的变动,在时间序列中,对它们进行格兰杰因果关系检验,探索公共教育投入与国民收入差异之间的因果关系这一传统热点问题,为认识公共教育投入与国民收入差异之间的关系提供了一个有用的视角;最后本书的研究还以上述包含多维信息的多国面板数据为基础,对不同文化价值观系统下,公共教育投入与国民收入差异的关系进行精细分析。由此,构造一个对公共教育投入与国民收入差异的多维度综合分析框架。

具体而言,本书共分八章,相应内容如下所述。

第一章 绪论:本章首先明确本书所选课题的缘由,其次对与所选课题相关的研究进行整理和评价,最后对研究对象进行界定并阐明研究思路。

第二章 本书的理论框架:本章详细介绍构成本书理论框架的人力资本理论、教育价值观理论和社会流动三个基础理论。

第三章 公共教育投入的基本概念及影响因素:本章分别介绍公共教育投入的内涵、种类、特征、性质、动机、基本关系和影响因素。

第四章 公共教育投入与国民收入差异的测量和趋势:本章首先对相关指标的选取和理论进行阐释,其次对数据来源进行说明并对样本予以选择,最后分析公共教育投入与国民收入差异状况。

第五章 公共教育投入对国民收入差异的时序影响:本章首先分析样本数据的时序特征,其次对这些时序序列数据进行平稳性检验、格兰杰因果关系检验,进而建立了向量自回归(VAR)模型和脉冲响应函数,最后基于上述检验结果和构建的模型进行方差分解分析。

第六章 公共教育投入对国民收入差异的综合影响:本章首先进行数据一般描述性分析,其次通过一系列前验性检验选择固定效应面板模型作为本章的主要分析模型,对教育经济、文化价值观之于国民收入差异的影响进行回归分析,最后通过面板门限分析得出不同自变量对国民收入差异的门限值。

第七章 理论阐释和回应:本章基于实证分析的结果,同时结合与各假设相关的理论,逐一对全书的四个假设进行实践和理论方面的回应。

第八章 结论、政策建议及研究展望:本章对全书的主要研究结论加以总结,并据此提出相应的政策建议,在本章的最后部分将以前述研究为基础,对与本书主题相关的后续研究予以可行性展望。

# 第二章　本书的理论框架

本书的理论框架主要由人力资本理论、教育价值观、社会流动理论三个基础理论构成。

## 第一节　人力资本理论

### 一、人力资本理论的起源

人力资本是指可通过学校教育和在岗培训等途径被个人所掌握，可用于提高生产效率的知识和技能。因此，人力资本被视为一种用于提高民众未来收入及生活质量的投资。对人力资本的投入被认为对个人和社会的生产能力都将起到决定性的作用，因此，在人力资本理论中，教育和培训被认为是可用来撬动国家经济的有力杠杆。各国政治家们基于这一理论在世界范围内广泛施行了以人力资本为重心的相关政策。❶❷ 在接下来的探讨中，本书将依照人力资本理论缘起、发端、成型、变化等发展过程，按年代时间次序依次予以逐个阐述。通过这种历史分段法，本书将厘清学界人力资本理论对教育作用所持的不同观点，与此同时，廓清个人和社会对教育开支的看法。

人力资本的概念最先由苏格兰心理学家、社会理论家、经济学家亚当·斯密于1776年在他的《国富论》中提出，他认为人力是经济

---

❶ Baptiste I. Educating Lone Wolves：Pedagogical Implications of Human Capital Theory [J]. Adult Education Quarterly, 2001, 51 (3)：184 - 201.

❷ Woodhall M. Economics of Education：Research and Studies [M]. Oxford：Pergamon, 1987：211 - 223.

增长所必需的资本要素之一。❶亚当·斯密认为教育对于工人生产力的提升与物质资本对于生产力提升的本质是一样的,他认为,"一个人受教育的成本类似于购买机器的成本,工人受教育后所获得的高于普通工人的工资可以用于补偿他在教育上的花费"。换言之,购买机器所花费的成本可以类比于人们接受教育所需的成本。与购买机器所能产生的长期效益远远大于购买机器的初始花费相似,教育的长期效益也大于对教育的初始投入。在接下来的130年,亚当·斯密对人力资本的深刻见解长期被学者们所忽视,直到1906被欧文·费雪再次提及,并进一步被芝加哥大学的学者们的相关研究所补充夯实。以此理论为基础,芝加哥大学经济系在世界经济学界形成了特色鲜明的芝加哥学派,这一学派的主要理论为个人通过对自身的投资而形成自己的人力资本,这种对人力资本的投资不但与个人和社会未来的生产效率和收入存在显著相关关系,同时可以扩大民众对人生的选择和机会,因此它是一种自发性的增强型努力方式。由此,教育开支与生产率被紧密地联系起来。

然而,缘于理论、实证和方法上的差异,学界对教育开支与生产率的关系存在不同观点,因此学界对人力资源、劳动力、资本与收入之间的关系存在多种与芝加哥学派针锋相对的看法。其中一派学者以英国心理学家约翰·斯图尔特·密尔(John Stuart Mill,1806—1873)和英国经济学家阿尔弗雷德·马歇尔(Alfred Marshall,1842—1924)为代表,他们反对将人力视为一种资本。他们认为要更多地从道德和哲学层面对人格尊严予以关注,由此,他们的观点与将人力视为一种纯粹资本的芝加哥学派理论形成旗帜鲜明的对比。他们认为民众能力的提升是缘于个人尊严的需要和个人价值的实现,由此他们提出人们的经济活动应该产生财富,但人类自己不能成为可出售的财富的看法。

除此之外,另一派与芝加哥学派存在较大差异的人力资本理论的代表人物是德国的卡尔·马克思(Karl Marx,1818—1883)。马克思

---

❶ Little A. Motivating Learning and the Development of Human Capital [J]. Compare, 2003, 33 (4): 437-452.

对人力资本理论进行了深入探究后，提出了与其他派别不同的观点。同其他的人力资本理论家一样，马克思赞同个人可得益于对教育的投入而提高生产率，从而获得更高的收入，但同时他认为，教育的开支应该被作为成本加以考虑。基于此，他建议工人可以售卖他们的人力而非工人本身，同时他提出不能认为人们工作的能力是一种资本，而应当限定为劳动力被用于生产流程之中时才是一种资本。而且，他认为只有在某种特定环境下，个人才能出卖他们自己的劳动力，这种环境包含了几种必要因素。第一，需要一种供需的交换机制，即有人愿意用钱去购买商品，而另一个人愿意为了钱出售自己的劳动力。第二，劳动力拥有者仅出售自己在一段特定的时间内的劳动力。如果这段时间不确定，那么对劳动力的出售就变成对劳动者本身的出售，而劳动者本身将不再拥有自由。为了避免沦为奴隶的危险，个人需要确认只出售他（她）的某一特定时段的劳动力，以确保自己的自由。第三，一些历史因素也影响着劳动力成为一种商品。马克思认为，"导致商品存在的历史因素绝不仅仅只有金钱和商品的自由流通，它还包括生存需求，只有当劳动力的拥有者面临着生存需要，而其所拥有的劳动力又可以在市场里进行自由买卖之时人们才会出售他们自己的劳动力，因此从另一个角度可以认为历史因素构成了一个世界的历史"。[1] 由于分析的重点聚焦于生产流程，马克思的理论与传统人力资本发展理论差异甚大。

在人力资本刚被提出的18世纪70年代，学界将人力视为资本的研究还局限于对人们劳动力的分析，而其他一些学者流派通过对生命意义、人格尊严等方面的探索，对这一理论进行了扩展。尽管学者们对人力资本的理论进行着不懈的研究，但在20世纪中叶之前，人力未被大范围地作为一种资本加以讨论。对人力资本理论更加正式的界定开始于20世纪中叶，在这期间，为数众多的理论学家试图对人力资本理论的定义和适用环境予以更清楚详细的界定。

---

[1] Lemert C. Social Theory: The Multicultural and Classic Readings [M]. Boulder: Westview Press, 1999.

## 二、人力资本理论的形成

根据人力资本理论的观点，教育作为最重要的人力资本积累，是影响收入分配的重要因素，其理由是：第一，人力资本的增长将导致国民收入中源于知识、技能、财产等因素的比例分布不同，从而在一定程度上影响到社会各阶层收入。第二，教育具有生产能力和配置能力，因而是缓解和克服贫困的有力而积极的手段。其中，生产能力是指受教育程度较高的劳动者与一定数量的其他生产要素相结合，生产出更多产品的能力；配置能力是指发现机会、抓住机会，使既定的资源得到更有效的配置，从而使产出增加的能力。白雪梅和吕光明认为，"教育投资有两种主要来源：第一种来源是个人教育投资，第二种则是国家教育投资。相对应地，教育投资也主要有两类收益：第一类是个人收益，第二类则是社会收益。其中，个人收益是指个人通过教育而获得的未来收入；而社会收益是指教育投资对社会成产率的提高、对经济增长的贡献和对收入分配的影响等"❶。

基于上述人力资本理论，人力资本投资与人力资本收益之间的关系如图2-1所示。

## 三、人力资本理论的转折

20世纪70年代，人们对人力资本理论狂热支持的降温缘于一系列历史性事件，与此同时，有研究显示随着人均受教育程度的增加，将会加剧发展中国家的收入不平衡，❷❸因此引发了开始于20世纪80年代的对人力资本理论的动摇和修订。对人力资本理论的修订开始于

---

❶ 白雪梅，吕光明. 教育与收入不平等关系研究综述 [J]. 经济学动态，2004（4）：82-85.

❷ Heidemann W. Knowledge and Skills for the New Economy—The Role of Educational Policy: Paper Presented at the Conference on Social Justice in the New Economy [R]. London England, 2000: 9-11.

❸ Vandenberghe V. The Need to Go Beyond Human Capital Theory and Production - Function Analysis [J]. Educational Studies, 1999, 25 (2): 129-143.

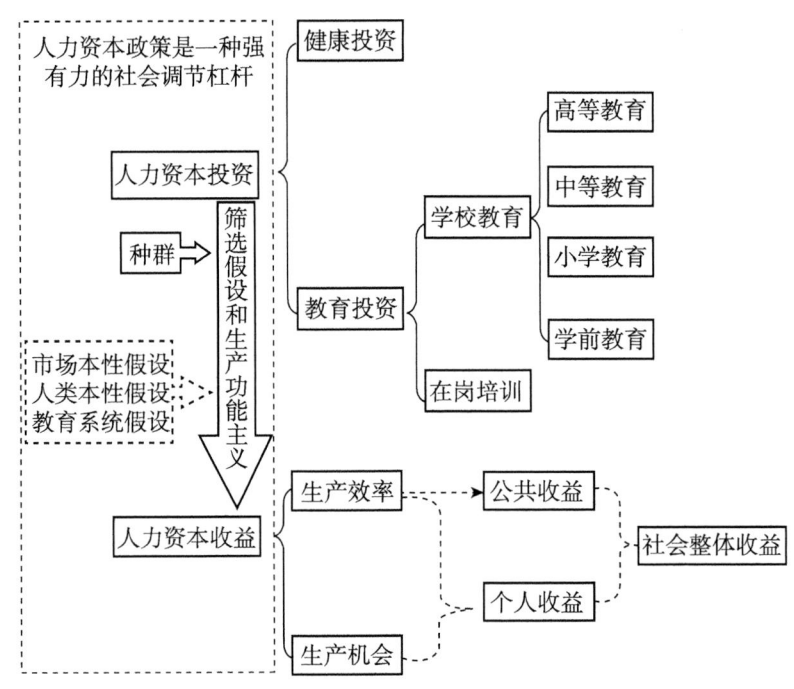

**图 2-1　人力资本投资与人力资本收益之间的关系**

对更能体现教育与经济增长真实关系模型的构建,这些与人力资本理论相关的修订模型不但种类越来越多,而且修改幅度也越来越大,但始终未形成统一的理论和实证认识。这种状况一直持续到世界各国出于现代化、国际竞争及经济增长等方面的考虑增加了对人力资本的需求,社会在经济和政治方面对教育的经济效用再次加以重视,人力资本理论由此再度成了学者和政治家们关注的热点。

筛选假设的提出成了人力资本理论学的转折点,筛选假设理论再次对教育在科技高速发展的时代中所起的作用进行了检验。筛选假设理论的支持者们认为教育是一个过滤器,那些资格证书和学位文凭不是缘于个体的技术和知识而来,这些证书的价值在于它们确认了个体具有雇主需求的一系列能力,如守时、对权威的顺从及为人处世的积极态度等。马金森(Marginson)解释道,筛选理论学家认为教育的主要功能是为雇主的需求而设计的选择系统,受教育的内容与工人的绩效、工资水平之间仅存在极弱的相关性,因此受过教育的证书和文凭被用作个人品质检测的证书来显示个人工作的积极性和学习的能力。这一派观点的主旨在于教育的主要功能是筛选具备用人单位所需能力、资质和工作态度的个人。教育的主要作用不在于增加工人的认知能力,而是使用人单位可以确认被雇用者符合工作岗位的需要,拥有可对生产效率产生作用的天赋能力及个人特质。而肇始于20世纪80年代的科技高速进步使用人单位对知识和技能的需求发生了重大的改变,自此社会公认公司能否适应技术变革取决于教育培训,这成了人力资本理论的重要转折点之一。奥兹认为,教育可以帮助个人获得在技术不断革新的时代中所需的创造力和适应力,因此教育可增加个人对经济不平衡的调控能力。OECD目前是一个由38个成员组成的、有影响力的、以民主政府和市场经济建设为目标的跨区域经济组织,随着它的影响力不断扩大,政治家们逐渐开始以OECD对人力资本理论的观点作为施政的参考依据。[1] OECD在一定程度上否认了接受教育与个人未来收入的关系,它认为科学技术才是连接这两者的重要一环,因此其对于教育功能的阐述与人力资本理论的筛选假设相似。巴蒂斯特(Baptiste)认为,OECD认可教育培训对于人力资本的筛选功能,并提出无论教育培训是否为工人提供了与工作相关的培训,教育对于人力资本的筛选功能都有利于社会产量的提高,其关注的重点在于工人们具备随着科技革新而不断进步的能力,并相信通过教育的筛选功能可以不断产生具备适应能力的工人,从而不断提高招聘和生产效率。在此,教育被视为一种对工人是否具备对新科技系统分析的能力,从而可有效使用技术来提高生产率的筛选工具。因筛选假设理论对教育内容实际效用的质疑,故而它与传统意义上的认为教育具有公共效益的理论不同,筛选假设理论认为,个人应该承担接受教育所需的全部费用,因为接受教育的个人一旦被雇用,那么他们在教育上的花费将很容易得到补偿[2]。按照以上逻辑,如果个人因接受教育这种对个人有利的事务需要经济上帮助的话,他们应该寻

---

[1] OECD. Health Care in Transition [M]. Paris: OECD, 1990: 73 – 85.
[2] 朱沙. 政府保障高等教育公平的财政政策研究 [D]. 成都: 西南财经大学, 2010: 57 – 63.

找贷款帮助而非社会公共资金的扶持。OECD认为社会里的其他民众没有任何理由和义务为某个人自己的私人教育需要支付与之相关的教育费用。

随着20世纪80年代学者们对教育经济性的关注，奉生产功能主义理念为宗旨的学者们形成了人力资本理论学者中与众不同的一派，该派学者为了确保教育经济效益的最大化而对教育资源的分配情况格外关注。他们一般以国家为单位，对研究对象的范围进行界定，通过定量分析法研究教育投入（如教师工资、班级规模、资本支出等）与教育成果（如标准化的测试成绩等）的相关关系。❶❷ 生产功能分析专注于确定各种教育资源成分投入的优化配比，以此获得最高的生产效率，为与教育相关的政策制定提供一定的参考。

从20世纪80年代至今，人力资本理论一直对教育培训的功能和目标有着重大影响，人力资本理论家们一般普遍认可教育是拓展个人和国家经济能力的一种重要手段，其人力资本理论有以下八个方面的主要观点：

①人力资本是一切可以提升工人生产效率的投资；

②对人力资本大范围的投资满足了经济增长所必需的对劳动力和技术团队的要求；

③人力资本混合技术是人力资本与生产率之间十分重要的中介因素；

④个人收入的差异来源于对人力资本投入的差距；

⑤工人的人力资本投资包括直接投资和在接受教育的时间内可以获得的机会收入投资；

⑥对教育进行投资的决定取决于受教育带来的收入消费能力与教育开支的差额；

⑦社会投资与个人投资的计算模型一致；

---

❶ Taylor A. Informing Education Policy [J]. Journal of Education Policy, 2002, 17 (1): 49–70.

❷ Vandenberghe V. The Need to Go Beyond Human Capital Theory and Production–Function Analysis [J]. Educational Studies, 1999, 25 (2): 129–143.

⑧人力资本提倡用个人对教育的投资替代社会公共的教育投入。

简言之，人力资本理论为不同工作岗位之间存在的收入差异提供了一种解释机制。而该理论的一个重要前提是个人收入的差异是由对人力资本的投资所决定的。

人力资本理论在18世纪70年代被首次提出以来，便一直处于不断调整之中。亚当·斯密于1776年首创的人力资本理论仅将人力视为与物质资本等同的资本形式。其后，一些理论学家对这一提法进行扩展，他们认为人类自身并不是资本，而人类后天可获得的能力才可被称为资本。自亚当·斯密首创人力资本理论之后又经过了将近200年，美国的舒尔茨才提出一个更为正式的人力资本理论定义，舒尔茨不但列举了不同种类的人力资本，而且厘清了不同种类的人力资本对经济增长的不同效用。理论学家贝克尔则着重于对人力资本投资回报率的测量。而后Psacharopoulos不但对不同国家的投资回报率进行了比较，而且对比了人力资本与物质资本投资回报率的差异。以上研究都支持个人对教育的投入行为可以被理解为个人对受教育后收入增加的期望。基于人力资本对收入增加和财富积累所起到的作用，人力资本被视为可预测经济增长的重要因素。

由于传统人力资本理论本身的局限和政治、经济环境在20世纪80年代所发生的戏剧性变化，以上多种因素促进了人力资本筛选假设的发展。人力资本筛选假设重新定义了教育的作用，该理论间接地表明接受教育和对技术的使用都对个人的收入具有决定性作用，大多数学者基于此观点，支持通过私人投资的方式进行教育培训。从前文可知，迄今为止的人力资本理论一直都在检验教育所具备的经济性，即对人力资本的投资可提高工人的劳动生产率，人力资本投入的增加也对社会经济增长有极大的促进作用。然而，现今存在三种与之前传统人力资本理论不同的观点：第一种是将技术作为人力资本与生产率关系的介质因素整合进该关系；第二种是前文提到的筛选假设；而第三种观点认为私人应该比政府在教育中进行更多的投入。

## 四、人力资本对国民收入差异的影响研究

学界就人力资本对国民收入差异的影响进行了深入探究,基于他们各自不同的背景和立场所获得的研究发现大致可以分为以下四类。

第一,一部分学者通过研究认为,人力资本投资的差异导致了国民收入的差异。例如,Psacharopoulos 调查了个人和社会的人力资本投资回报率,也探究了包括小学、中学和大学在内的不同等级学校教育的人力资本投资回报率,还考察了高等教育的投资回报率在经济发达国家、中等发达国家及不发达国家中的不同表现。最后发现:教育投入是一种对个人和社会均有利可图的投资。接着 Psacharopoulos[1] 提出:①在发展中国家,无论是人力资本还是物质资本的投资回报率均较高,这一结果体现了资本投资对发达国家和发展中国家所起作用的差异;②对发展中国家而言,人力资本投资是一种非常有效益的投资,而在发达国家中则不一定如此。陈斌开、张鹏飞、杨汝岱的研究结果显示公共教育投入的不同是导致中国城乡收入差异最重要最直接的原因。[2] 张伟和陶士贵运用中国 1990—2011 年的经验数据证实城乡人力资本的差异不但会使上述两类地区民众的收入产生差距,并且进而将导致城乡两类地区整体的收入差距。[3]

第二,学者们发现人力资本投资的差异也会使同一地区内部的民众收入形成一定差距。泰勒(Taylor)通过研究发现,社会经济背景对个人的工资收入和工作职位起着决定性作用,她认为人力资本的层级化严格区分了人们所从事工作的内容和性质。[4] 高梦滔和姚洋的研

---

[1] Psacharopoulos G. Returns to Education: an Updated International Comparison [J]. Comparative Education, 1981, 17 (3): 321-341.

[2] 陈斌开, 张鹏飞, 杨汝岱. 政府教育投入、人力资本投资与中国城乡收入差距 [J]. 管理世界, 2010 (1): 36-43.

[3] 张伟, 陶士贵. 人力资本与城乡收入差距的实证分析与改善的路径选择 [J]. 中国经济问题, 2014 (1): 70-80.

[4] Taylor A. Employability Skills: From Corporate "Wish List" to Government Policy [J]. Journal of Curriculum Studies, 1998, 30 (2): 143-164.

究基于中国8个省份1320个农户的微面板数据，利用非参数回归模型进行统计分析，研究结果发现民众人力资本投入的不同是造成民众收入差异的最重要因素。❶

第三，学者们发现不同阶层民众人力资本投入的差异将形成民众代际间收入差异的固化，进而造成社会流动的固化。科尔曼（Coleman）和汉纳谢克（Hanushek）的研究发现，新经济时代对人力资本的要求，使那些在资源和文化倾向上不对教育进行持续投入的个人和群体被进一步排除在社会流动之外，由此导致社会阶层的固化。❷❸张东辉和司志宾认为高收入水平家庭与低收入水平家庭在人力资本投入方面的外在条件差异和个体行为选择差异使富有家庭的后辈更加富有，穷人家庭的后辈则更加贫穷，最终通过代际迭代效应，形成不同社会层级的国民家庭收入差异不断扩大的社会现实。❹

第四，学者们发现不同的国民即使接受同质的教育，其所获得的教育回报率也具有一定的差异性。哈金（Harkin）发现在实际生活中家庭的经济情况也决定着一个学生是否可以获得固定的学习场所、购买学习用品的能力、拥有充足营养和睡眠的健康环境的可能及更多用以协助家庭问题解决的资源。❺张东伟通过研究发现收入水平高的民众其所获得的教育回报率也相应增加。经过测算，他发现在社会中拥有最高收入的5%民众所获的教育回报率是社会中拥有最低收入的5%民众所获教育回报率的两倍多。❻

---

❶ 高梦滔，姚洋. 农户收入差距的微观基础：物质资本还是人力资本？[J]. 经济研究，2006（12）：71-80.

❷ Coleman J S, Department of Health USA. Equality of Educational Opportunity [M]. Washington：US Department of Health, Education and Welfare, Office of Education, 1966：342-356.

❸ Hanushek E A. The Economics of Schooling：Production and Efficiency in Public Schools [J]. Journal of Economic Literature，1986，24（3）：1141-1177.

❹ 张东辉，司志宾. 人力资本投资、就业双轨制与个体收入差距——收入差距问题代际间资本转移视角的一种解释[J]. 福建论坛（人文社会科学版），2007（10）：14-19.

❺ Harkin J. Technological Change, Employment and the Responsiveness of Education and Training Providers [J]. Compare, 1997, 27（1）：95-103.

❻ 张东伟. 人力资本回报率变化与收入差距："马太效应"及其政策含义[J]. 经济研究，2006（12）：59-70.

根据以上研究文献,可知人力资本投资是增加国民收入的关键手段,人力资本投入的差异会导致国民收入的差异。在公共教育资源没有进行有效调节的地区,国民人力资本投入的差异将导致阶层固化效应、社会流动停滞和回报率差异化的马太效应。

## 第二节 教育价值观

### 一、教育价值观的定义及国内外研究

学者们在对教育价值观进行深入研究后,以教育价值观的实际作用和功能为基础,将众多对教育价值观的研究分成了比较有代表性的几个学派,具体包括价值学派、文化教育学派、行为主义教育价值观学派、精神分析教育价值观学派、教育价值观辨析学派和永恒主义教育学派。其中,杜尔·瓦格涅是价值学派的代表,他在1924年出版的《教育价值论》一书中,系统地论述了其对于教育价值的观点。该书通过对教育价值基础理论创造和形成的深入探究,同时也参考了学界对该过程的评价,提出教育价值的实质是"教育活动中主体教育需求的满足或实现与客体满足主体需求(可能或现实)的表现之间的统一"。[1]而斯普兰格和李特则因为特别强调教育对文化的作用而被视为文化教育学派的代表人物,他们认为教育的首要任务是使被教育者获得文化的传承。在教育者施教的过程中,首先要重视被教育者心灵和自身内在素质的反复锤炼。在此基础之上,再进行其他知识和技能方面的发展。而当被教育者形成了正确积极的世界观、人生观和文化价值观后,他们再进行知识和技能方面的学习将达到事半功倍的效果。行为主义教育价值观学派的代表则是斯金纳,他的研究以对动物行为的探究为基础,他认为动物的所有行为都是因反射(包括先天的非条件反射和后天的条件反射)而起,进而提出人的学习行为也是一种反射行为。既然动物的条件反射行为可以通过后天的反复操作和训练得

---

[1] 王坤庆. 现代教育哲学 [M]. 武汉:华中师范大学出版社,1999:125.

以强化，那么通过实践和强化也能加强学习行为的成效。通过实践和强化可以使学习行为形成并长久地固定下来，从而达到不断强化学习成效的目的。因此，他提出学习过程的实质就是一种与动物的条件反射相类似的行为过程，而教育的最重要作用则是对上述行为过程的塑造。他认为将受教育者的学习行为形成、塑造和强化好，就能从实质上促进人们的学习和发展。由于斯金纳的上述行为主义教育价值观所关注的是被教育者的实际操作和实践行为，因而行为主义教育价值观又被人们称为强化的学习理论。弗洛伊德是精神分析教育价值观学派的代表，他所提出的精神分析教育价值观是以人类生物学为基础的，认为学习所需的心理能量都来自人们生物性的本能冲动。从生物学的角度而言，该观点虽然具有一定的道理，但不可否认的是该理论抹杀了人类和动物之间的区别，抹杀了人类所特有的社会性，抹杀了社会文化对人类所具备的作用，否认了价值观经过社会、家庭和学校等各种教育方式得以内化的可能性。教育价值观辨析学派的代表学者有拉斯、哈明和西蒙，他们认为在儿童的成长过程中，随着他们所接触环境和事物的增加，所获得的信息量也越来越大和丰富，故而他们所面临的选择也越来越多。在多种价值观的冲突下，尚不具备事物辨别能力的儿童很难获得一个稳定的发展环境。当传统的以说教为主要手段的教育方式无法协助孩子们发展出自己的辨析能力时，学者们则试图通过新的途径使学生对教育价值观产生思想上的共鸣，从而帮助学生掌握辨析教育价值观的方法。其中，日本的小原国芳认为教育的关键在于向学生的心灵靠近，他从宗教、身体、生活、科学、道德、艺术六个方面入手进行分析，提出了一个同时追求圣、健、富、真、善、美六种核心价值的综合教育价值观体系。而后日本的另一位教育学家细谷恒夫在他的名著《教育的价值》一书中提出，"教育价值始终应该是由教育者自身内在的价值观所左右，从这个意义上说，教育价值必须是教育者本身自己的东西"。而赫钦斯则是永恒主义教育学派的代表人物，他认为世界上的一切事物（包括知识）都是相互联系、不可分割的一个整体。当今世界所谓科学（分科之学）是由于人类受自身认知能力的局限，而人为地将科学这个统一整体划分为数学、化学、物理等不同的学科。如果将自己的视野局限于对单一学科的关注和研究，那么教学双方都将受制于上述这种局限性，成为井底之蛙。故此，学者们提出要进行通识教育，并认为这是办好当代教育的必备条件之一。除此之外，马里坦、怀特海等人也分别从他们各自的教育哲学立场，对教育价值观提出了他们各自不同的观点和思考。

中国对教育价值观的研究起步相对较晚，国内对教育价值观的研究主要是从20世纪80年代发端，之后随着对教育研究的逐渐重视而兴盛。在此之前对教育价值观的研究多隐含于对教育具体问题的探究之中，而未曾将教育价值观单独提出加以探讨。导致教育价值观重要性提升的原因一共有五个：第一，随着中国社会的发展进入新的历史时期，教育应采取什么样的价值取向成了亟须解决的一个具有方向指导性的首要问题之一；第二，随着中国改革开放范围的不断扩大和程度的不断加深，异质性的西方教育理论大量涌入，为了在这些来源各异的教育理论中做出正确的选择，就需要在社会中建立起一定的价值标准，从而可以有针对性地对各种教育理论进行评判和选择；第三，随着中国社会由计划经济向市场经济转型，在社会中的一切都逐渐以资本的形式进行衡量，教育活动因其具有一定程度的私人产品属性而被一部分人逐渐视为一种消费性的投资，而在新经济形态下教育所具有的价值尚需进一步论证和检验；第四，当今社会教育实践中所出现的各种偏离现象，如受教育者的片面发展现象，因应试教育的不断强化而产生的受教育者高分低能等现象导致民间和学界都兴起了对教育的内在价值进行探索的需求；第五，教育活动所具备的重要社会功能导致该问题一直是哲学界的重点关注问题，这一现实也鞭策着我国教育研究者对教育价值观进行更深入的探究。其中，最早对教育价值进行直接描述的是1983年发表于《辽宁高等教育研究》第4期中的由曾成品所写的《略论教育价值》一文；而最早以"教育价值观念"为题的文章则是1986年《教育研究》第11期所刊发的、严先元所写的《历史的反思与教育观念的现代化：论我国传统的教育功能——价值观》一文。随着与教育价值观相关的文章不断发表于各类刊物之上，关于教育价值观的新研究成果不断涌现。其中较有见地的研究成果当属王坤庆2003年刊发于中国人民大学报刊复印资料《教育学》第11期中的《论价值，教育价值与价值教育》，该文在对西方"价值教育"思潮进行梳理后，对价值、教育价值和价值教育问题进行了深入分析和探讨，并由此提出在当今的中国教育改革中应借鉴西方的"价值教育"思潮，以促进当前素质教育的开展，并由此为教育价值观的研究指明方向。在此之后，对价值教育的上述思路普遍出现于我国教育哲学、教育原理、教育社会学、课程论和心理学等与教育理论相关的各类著作之中。目前，专门论述教育价值的研究专著并不多见，笔者所见的仅有1990年由湖南教育出版社出版、王坤庆撰写的《现代教育价值论探寻》一书，在该书中王坤庆广泛使用历史学、科学哲学、系统论等一系列方法，并同时借鉴了西方各学派中关于教育价值观的各种思考，对教育价值的根本理论问题进行探索和构建。而后，在1996年由教育科学出版社出版的《现代教学价值体系论》一书中，尚凤祥联系自身所经历的教育实践，对教学价值的各个方面问题做了系统的初步探讨。王卫东在2002年由中国社会科学出版社出版的《现代化进程中的教育价值观：西方之鉴与本土之路》一书中，从历史发展观的角度对比了中西方社会演化过程中教育价值观的发展和变化后，以社会实践为基础，对教育价值观的理论进行探究，并进一步提出在21世纪如何确立积极正确的中国教育价值观的具有建设性的思路。从历史发展的角度来看，中国学者对教育价值观的研究大致可分为三个阶段：第一阶段主要发生在1985—1990年，在这一阶段，学者们对教育价值观的研究主要聚焦于确认教育有无功效、功效的大小及教育价值观到底需要具备什么样的功效等问题上；对教育价值观第二阶段的研究主要发生在1991—1996年，在这一阶段，学者们主要关注的是由于社会转型所导致的文化和经济等各个方面的变化对教育实践所带来的价值观念上的冲突，学者们对教育价值观进行研究的主要内容是在借鉴和分析各种教育价值观后，对教育价值观理论和教育现实实践进行协调及整合，从而建构与当时社会相适应的教育价值观体系；对教育价值观研究的第三阶段则从1997年延续至今，在这一阶段，学者们的研究重点放在对教育价值观的理论反省和实践建构上，上述情形的产生缘于学者们在1991—1996年在对教育价值理论和实践进行了比较和研究之后，进一步对其进行深入探讨，从而形成怎样看待教育价值的问题，也即对教育价值的认识、态度、判断和评价等反思性问题。

由于教育价值观的特殊性，该问题不仅包括了教育本身的属性问题，更包含了教育价值观与人的需求之间的关系。具体而言，学界对教育价值观的争论表现为"工具论"与"本体论"、"均衡论"与"统一论"之争。❶ 其中，持"工具论"的学者们认为所有教育活动的最终目的都是培养受教育者为社会服务的，仅当教育活动培养出了满足社会生产生活所需要的人的时候才实现了其存在的意义和价值。因此，从"工具论"的视角而言，教育是社会稳定和发展的一种工具，教育活动存在的最根本原因就在于它能满足社会生活的需要。由此可知，教育活动的主要内容包括社会生产生活所需的科学技术知识和维系社会团结的道德规范。在上述这些强调教育"工具性"的师生关系中，更强调施教者对教学活动方向和内容上的主导性，而对教育活动的评价标准则主要看其是否为社会的生活和发展培养和积累了所需的充足人力储备。教育价值观的"本体论"则认为教育活动中的受教者是人，因此教育活动是以人为中心的活动，故而人的问题才是教育活动所需面对和解决的基本问题，促进受教育者在德、智、体各个方面自由、和谐、全面的发展成了对教育价值观持"本体论"的学者的基本原则。这些学者认为应该将人作为教育活动的主体，一切教育活动都应当以完善人的自身素质为首要任务，而不是因为经济、政治和工具等社会目的来对人进行塑造。因此，对教育价值观持"本体论"的学者强调教育活动对民众创造性、能动性、身体和心理健康、道德和人格完善的培养，从而使受教者获得自由精神、科学思维、道德情怀和独立人格等一系列个体素质的整体提升。因此，在秉承"本体论"作为其宗旨的教育活动中，其师生关系是一种平等的交往关系，也可视之为一种互为主客体的相互改造关系。其中，对"本体

---

❶ 陈杰. 对教育价值观的若干思考[J]. 教育探索，2002（1）：34－36.

论"教育活动成效评价的标准是以受教育者身心的综合发展程度作为首要考虑因素。由于上述"工具论"和"本体论"教育价值观形成了彼此对立、互不相容的教育思维和教育实践，但上述两种教育价值观又确实各有长处，为了平衡两者的关系，部分学者提出了教育价值观"均衡论"的观点。对教育价值观持"均衡论"的学者们认为在"本体论"中所强调的是人的全面发展，它将人的全面发展作为教育活动的起始点和终止之处；而"工具论"则将社会发展所必需的政治、经济、文化等各个方面对人的需求作为所有教育活动的起始点和终止之处。固然上述两种观点都存在一定的道理，但它们也同时存在陷入走极端的可能性，对教育价值观持"均衡论"的学者提出教育活动应该同时满足受教育者自身素质发展的需求和社会整体发展的需求，因此他们认为应采取人和社会并重的教育活动，其主要原因有以下两点：其一，社会的整体进步是以个体的进步为前提的，社会发展的重要指标——生产力发展水平的提高归根结底是由人的因素而改变的，没有人类创造力的提高，社会的发展和社会的需求也就无法实现；其二，人自身素质的提高并不是在一个绝对语境下进行的，而是在社会现实这个相对语境下进行的，因此任何个体的发展都受社会环境的制约。故而对教育价值观持"均衡论"的学者认为"工具论"所关注的社会因素和"本体论"所重视的个体因素是辩证统一的，是同一个矛盾或同一个事物的两个方面，它们是相辅相成且不可分割的。所以持"均衡论"的学者认为只需正确认识"工具论"和"本体论"的优点与局限，并将这同属一个事物的矛盾的两方面"均衡"处理好即可在确保社会健康发展的同时，保障个体素质的自由发展。但对教育价值观持"统一论"的学者则不认同持"均衡论"学者的观点，这些学者提出在任何事物的发展过程中，只能有一个主要矛盾或矛盾的主要方面对事物起着决定性的作用，而不可能出现同一个矛盾或同一个事物的两个方面同时均衡的存在。纵观教育发展的历史，具有理想主义性质的教育价值观的"本体论"从未真正实现过，而真正左右教育实践的却是具有功利主义性质的"工具论"。"统一论"的实质是认为在社会的整个发展过程中，理想主义和功利主义是辩证统一的，其中具有功利主义的"工具论"是实现社会发展的手段，而具有理想主义的"本体论"是社会发展的根本目的。具有功利主义的"工具论"是理想主义"本体论"发展的前提，而理想主义"本体论"则是功利主义"工具论"的前进方向。在教育价值观的选择上，我国近年来所选择的教育价值观也随着时代的变迁而不断变化。其中如20世纪80年代初期在我国基础教育中强调的"双基"教育就是一种价值观选择的体现。之后随着时代的发展，在强调基础能力的培养之上主流教育价值观又加入了对智力和非智力因素的综合培养。到了20世纪90年代，国家在之前注重个体发展的基础之上又提出了倡导全民素质整体水平提高的素质教育。进入21世纪，世界的发展对人才培养又提出了新的要求，在中国新一轮的教育改革中提出当今所培养的人才应具备新的素质，要树立正确的价值观，从而为中国明天的发展储备充足的人才基础。[1]

## 二、教育价值观对公共教育投入的影响

教育价值观对公共教育投入产生的影响按不同的角度可分为不同的种类。其中，按影响的性质可分为正面影响和负面影响，按影响的程度可分为形式与实质和内容上的影响。

其中，教育价值观之所以有时会对公共教育投入产生负面的影响，是因为当时的教育价值观与社会生产发展或当时的教育价值观与当前的教育水平不相适配，导致教育价值观对所需的公共教育投入产生一定程度的困难或阻碍，从而使教育价值观对公共教育投入的各个方面产生不利的影响。如果公共教育投入是在错误的教育价值观的指导下进行的，就会导致公共教育投入的混乱，从而导致公共教育投入走入迷途。当然，无论是从何种空间范围和从何种时间范围而言，教育价值观对公共教育投入的影响还是以正面影响为主的。而根据影响的程度，教育价值观对公共教育投入的影响可分为形式与实质和内容

---

[1] 王坤庆. 论价值、教育价值与价值教育 [J]. 华中师范大学学报（人文社会科学版），2003，42（4）：128-133.

上的影响。其中，形式上的影响说明影响的程度不是很深刻，只是表面上的影响；而教育价值观对公共教育投入实质和内容上的影响程度则相对较强。教育价值观对公共教育投入形式上的影响指的是对公共教育投入的表面情况所产生的影响，而并未从教育价值观的深层和精髓出发，深入实质地对其进行理解并相应地调节公共教育投入，仅仅在公共教育投入的表面形式上进行了改变，其实质和根源上还是原来的样子，可以说是换汤不换药的改变。一方面，缘于教育价值观对公共教育投入的改革仅仅发生在形式上；另一方面，因为自上而下的教育价值观对公共教育投入的改变不是自发进行的，故而改革参与者们对公共教育投入改革的认识水平还不够，重视程度还没有达到一定的高度，从而在实践中无法将理论指导付诸实施。上述这些原因都将造成教育价值观对公共教育投入改革的影响停留于表面，从而不但造成所急需的公共教育资源无法得到健康适当的发展，同时还会造成公共教育投入实质上的浪费。另外，实质和内容上的影响是指在进行公共教育投入规划和实践时，对教育价值观转变的原因要有非常清晰的了解，熟悉转变后即将达到的成果及应对教育价值观转变的措施，使教育价值观的转变在公共教育投入的各个方面产生积极有效的影响。教育价值观的转变要实现对公共教育投入的实质和内容上的积极影响，首先要求公共教育投入的对象从根本上认识到教育价值观转变的必要性及它的核心性，并将理论与实践结合起来。❶ 通过在实践中反复检验、思考和总结来指导公共教育投入的改革。

## 三、教育价值观对国民收入差异的影响

在缓解国民收入差异的改革中，若将教育价值观与社区教育、社会教育、家庭和学校教育等不同方式的教育进行有效的结合，教育价值观就可以使其他不同方式的教育发挥其各自优势，更多地发挥对缩小国民收入差异的积极影响。同样地，若在公共教育投入的实践中坚

---

❶ 廖毅，张薇. 公共教育投入与国民收入差异的关系研究［J］. 大学教育科学，2019（5）：58-67，125.

持了正确的教育价值观导向,就会形成综合而全面的公共教育投入理念,从而使公共教育投入改革朝着正确的方向发展,进而反作用于教育价值观,并同时缓解国民收入差异。

教育价值观属于文化论的一种。与结构论不同,文化论通常更强调人们的态度对教育价值观及其他与文化有关信念的影响。❶ 从个体的研究视角进行区分,学者们的观点可以分为四类教育平等价值观:❷ 先赋论者将现实生活中既定的资源实际分配情况视为是由自然所形成且不证自明的;平均主义者则认为应该对所有资源进行平均分配从而实现实际意义上的结果平等;个体主义者崇尚以机会平等为基础的自由竞争体制,并且认同社会中的胜出者都是因其个体的优势和自身的努力而获得;而宿命论者则将所有个体的不幸归因为社会制度的不公。通过对实际经验数据的深入研究显示持有不同平等价值观的个体对国民收入差异的态度有明显的差异。❸ 而另一种研究视角则是从国家的层面将相关的研究进行展开,其具体研究方法是通过实际的经验数据对比不同国家民众对国民收入差异的认可程度,这种跨国研究最初只涉及少数一些国家,后来由于其适用性的不断增加,该领域终于形成了被称为"福利制度"的具有一定通用性的专业研究方向。❹❺ 无论是从个体层面还是从国家层面对教育价值观之于国民收入差异的影响进行探讨,其核心都是对平等价值观的研究,其区别只是被研究对象究竟是一个社会内部民众之间平等价值观的差异还是国家之间平

---

❶ Nicholas Abercrombie and Turner Bryan S. The Dominant Ideology Thesis [J]. British Journal of Sociology, 1978, 29 (2): 149 – 170.

❷ Bernd Wegener and Stefan Liebig. Hierarchical and Social Closure Conceptions of Distributive Social Justice: A Comparison of East and West Germany [C] //James R Kluegel, David S Mason and Bernd Wegener. eds. , Social Justice and Political Change: Public Opinion in Capitalist and Post – Communist States, New York: Aldine de Gruyter, 1995: 263 – 284.

❸ Roland Verwiebe and Bernd Wegener. Social Inequality and the Perceived Income Justice Gap [J]. Social Justice Research, 2000, 13 (2): 123 – 149.

❹ Stefan Svallfores. Dimensions of Inequality: A Comparison of Attitudes in Sweden and Britain [J]. European Sociological Review, Solidarity and Justice Principles: Does the Type Really Matter? Acta Sociologica, 2001, 44 (4): 283 – 299.

❺ Mads M Jaeger. Welfare Regimes and Attitudes toward Redistribution: The Regime Hypothesis Revisited [J]. European Sociological Review, 2006, 22 (2): 157 – 170.

等价值观的差异。

自改革开放以来，中国经济在高速增长的同时，也面临着尖锐而严峻的国民收入差异问题。众多学者对中国日益扩大的贫富差距是否会引发一系列的社会问题表现出了一定的担忧。为了缓解社会日益凸显的收入差异问题，有必要对其进行深入研究，其中的核心问题为：到底多大程度的国民收入差异既不危及社会稳定，又兼顾经济的健康发展。对这个问题的深入讨论实际上涉及的是公平分配这一基础性的教育价值观问题。故而在本书中将教育价值观作为研究公共教育投入对国民收入差异影响的重要控制变量之一加以考量。

## 第三节 社会流动理论

### 一、社会流动的定义

社会流动是指个体或群体在不同社会集团之间或者同一社会集团内部移动的现象，该概念与社会分层都是在19世纪末同时出现的紧密相连的两个概念。索罗金认为社会流动意味着个体和社会事物自身价值的变化，而这种源自人类活动的改变导致个体或群体社会位置的变化。[1] 彼得认为社会流动包括涉及社会位置之间的一切流动，其中不仅包括人们所公认的职业流动和迁移，还包括宗教信仰、结婚生子等生活状态，以及经济收入和政治立场的改变。[2]

### 二、社会流动的种类

从参与社会流动的民众数量的角度进行划分，社会流动可分为个体的社会流动和群体的社会流动。其中，个体的社会流动主要指向的是个体社会位置或属性的变化，而群体的社会流动主要指向的是社会阶层整体的变化。从社会阶层的视角而言，社会流动的实质就是社会

---

[1] 侯定凯. 高等教育社会学 [M]. 桂林：广西师范大学出版社，2004：225-241.
[2] 彼得·布劳. 不平等和异质性 [M]. 王春光，等译. 北京：中国社会科学出版社，1977：11.

阶层形成的过程。社会分层与社会流动的实质是从两种不同的角度对同一社会现象进行描述和研究，同时上述两者所研究的对象都是社会的结构。其中，社会分层是对社会结构的状态、内容、形式、性质、互动关系和程序的静态描述；而社会流动则是对上述相关问题的动态描述。社会分层理论最初由马克斯·韦伯提出，他认为财富、权利和声望是对社会地位进行衡量的最基础指标。布劳和邓肯基于马克斯·韦伯所提出的上述社会分层理论进一步认为个体的社会地位主要受先赋和后致两种因素所影响，由此他们提出"在当代社会中个体所属层级主要以其所从事的职业进行划分，而职业地位的获得则主要取决于接受教育的水平"。[1]

从社会流动的方向进行划分，社会流动可分为水平和垂直两个方向。索罗金（1958）认为引起社会流动的原因主要有两种：一种是由于受经济或人口等外在原因强行引致的社会流动，另一种是由于受社会流动机会的平等性影响而引致的正常社会流动。一般而言，在先进的工业化社会中正常的社会流动比闭关自守的封闭性社会活跃，而且由于决定个体所属社会层级的主要原因不再是原来的门第和财产，而是随着社会和知识经济的发展转而代之以职业和学历。因此，在诸多对社会流动的研究中，学者们都将个体所从事的职业作为社会地位的参考变量加以考虑，并由此衍生出职业世袭率、职业同职率、职业持续率等指标对社会流动的情况进行具体的研究。其中，职业世袭率指的是与其父辈同样职业的人数的比率，职业持续率等指标指的目前仍在从事其最初职业的人数比率。根据这些对社会流动的测量指标可以有效地对水平社会流动和垂直社会流动进行测量。

## 三、公共教育投入与社会流动的关系研究

如前所述，学者们证实了公共教育投入与社会流动具有强相关性。例如，通过美国社会学家布劳的研究结果可知在经济发达的工业国家中，学历与职业的相关系数为0.73；而陆学艺对中国1992—2001

---

[1] 彭拥军. 高等教育与农村社会流动 [M]. 北京：中国人民大学出版社，2007：46.

年社会流动的情况进行调查后也发现个人学历是导致个体从事其现今职业诸多因素中的首位❶；据麻生诚调查，1928—1941年日本社会的精英群体中具有大学学历的人数占40%~50%，而1955年以后这一比例进一步上升到80%；在中国的国家干部队伍中，具有专科以上学历的在1978年只占18%，而到1998年该比例直线上升到40%。由此可见，作为有效的社会结构调节机制，公共教育投入可以直接影响社会各个层级中个体流动的方向、数量和均衡性。故而，在现代工业社会中，公共教育投入的规模和结构在一定程度上决定了民众在社会结构中流动的情况。在当今这个科学技术日益重要的知识经济时代，民众的受教育程度决定了其可以在社会生产生活中所发挥作用的大小。因而对个体民众而言，其所拥有的学历、文凭和文化知识成了其在社会结构中向上流动的一个重要先决条件；对群体民众而言，其所拥有的平均受教育程度成了改变其所在社会结构的重要因素。其中，公共教育投入对社会分层的具体影响主要是通过公共教育投入对个体在社会流动中的作用来呈现，也就是说，公共教育投入可以促进或者阻碍社会成员在社会层次结构中的地位变化。

公共教育投入与社会流动之间的具体关系受其所处社会环境和文化价值观的影响较大。首先，社会本身的情况在一定程度上决定着公共教育投入与社会流动的关系。当所处社会为封闭式社会时，公共教育投入的获利者均为统治阶级的内部人员及其后代，这时公共教育投入将会阻碍社会发展所必需的正常流动。而在开放的现代社会中，公共教育投入则是面向所有社会大众的，因而它将加速社会流动。其次，文化价值观也影响着公共教育投入与社会流动之间的关系。例如，在日本这样一个层级森严的社会中，垂直流动对人们的日常生活影响更大，故而人们更加重视所获学历的等级，由此在这类社会中公共教育投入的重心将会被置于对层级学历系统的建设和维护；而在美国这样一个扁平化的社会中，人们更关心的是如何使自己的兴趣与所学相符合，故而在这类社会中的公共教育投入应重视多元化特色课程

---

❶ 陆学艺. 当代中国社会阶层的分化与流动［J］. 江苏社会科学，2013（4）：1-9.

的开设,以满足民众所需。

通常而言,对公共教育投入与社会流动关系的研究存在两种主要的价值取向。其中,第一类学者们对公共教育投入与社会流动关系的价值取向认为,公共教育投入可有效促进社会的流动,受惠于公共教育投入,社会层级结构中个体的流动性加大,这种价值观取向被称为功能主义,秉持这种观点的学者有帕森斯、威纳尔和英克尔斯;第二类学者们则认为社会顶层的优势群体拥有较多的文化、经济、社会和政治资源而可以占有更多的公共教育资源,由此将其自身的社会地位在代际间固化、传承甚至极化,这种价值观取向被称为冲突论,支持该类观点的学者以鲍尔斯、金蒂斯、布迪厄为代表。[1]

### (一) 帕森斯的功能主义

功能主义对公共教育投入所起作用的基本观点是公共教育投入是维持和调节现代社会系统正常运行和发展的一个重要机制。在现代社会中,公共教育投入不但是个体获得职业资格和社会技能的基本途径,还具有社会分层和流动的功能。特别是在知识经济时代,以公共教育为主要手段的个体受教育水平是个人后天因素中实现向上的社会流动的决定性因素。在美国,由于受教育者在种族、文化和教育价值观等各个方面都存在一定差异,导致对应的公共教育投入规模和结构也各有不同。随着学生们逐步进入社会,这种对教育投入的差异将进一步扩展到现实社会生活之中。由此可见,受公共教育资源所资助的学校和班级担负着被教育者社会化和社会整合的责任,在学校受教育者需要将施教者的观念接受并内化,从而使他们获得被提倡的共同的能力、社会责任感和共同价值观,这些功能被认为是公立学校所担负的最重要功能。此外,受公共教育资助的学校还发挥着社会筛选功能,通过开设不同层级和不同内容的课程,学校将受教育者引导和配置到能充分发挥其先赋能力的位置。帕森斯由此认为公立学校具备鉴

---

[1] 彭拥军. 高等教育与农村社会流动 [M]. 北京:中国人民大学出版社,2007:46.

别学生差异、为社会提供其所需的人力资源的能力。❶

### (二) 威纳尔与英克尔斯的研究

与帕森斯将公共教育投入视为对社会流动的有效调节机制相比，威纳尔和英克尔斯的相关研究则进一步肯定了公共教育投入对社会流动的积极调节功能。威纳尔提出公共教育投入在推翻旧社会生活的同时，也在奠定新的生活基础，由此可见公共教育投入对社会层级结构所发挥的效果越好，社会中的流动也就越健康。虽然威纳尔对公共教育投入与现代社会流动之间的作用机制进行了论述，但并未结合实际案例对公共教育投入之于社会层级结构的具体影响进行分析。相较而言，英克尔斯和史密斯的研究则是基于实际经验数据展开的，故而更为具体和精细。他们以阿根廷、智利、印度、以色列、尼日利亚和孟加拉国六个发展中国家的数据为样本，对个体在社会发展过程中的流动问题进行了具体的研究。在研究中，他们重点论证了个体所处的社会环境对公共教育之于社会流动的影响作用。他们认为个体所接受的教育与其所处的社会环境存在一种互动效应，将学校教育与其所居住的城市工作环境相结合的人比那些仅在学校进行纯学习的个体获得大得多的回报。❷ 可见，他们认为教育价值观对公共教育投入和社会流动之间的关系存在一定的调节作用。

### (三) 鲍尔斯和金蒂斯的再生产理论

鲍尔斯和金蒂斯在他们的著作《美国的资本主义制度与公共教育投入：公共教育投入改革与经济生活的矛盾》中提出，公共教育的发展在现代社会中不是对科技发展的回应，也不是对群众公共教育投入需求的回应，而是源自对社会发展中提高生产效率需求的回应。因为在当今知识经济体系下，科技知识发挥着第一生产力的作用，故而政府的公共教育投入制度与社会的生产实践处于紧密结合之中。鲍尔斯

---

❶ 赵立玮. 塔尔科特帕森斯论"教育革命" [J]. 北京大学教育评论, 2009 (3): 29-40, 189.

❷ 阿列克斯·英克尔斯, 戴维·史密斯. 从传统人到现代人: 六个发展中国家中的个人变化 [M]. 顾昕, 译. 北京: 中国人民大学出版社, 1992: 361.

和金蒂斯进而提出统治者们牢牢掌握公共教育投入制度的制度设计权、领导权和执行权，在这种情况下，任何涉及公共教育方面的改变都可以成为保障和强化已有社会秩序的手段，所形成和执行的公共教育制度也将按照统治阶级的设想对科技和知识资源进行再分配。由此可知，公共教育制度的改变是使已有的社会阶层手段合法化。因此，鲍尔斯和金蒂斯在此基础上提出"一致性原则"，❶ 该原则认为公共教育系统里的各个方面（包括课程、教学、管理等）都在复制着现有的社会结构，并且这种结构与社会中个体间的生产关系是相一致的。此外，鲍尔斯和金蒂斯也讨论了公共教育投入的改变对社会平等状况的影响和对社会流动的意义，他们认为虽然公共教育投入在一定程度上复制着现有的社会结构，但只要管理得当，也可以成为促进社会平等的有效调节工具。

（四）布迪厄的文化再生产理论

与鲍尔斯和金蒂斯的宏观研究相对应的是布迪厄关注的微观分析，布迪厄更强调教育价值观控制下的公共教育投入对国民收入和国民收入差异之间的关系。由此可知，虽然布迪厄所关注的主题是公共教育投入对国民收入情况的影响，但他的研究重点则在于价值观对上述两种因素之间的调节作用，在他的《再生产》《继承人》和《国家精英》等著作中对于价值观对公共教育投入之于国民生产机制的影响进行了仔细分析，之后他提出公共教育制度拥有对民众的经济和天赋等方面因素进行调节的能力。当社会中的教育价值观倾向于结果平等时，公共教育体系具有跨越民众已具备的经济上的差异、已形成的社会层级和与生俱来的天赋差异而通过公共教育对国民收入差异进行有效调节，从而实现全面结果平等；当社会中的教育价值观倾向于机会平等之时，公共教育体系则承担了维持甚至强化国民经济、社会层级和天赋差异的作用。故而布迪厄认为公共教育系统是披着合法外衣服

---

❶ 塞缀尔·鲍尔斯，赫伯特·金蒂斯. 教育的社会化功能［C］//曾满超. 西方教育经济学流派. 北京：北京师范大学出版社，1990：321，326-328.

务于统治集团利益的机制。[1]

（五）伯恩斯坦的新公共教育学

伯恩斯坦则更关注教育系统中"知识"所发挥的作用，他认为对教育系统的研究应划入公共教育投入与社会生产的范畴之内，教育系统中创造和传递的"知识"无论是在内容的选择上还是传递的形式上，都是与社会层级结构中上层阶级和统治阶级的价值观相一致的，而不太考虑下层阶级和被统治阶级的习俗和需求。由此，上层和统治阶级的文化习俗和需求得以传播，而下层和被统治阶级的习俗和需求则在公共教育系统中处于不利的地位。可见伯恩斯坦所提出的新公共教育学的实质是从较微观的角度对公共教育投入与社会阶层结构之间关系的分析。

## 第四节 研究假设

基于上述理论，本书进而提出以下四大研究假设。

假设1：与地理因素相较，教育价值观是引致国家之间教育投入和国民收入差异不同的更重要的因素。

由于在全球范围内接受教育的民众来自六大洲及7~8个文化圈的200多个国家（地区），不同的民众对世界上的事物均有着各自的理解。而地理区位和教育价值观不同的人对教育的整体作用、接受教育所能获得的外部收益和内部收益，以及受教育对个人影响的理解均各不相同，因而地理区位和教育价值观的差异均有可能引致公共教育投入对国民收入差异的不同影响。传统而言，对于世界各国的划分主要是以地理区位作为维度，如世界各国所属大洲的划分就是基本以其所处的地理板块为基础进行分类的。但现今学界发现价值观对于人们社会行为的影响越来越大。为了保障后续实证分析的效度和信度，有必要对上述两类影响因素进行综合考察，辨析在地理区位和教育价值

---

[1] 布迪厄，帕斯隆．继承人：大学生与文化［M］．邢克超，译．北京：商务印书馆，2002：31.

观两类因素中究竟依据哪一种标准对公共教育投入和国民收入差异进行类别划分时不同类别之间的差异更大？本书将从人力资本理论、教育价值观出发，运用世俗理性与传统价值观、生存与自我实现价值观、地理区位三个维度对公共教育投入、经济因素和国民收入差异等因素近15年的联动变化情况进行考察，探究被上述三个维度分类的各个国家公共教育投入、经济因素和国民收入差异等因素的变化趋势和相对差异；从而在教育价值观和地理区位两个分类标准中找出依据该标准进行分类时，不同类别之间拥有最显著差距的因素作为后续分析的影响因素加入所构建的回归模型进行综合分析。

假设2：在统计学意义上，公共教育投入为国民收入差异的"因"，同时国民收入差异亦是公共教育投入的"因"。

在教育社会学科研领域中，一部分学者单方面强调公共教育投入对国民收入差异的调节作用，认为公共教育投入是国民收入差异变化的关键因素；而另一部分学者则强调公共教育投入对国民收入差异的依赖，认为国家收入差异增加才会导致公共教育投入的增加，因而国民收入差异是"因"，而公共教育投入是"果"。有关公共教育投入与国民收入差异——"鸡与蛋"——关系的讨论一直延续至今，尚无定论。但总体来看，相对于教育和民众收入差异问题对社会和谐稳定及其发展的极端重要性，现有的对公共教育投入和国民收入差异之间因果关系的论证仍显不足，在理论视角和分析方法的多样性方面仍有待加强。以前相关领域的研究成果虽然也分别从定性和定量的角度论证了公共教育投入和国民收入差异之间的关系，但运用格兰杰因果关系检验法考察上述两因素之间关系的多国别研究尚属空白。本书拟基于15个国家32年的经验数据，用计量统计方法中的格兰杰因果关系检验法考察公共教育投入、经济因素和国民收入差异各因素之间统计学意义上的因果关系。

假设3：相较于经济和教育价值观等因素，公共教育投入是对国民收入差异具有显著影响的重要因素。

由于对人力资本理论的认同，学者们大多承认教育对人力资本的提升效果，但在公共教育投入对民众收入差异的作用上则态度不一。

部分学者认为加大公共教育投入可以加速民众在社会层级中的向上流动，从而在实质上起到弱化社会生活阶层之间壁垒的作用；而另一部分学者则将公共教育投入的增加与民众收入差异程度扩大关联起来，认为教育的强化将导致社会阶层的固化和极化，而以上相对立的两种观点均得到了理论及经验研究的支持。因此，本书将通过VAR模型、脉冲响应函数和方差分解分析等数理统计方法考察公共教育投入的各个方面因素变化对国民收入差异的时序影响，以及公共教育投入和经济因素等多方面因素变化对国民收入差异的综合影响。其中，VAR模型的构建为所有后续时序统计分析的基础；脉冲响应函数用于考察公共教育投入发生一个标准单位改变时国民收入差异在某一时间段内所发生的改变状况；方差分解详细分析了国民收入差异发生一个标准单位改变后所有影响因素在后续时间序列中各自对该变化所发挥的综合影响作用。

同时，教育与国民收入差异的关系一直受到国际上学者、政治家及公众的广泛关切。可能出于思维定式及政府治理所需，在各国主流媒体报道的作用下，民众和政治家们习惯将教育投入的增加与国民收入差异的缩小关联起来，并试图以此为基础原则对相关政策的制定进行讨论。❶然而这种关联在国际上并未从理论和经验上得到一致认可，甚至有研究发现教育可以从某种程度上迟滞社会阶层的流动，引致社会阶层的固化和极化，扩大国民收入的差异。❷由于教育事业在社会知识积累、文化传承、技术创新等方面的特殊作用和地位，学者们对教育对社会稳定和发展的推动作用给予了格外热切的关注。学术界对教育对于社会发展的调节作用进行了大量实证研究，并分析了教育发展与缩小民众间差距的直接正向关系，这为其后持续的研究奠定了扎实的基础。❸本书将综合考察在控制了经济和教育价值观等多方面的

---

❶ Morel N, Palier B, Palme J. Towards a Social Investment Welfare State: Ideas, Policies and Challenges [M]. Boston: Policy Press, 2012: 52–77.

❷ Boudon R. Education, Opportunity and Social Inequality: Changing Prospects in Western Society [M]. New York: Wiley-Interscience, 1974: 131–159.

❸ Haveman R, Smeeding T. The Role of Higher Education in Social Mobility [J]. The Future of Children, 2006 (1): 125–150.

外部因素后，公共教育投入对国民收入差异综合的影响。本书的研究拟用基于面板数据的回归分析考察公共教育投入、经济因素和教育价值观各个因素对国民收入差异的综合影响。

假设4：公共教育投入对国民收入差异的影响存在变异点。

从分析对象的范围而言，现今的大多研究仅使用一国的一个行政区域（地区）、一国或包含有限国家的地区数据作为分析对象，导致被分析对象的异质性无法得到充分体现；从分析方法的种类而论，现在的研究大多仅单独使用截面分析、时序分析或者面板数据分析作为分析手段，使各种分析方法所具备的优势无法有机结合。以上各种研究局限导致相应的研究成果缺乏科学性和说服力，研究结论失之偏颇甚至互相对立。因此本书试图构建教育投入与收入关系的立体分析框架，将全世界六大洲的43个国家连续15年的教育经济数据置于经济、社会、地缘、文化情境中，从空间、时间及时空综合三大维度进行考察及探究，在上述面板回归模型的基础上构建门限回归模型，通过对公共教育投入因素门限值的求取，探究其对国民收入差异综合影响的变异点。

# 第三章　公共教育投入的基本概念及影响因素

公共教育投入不但是教育总投入的重要组成部分，也是人力资本得以形成的前提和基础，因此有丰富的理论内涵和多样的外在特性。虽然教育是一种准公共产品，但各级、各地政府所施行的公共教育投入则是对教育公共性的凸显和强调。本章将从公共教育投入的理论内涵、外在特性、独特的公共性及与社会和个体的关联等多个方面对其进行精细解析。

## 第一节　公共教育投入的内涵、种类和特征

### 一、公共教育投入的内涵

教育投入，也称教育投资、教育资源等，是指投入教育活动中的人力、物力和财力资源的总和，或者是指用于教育、训练后备劳动力和专门人才，以及提高现有劳动力智力水平的人力和物力的货币表现。[1] 从投入主体或来源的角度而言，教育投入可以分为公共教育投入、社会教育投入和个体教育投入三种类型。其中，公共教育投入的主体是依国家法律规定对民众负有提供公共服务职责的各级政府部门及与其相关的权力机构，公共教育投入的对象和金额需要依据相应的法律程序，综合考虑社会的整体需要，以财政预算的形式予以确定；社会教育投入的主体主要指非政府的各种组织和团体对教育事业的投

---

[1] 靳希斌. 教育经济学[M]. 3版. 北京：人民教育出版社，2005：204.

入，其主要形式包括各团体组织对教育机构的捐赠和对受教育个人的资助，以及为在职职工开展在职培训所投入的成本；个体教育投入的主体是受教育的个人及其所属的家庭，这类教育投入的决策最为简单，受教育个体和他的家庭成员即可做出相应决定。因此，公共教育投入的概念可定义为政府（社会公共组织）将多种资源投入教育系统之中用于教育事业的运行和发展，期望通过对所投入资源的充分利用满足社会对教育的需求，从而保证经济、社会、环境的稳定、和谐、持续发展。由上述定义可知：公共教育投入具有对公共资源的消耗性，其仅专注于教育的用途和目的，并以满足社会需求为其所追求的结果，而且以经济、社会及环境的稳定和可持续发展为其最终目的，与此同时要求保证所投入资源被高效地利用。由于无论一个国家的政治体制和经济模式如何，公共教育投入都是教育投入的最重要来源，同时也是三种教育投入类型中所占比重最大的一类，因此本章将所研究的对象限定于对公共教育投入的关注。

## 二、公共教育投入的种类

### （一）按形态分的种类

公共教育投入按形态可分为公共教育人力投入、公共教育物力投入和公共教育财力投入三种。其中公共教育人力投入指由政府安排的在教育行业工作的各种人员的数量和人员的结构，包括教师、科研、行政人员和保洁、维护及其他辅助人员等；公共教育物力投入指政府为教育配备的一系列物质教育资料，包括教学科研用地、建筑、设施、设备、器具及一系列易耗品；公共教育财力投入指政府为教育活动投入的资金总和，包括教学科研的筹备费用、运行费用、维护费用、更新设备设施费用、教职员工的工资及科研教学活动经费等。

### （二）按用途分的种类

教育具有教学、科研和服务社会三大社会功能，因此公共教育投入按用途可分为公共教育教学投入、公共教育科研投入和公共教育服务社会投入三类。公共教育教学投入主要包括政府对教育机构教学功能投入的人力、物力和财力，如教师工资、教室和实验室等教学设施和设备、实验实习资金、毕业设计经费等；公共教育科研投入指政府为教育科研活动提供的一系列资源，包括科研人员的配备以及科研设备的购买、维护和更新与科研项目资金的提供；公共教育服务社会投入包括由政府支持、教育机构实施、面向社会的各种咨询、培训，以及合作创新服务。

（三）按层次分的种类

公共教育投入按层次可分为公共教育宏观投入和公共教育微观投入。其中公共教育宏观投入指政府对一个群体或一个地区的教育投入，包括政府对省（自治区、直辖市）、市、区、县等行政区划的教育投入，也包括政府对学校、实验室、课题组等方面的教育投入；而公共教育微观投入的对象是不同个体，如政府对个体的教育资助和教育贷款，以及对有特殊需要的个体施行的有针对性的帮扶等。

（四）按结构分的种类

由于世界各国的教育系统一般都被分为初、中、高三级，因此公共教育投入按结构可以分为公共学前教育投入、公共初级教育投入、公共中级教育投入和公共高级教育投入四类。公共学前教育投入是政府对学龄前儿童（6岁以前）教育上的支持；公共初级教育投入是政府对小学教育系统的支持，其主要帮助对象是处于6~12周岁的孩童；公共中级教育投入是政府对中级教育系统的支持，包括初中和高中两个级别，其主要帮助对象是处于12~18周岁的青少年；公共高级教育投入是政府对高等教育系统的支持，包括职校、大专、本科和研究生等多个种类，其主要帮助对象是18周岁以上即将进入社会的成年人。

（五）按地域分的种类

公共教育投入的主体和被投入的主体大多都有一定的地域范围限定，例如国家级，或省级，或市、区级等的公共教育投入。基于该地域范围，可将其按方位、行政区划，或者地形地貌分为不同的公共教育投入种类，如按方位，可以分为东部、南部、西部、北部和中部五种公共教育投入；按行政区划，可分为广东、广西、湖南等多类公共教育投入；按地形地貌，可分为山区、丘陵、平原、沿海等多种公共教育投入。

### 三、公共教育投入的特征

公共教育投入不但规模大、覆盖面广，而且对民众的社会生活有巨大的影响力，因此厘清公共教育投入的特征意义重大。下文对公共教育投入的九个特征逐一予以阐述。

#### （一）公共教育投入的非营利性

在市场经济体系里一般物质生产都以追求物质利益为目的，其所强调的是以最小的投入获得最大的利益。如前所述，虽然公共教育投入也非常重视所在教育领域里投入资源的利用效率，但其投入的最终目的不是纯粹的物质利润，而是经济、社会及环境的稳定和可持续发展。因此，不但中国的《教育法》明确规定了"任何组织和个人不得以营利为目的的举办学校及其他教育机构"[1]，而且世界各国均不以营利为目的的对教育事业进行投入。虽然现在越来越多的国家对就读高等教育的学生开始收费，其目的也是补贴教育成本而并非在于营利，因此各国均想尽一切办法将学习费用控制在可接受范围之内，同时通过各种补贴措施保证学生们都可上得起学，以此保证个体教育机会的平等。

#### （二）公共教育投入的递增性

由于人类社会的不断发展使社会所拥有的技术知识总量和科技发展速度均呈现快速上涨之势。而教育机构作为集合了传承已有知识和探索未知技术两大功能于一身的场所，需要保证自身所拥有的人力资本和物质资本各方面处于当今社会的最前沿，由此教育机构必定需要雇用最顶尖的学者和采购最先进的设备，因而导致教育成本逐年上涨，因此公共教育支出亦随之逐年上升。例如，中国在20世纪80年

---

[1] 中华人民共和国教育法全书［M］.北京：北京广播学院出版社，1995：552－597.

代的公共教育投入还只占全国年均总支出的1%，而到2012年该数值已经增长至4.28%。而美国的著名经济学家舒尔茨也认为教育成本的上涨幅度总是高于消费者物价指数（CPI）的增幅。因此，公共教育投入随着社会的发展存在逐年递增的趋势。

（三）公共教育投入的连续性

在当今社会中，学习活动已经成为个体的终身行为，其主要原因是由于科技发展速度的不断加快，导致用于生活和生产的知识需要不断更新，如果个体仅仅满足于在初级、中级、高级正规教育系统里所学到的文化知识，那么以当今的科技发展速度，个体在从正规教育系统毕业5~10年后，其以前所学知识即已经不再适用于社会的新情势了，因此现在这个高速发展的社会要求社会中的个体要不断学习新的科学技术知识以适应社会的发展，由此导致政府需要连续不断地对教育进行公共投入。

（四）公共教育投入的长周期性

知识的产生是一个递进积累的过程，前期的知识是后期知识的基础，没有前期的初级知识作为基础，就无法推导演绎出更高级的技术，因此世界上的知识系统是一个庞大的、一体化的体系，而且这一体系还伴随着当今社会中科学技术的发展而更为复杂。由于各国均深刻认识到个体在当今社会生活中所需知识的复杂性，因而各国都不约而同地将学校正规教育分为初级教育、中级教育和高级教育三级，并且完成相应级别学习所需年限几乎一致，大致为初级教育6年，中级教育6年，而高级教育则是3~8年不等，因此要培养具有初等文化水平的劳动者所需时间为6年，培养中级文化水平的劳动者所需时间为12年，而培养高级文化水平的劳动者所需时间至少16年。因此，培养一个适应当今社会需要的劳动力需要较长的周期，由此可见公共教育投入与劳动力培养周期相一致，亦具有较长的周期性。

（五）公共教育投入的间接性

教育无法直接提高个体和社会的生产率。教育只能提高受教育个体的知识技能水平、团队合作精神和创新精神及思维等依附个体的劳动所需的技能。而接受了教育的个体作为社会生产流程所必需的生产要素只有投入到社会生产过程，才能与其他生产资料一起创造社会财富。而在生产活动期间只有当受教育的个体将所学到的知识技能和开拓性思维运用于生产流程中之时，教育才能对社会生产发挥其应有的作用。由上述过程可见，教育无法直接作用于社会的生产流程，而必须以受教育对象为媒介发挥其作用，同时必须在受教育对象将所学知识技能和创新性思维充分地运用于社会生产的前提条件下，教育才能发挥其应有的作用。因此作为教育投入的三大类之一的公共教育投入也无法直接作用于社会生产，而必须先将公共教育投入作用于受教育对象，再以其为媒介，从而对社会生产起到应有的作用，因此公共教育投入具有间接性。

## （六）公共教育投入的长效性

公共教育投入的长效性主要体现在两个方面：其一是受益于公共教育投入的个体一旦掌握了知识技能和创新思维后，由于人类记忆所具备的长期性效应，这些知识内容和独特思维可被运用于个体的整个生命周期，而个体的生命周期的具体长短则取决于人力资本的个体健康状况和寿命长短等其他方面因素；其二是个体在获得公共教育投入后，其所具备的知识技能和思维可以通过自身的言传身教传递给自己的子女，由此产生代际传递效应，从而使公共教育投入的效用不但可以在代际内发挥作用，而且可以跨越世代的界限发挥其功用。由此可见，公共教育投入具有长效的特征。

## （七）公共教育投入的外溢性

公共教育投入的外溢性在微观和宏观两个层次均有体现。在微观方面，个体受益于公共教育投入而接受教育后，当该个体在社会生活和生产中运用所学知识技能和独特思维行动的时候，会对其周边的其他个体产生示范效应，由此扩散公共教育投入的受益范围，使更多的个体间接获益于公共教育对该个体的投入。而在社会宏观层面，当一个国家或区域公共教育投入较多，就会导致本区域平均受教育水平的提升，由此使该区域的生产率和科技水平均相较于周围其他地区要高，一方面该地区同样会对其周边区域产生示范效应，另一方面当该地区内的个体流动到周边区域后，会提高周边区域的生产率和科技水平。由此可见，公共教育投入在宏观和微观两个层次均会外溢到相应的个体与区域，因此公共教育投入具备外溢性。

（八）公共教育投入的不均衡性

社会的不同个体和不同区域之间由于受历史、文化、经济等多方面的影响，均存在一定程度的差异性。如前文所述，公共教育投入以经济、社会及环境的稳定和可持续发展作为其最终目的，因此公共教育投入需要以社会公平为原则，根据个人和区域的具体情况依据"损有余而补不足"的原则，对人力资源水平、经济状况和文化价值观等多方面影响因素进行综合分析后，根据不同个体和区域的具体情况，施行差异化的公共教育投入。因此，在实际社会生活中公共教育投入具有不均衡的特性。

（九）公共教育投入的形式多样性

公共教育投入的广义和狭义概念都呈现多样性的特征。广义而言，公共教育投入包括国家对受教育对象在税费上的优惠、国家对学生贷款施行的低利率和减免、国家对各种教育环境的营造，以及对接受教育的正面引导和鼓励等多个方面；而狭义上公共教育投入则专指国家对教育事业的投入，这其中既包括对初、中、高不同级别教育的投入，也包括对学校前期建设、中期运营、后期维护升级的投入，还包括对学生学费的补贴、教职工工资的发放、科研经费的投入等多个方面。本章的研究对象专指狭义公共教育投入所涉及的各个方面。

## 第二节　公共教育投入的性质

基于不同的视角对公共教育投入进行探究，可发现其具备不同的性质。从经济学角度对公共教育投入进行研究可探查它的消费性和生产性；从公共管理学视角对公共教育投入研究则可发现它的公共物品性；而从社会学视角对公共教育投入进行研究则可明晰它的补偿性。

下文将对这三类性质逐一予以阐述。

## 一、公共教育投入的消费性和生产性

欧洲第一所综合性学校柏拉图学院就秉承了柏拉图的"主智主义"教育传统，将学院的所有课程分为"有用的"和"文雅的"两类，并认为服务于事功的"有用的"学艺是不高尚的，而服务于闲暇的"文雅的"学科则是值得推崇的，由此拉开了教育的消费性和生产性之间数千年来纠葛的历史。在世界的古典时代，无论是西方的贵族还是东方的士大夫，均十分重视教育对个人心灵发展的决定性作用，因此针对教育所进行的投入更凸显其消费性。而后随着知识和科技在生产环节中对生产率提升作用的不断加大，教育的生产性作用也随之越来越受到重视，从而形成了当今社会中公共教育投入的消费性和生产性并存的局面。但学者们和社会对公共教育投入性质的认知依然存在着各自不同的看法，迄今为止依然未能就其达成一致，从而形成了社会对公共教育投入是消费、是投资，或既是消费又是投资三种各有侧重的主要观点。换言之，即社会和学界均对公共教育投资究竟是具备消费性，还是生产性，又或是消费性和生产性同时兼备仍处于争论之中。

### （一）公共教育投入的消费性

在教育活动还未开展之前，即需要政府对教育设施、设备和人员进行前期投入，而在教育活动进行中政府也需要对其运营、维护和升级进行投入，可见公共教育投入是教育活动得以开展所必需的前提和基础。而上述这些所有政府对教育的投入并无法直接作用于社会的经济活动之中，由此导致长期以来社会对公共教育投入消费性的强调和重视，因此社会各界一直强调教育在经济生活中所体现的消费性。直到1890年，英国经济学家阿尔弗雷德·马歇尔在其名著《经济学原理》（Principles of Economics）中依然提出鉴于个体后天所获知识技能的难以测量性，为了避免在确定经济体发展的过程中偏误的产生，建议将个体知识和技能排除在对经济体总财富和资本的计算之外。而中国消费经济学的创始人尹世杰也指出"教育是第一消费力"。[1]由此

---

[1] 尹世杰. 尹世杰选集：第1卷 [M]. 长沙：湖南师范大学出版社，1994：391.

可见社会对公共教育投入具有消费性这一观点的持续性,而这种持续态度的产生源自多方面因素的作用。

1. 公共教育投入是一种资源消费

任何教育活动都需要消耗资源。不但在教育活动之中需要消耗物力、人力和财力,而且在教育活动之前和在教育活动当中等不同的阶段都需要持续地对教育进行投入,以保证教育活动的正常开展和运行。截至2014年年底,中国共有高等院校2529所,中等教育机构7.9万所,初等教育机构21.9万所,学前教育机构20.99万所。与之对应的在上述各级教育机构中工作的教师数分别为153万人、602万人、565万人和184万人。❶ 而由《中国教育经费统计年鉴2014》可知国家财政性教育经费在2013年为24488亿元,相较于1992年的728亿元一共增长了约33.64倍,年增幅为160%。❷ 而在教育的未来基础建设方面,2021年3月12日由新华社播发的《中华人民共和国国民经济和社会发展第十四个五年规划和2035年远景目标纲要》中提出政府要坚持优先发展教育事业,不但要继续推进基本公共教育均等化工作,而且同时还要提升高等教育质量。❸ 由此可见,整个社会教育系统的运行不但需要消耗巨大的社会资源,而且所需资源还处于持续增加之中。

2. 公共教育投入无法直接促进社会生产

教育可以传承知识、发明技术、服务社会,但所有这些功能都是作用于社会中的个体身上,而不像社会生产活动中物质生产要素所产生的直接效用,教育本身既无法直接作用于社会生产,也无法直接产生物质财富,而需要通过作为媒介的受教育个体将其在教育活动中所接受的知识和思维运用于生产活动才可使教育在生产中充分发挥其应有的作用。但在实际的社会生活和生产之中,由于社会环境、工作岗位、个体等多方面因素所存在的差异性使个体接受教育所学到的知识

---

❶ 国家统计局. 中国统计年鉴2015 [M]. 北京:中国统计出版社,2016:372-395.
❷ 中国教育经费统计年鉴2014 [M]. 北京:中国统计出版社,2015:417-453.
❸ 中共中央. 中华人民共和国国民经济和社会发展第十四个五年规划和2035年远景目标纲要 [M]. 北京:人民出版社,2021:104-107.

和思维可能无法在实际的社会生产之中发挥作用,从而使在公共组织对教育的投入仅表现出了政府在教育活动的各个阶段进行投入所表现出的教育的消费性,而未能表现出公共教育投入对生产效率予以提升的生产性作用。

3. 公共教育投入是一种精神性消费

人类作为自然界千万种生物中的一种,出于生物应对环境的本能,其天性中对未知事物即具有好奇心和探查欲。教育的主要功能就在于传授对接受教育的个体而言未知而前人已经进行了总结的经验和知识,同时开拓受教育个体对未知事物进行思考和探讨的创造性思维,因此教育可以满足人类的好奇心和探查欲。人类的社会生活由物质条件和个人声望所组成,个体在社会中的生活不仅需要物质资料作为基础,还需要受到别人的尊重。受过教育的个体由于其所拥有的知识文化水平的提高,而使他在社会生活中更加受人重视,从而拥有更高的声望。因此通过接受教育,个体对声望的精神需求得以满足。故而个体通过接受教育可以获得精神上的满足和心理上的享受,换言之,个体通过教育消费获得了精神上的满足。而心理学家马克思也观察到教育消费性对人类生活的重要程度,因而将教育活动看作一种享受性的活动,并将教育部门划归为消费部门。❶ 因此,作为教育投入中占最大比例的公共教育投入一般被视为一种精神上的消费。

(二) 公共教育投入的生产性

教育的生产性直到经济学家亚当·斯密的名著《国富论》面世后才逐渐被世人所认知,从此越来越多的人认同人力资本作为重要的生产要素在社会生产活动中所发挥的不可替代的作用。受其影响,阿尔弗雷德·马歇尔不但认同了亚当·斯密将受过教育的个体等同于高效机器的想法,而且还进一步引申提出,在生产流程中人力资本比物质资本重要的观点,并且他明确支持对教育事业进行充足和公平的公共

---

❶ 马克思,恩格斯. 马克思恩格斯全集:第3卷 [M]. 中共中央编译局,编译. 北京:人民出版社,2002:547.

投入的做法。❶ 这些学者通过他们的不懈努力确认了公共教育投入对生产效率提升、经济发展、社会和谐等方面的生产性作用。具体而言，公共教育投入的生产性作用表现在对个体自身、周边群体和所在社会等多个方面的影响上。

1. 公共教育投入对个体的生产性

公共教育投入可以增加个体的知识储量和引发新的思维模式，由此可以提高个体的劳动质量和劳动能力，使其在社会生产过程中能够产生更高的效率，从而收获比未接受公共教育投入前更高的经济效益，因此公共教育投入对个体物质方面的效益即是可以提高个体的收益。而在个体达到更高的生产效率和经济收益后，其所拥有的无形职场晋升机会和创业机会也随之增加，因此公共教育投入可以增加个体的生活机会。此外，个体在接受公共教育投入后将拥有更高的个人素质和道德水平，由此可以更顺利地开展生产活动。由此可见，公共教育投入的本质是政府对"在有形物质财富生产活动之上的无形财富生产部门"的投入。❷

2. 公共教育投入对周边群体的生产性

一方面，受益于公共教育投入的个体不但其本身将在生产活动中提高效率并获得收益的提升，而且在他周围工作和生活的其他个体虽然未能直接获得公共教育投入，但通过学习和模仿该个体的思维、行动、品德，也可以使自己的生产效率和收益获得一定程度的提升。另一方面，受益于公共教育投入的个体也可以通过将自身所学的知识、技能和思维模式主动传授给其周围的亲戚、朋友、邻居等相关个体从而使这些人也间接得益于公共教育投入。由此可见，受益于公共教育投入的教育活动是"直接把劳动能力本身生产、训练、发展、维持、再生产出来的劳动"，❸ 因此公共教育投入对受益个体周边群体通过扩

---

❶ Marshall A, Guillebaud C W. Principles of Economics. [M]. Chicago: Macmillan, 1961: 95 – 116.

❷ 靳希斌. 关于教育经济学若干热点问题的争鸣 [J]. 教育研究, 1999 (6): 40 – 44.

❸ 马克思, 恩格斯. 马克思恩格斯全集: 第26卷, 第1册 [M]. 中共中央编译局, 编译. 北京: 人民出版社, 1983: 164.

散效应和代际传递效应作用也具备一定的生产性。

3. 公共教育投入对社会的生产性

公共教育投入通过直接作用于受教育个体和间接作用于在受教育个体周围的群体发挥其提升生产效率、生产质量、个人素质和道德水平的作用，使人们获得更好的生产效益和更健康的生活状态，从而充分发挥其所具备的生产性功能。而通过对周边群体循环发挥其扩散效应，促使整个社会的人力资本存量得以增加，从而促进社会科技和人口素质的进步，最终推动社会物质文明和精神文明的整体发展。人力资本理论的创始人经济学家舒尔茨在对1929—1957年美国的受教育程度与经济发展进行精细分析后，提出教育因素在美国的整体经济增长中发挥了33%的作用。❶ 由此可见，公共教育投入可推动社会的整体发展，为社会带来巨大效益。

（三）公共教育投入的消费生产性

一方面，由于政府既担负着生产者的角色，又是社会的消费者，因此它对教育的投入既有消费的属性，又有生产的属性。公共教育投入不仅不断地消耗着各种资源，而且无法直接促进社会生产的发展，并且由其所产生的精神性产品也被用于满足个体不同的精神需要，因此公共教育投入具备消费性。另一方面，公共教育投入的成果不但对受教育个体本身的生产效率和物质收益有所提升，而且对群体和社会的整体的发展和和谐也有所助益，因此公共教育投入也具有生产性。由上文可知，公共教育投入同时具备消费性和生产性。而公共教育投入在社会生活中具体表现出哪种性质则取决于该项教育投入是较多地为了消费的目的而进行的投入，还是较多地为了生产的目的而做出的决定。

## 二、公共教育投入的公共性

由于公共教育投入在为社会中全体民众带来社会的整体和谐、稳定和发展的同时，也可提高个体自身的生产效率、收入效益、道德修养、生活质量。故而，公共教育投入体现为社会整体公共收益的同

---

❶ 王玉昆. 教育经济学 [M]. 北京：华文出版社，1998：122.

时，也体现为接受政府资助的教育个体带来私人利益的效果。❶ 但由于公共教育投入的主体是依国家法律规定对民众负有提供公共服务职责的各级政府部门及与其相关的权力机构，因而公共教育投入的性质和目的更表现为公共性。厘清公共教育投入的公共性有助于公共教育投入的定位，公共教育投入政策的制定、施行和评估，以及对公共教育投入未来的规划。

### （一）公共教育投入的公共产品性

在2000多年前亚里士多德就试图厘清人们对待"公共事务"和"个人事务"的差别，并探寻这种差别产生的内在机理，由此引发了学界对"公共性产品"的探讨。❷ 而后林达尔（Lindahl E R）首次给出了"公共产品"的定义，即"公共产品是国家对人民的一般给付，个人或集体对公共产品所支付的价格就是赋税"。❸ 20世纪50年代，经济学家保罗·萨缪尔森提出公共产品最重要的特质在于其所具备的非竞争性和非排他性，其中非竞争性即"每个人对这种产品的消费都不会导致其他人对该产品消费的减少"，❹ 而非排他性即"社会全体成员可以同时享用该产品"，❺ 因此萨缪尔森提出的"所有成员集体享用的集体消费品，社会全体成员可以同时享用该产品。而每个人对该产品的消费都不会减少其他社会成员对该产品的消费"成了公共管理领域对公共产品的经典定义。❻

公共教育的基本特性即是其所具备的公共产品性。首先，社会要求公共教育的服务对象要面向全体社会成员，也就是说公共教育的目的是为社会全体民众服务的，因此对社会内成员而言公共教育具备非

---

❶ 廖毅，张薇. 教育适配民族地区经济发展探析——以东北延边朝鲜族自治州为例 [J]. 经济视角，2016（6）：84-91.
❷ 亚里士多德. 政治学 [M]. 吴寿彭，译. 北京：商务印书馆，1965：48.
❸ 尹鸿雁. 中国公共产品供给研究——政府的责任、优势与局限 [D]. 长春：吉林大学，2010：12.
❹ 张馨. 公共财政论纲 [M]. 北京：经济科学出版社，1999：609.
❺ 保罗·A. 萨缪尔森，威廉·D. 诺德豪斯. 经济学 [M]. 12版. 北京：中国发展出版社，1992：1194.
❻ Samuelson P A. The Pure Theory of Public Expenditure [J]. Review of Economics and Statistics，1954（4）：387-389.

竞争性和非排他性。其次，公共教育的公共产品性体现在它是服务于社会共同价值观，即公共教育需要为政府和公共的利益在所有民众中构建社会普适价值观，从而为社会的和谐稳定提供精神上的保障，因此公共教育是服务于社会共同利益的公共性产品。最后，公共教育的公共产品性也得到了法律的保障，各国法律均规定公共教育需要符合社会的公共利益，如在《中华人民共和国教育法》中就确认了"教育必须符合国家和社会公共利益"❶的原则。

公共教育的公共性决定了公共教育投入的公共产品性。如上所述，对于公共教育的投入而言，虽然各国的社会形态和政治经济体制均不相同，所处环境也存在较大差异，历史文化价值观更是各有渊源，但由于各国公共教育投入目的的相似性导致各国公共教育投入的政策和方针呈现非常大的相似度，即将社会的共同利益、集体价值、和谐稳定、持续发展作为公共教育投入的主要因素加以考虑，从国家、社会，或区域的公共利益出发，制定并施行公共教育财政政策。由此可见，公共产品性是公共教育投入的重要属性。

### （二）公共教育投入同时兼具公共产品和私人产品的双重属性

公共教育投入的主体——依国家法律规定对民众负有提供公共服务职责的各级政府部门及与其相关的权力机构——更强调公共教育投入在宏观社会层面的公共产品的非排他性和非竞争性，因而更注重于计算公共教育对群体和社会的联合效应，而忽视个体在其中所获得的效益，从而强调公共教育投入的公共产品性质，而忽略了其私人产品的性质。故此，虽然公共教育投入同时为社会和个体都带来了收入，但在实际社会生活中，社会更关注公共教育投入的公共产品属性。

### （三）公共教育投入的外在性质具有历史阶段性和社会环境性

公共教育投入的性质在一定程度上取决于当时社会、政府和市场

---

❶ 中华人民共和国教育法全书［M］. 北京：北京广播学院出版社，1995：552－597.

三种力量的对比，从而使在不同情态下公共教育投入在现实社会生活中体现不同的属性。例如，对任何级别的公立教育而言，在一定范围内每增加一名学生不但不会影响其他学生的就读机会，也不会影响其他学生所接受教育的质量，因而在此时公共教育投入表现出公共产品的性质；但当所增加的学生超出了学校可以容纳的限制后，每增加一名学生将对其他学生的受教育质量造成一定影响，甚或由于增加一名学生将导致另一名在读学生的失学，此时公共教育投入则表现出了它作为私人产品的一面。此外，公共教育投入的不同层级也体现了不同的性质。例如，公共教育投入需要保障民众接受教育的权利，所以世界上大多数国家均视初中级教育为公共产品，因而对初中级教育施行具有非排他性和非竞争性的义务教育体制；与此同时，受政府财政能力及其他多种因素的制约，各国又将高等教育视为私人产品或准公共产品，对高等教育施行全收费或半收费的体制，从而使公共教育投入在高等教育阶段体现出私人产品属性。

综上所述，公共教育投入的投入主体使其公共产品性得以凸显，而它具体的外在表现则由历史、社会、制度、环境等多方面因素决定。

## 三、公共教育投入的补偿性

公共教育投入在对教育事业的整体投入中所占据的比例最大，因而在对社会和经济的发展及人力资本的增长中起到特殊的作用。公共教育投入不但可以直接促进社会中人力资源的开发、增长及合理配置，提高劳动者的文化技术水平并推动人力资本的全面发展，而且可以由此间接推动整个社会技术创新的增加，从而推进社会的进步。公共教育投入通过以上两个步骤循环往复使人类社会周期交替性前进，从而保障社会的可持续发展。对公共教育投入的性质，厉以宁认为西方教育经济学中将个体所具备的劳动力等同为可交换并买卖的物质商品的做法不但是没有理论依据的，同时也不被社会现实所支持。他由此独树一帜地提出公共教育投入的"补偿"性质，他认为由于个体接受教育后，不但可以提高自己的收入和生活品质，也可以提高社会生产率和社会的整体生产效益，可见接受教育既具有公共产品属性，也具备私人产品的属性，因此受教育后的个体对个体本身和其所在的社会发展都有正向相关性，故而他提出公共教育投入的性质即是为了"补偿"受教育个体在接受教育后的岁月里在增加个体收入的同时，为社会发展和社会财富的增加所带来的正向作用而对个体接受教育的过程中的成本所做的"补偿"。❶

## 第三节　公共教育投入的动机

行为动机决定行为的方式和行为的结果。厘清公共教育投入的动机，有利于准确全面地把握公共机构对教育投入的目的，由此才能正确引导与约束公共教育投入的方向、数量和结构，从而充分发挥公共教育投入的作用，促进社会和个体的同步发展。

政府代表着社会大众的整体利益，担负着为民众的公共利益服务的义务，因此政府的行为动机即是为满足全体民众的需要而为社会大众提供公共服务。而政府所提供公共服务的具体动机则受所处社会环境、经济状况、整体类型等多方面因素的影响和制约。在计划经济体制下，社会生活中的所有权利被政府集于一身，政府对社会生活中的一切经济、文化、政治问题负有全权的责任和义务，因而政府需要尽其所能最大限度地促进社会经济和文化的同步发展，保障社会的和谐稳定与可持续发展。故而在这种体系之下公共投入的主要动机在于满足全社会政治、经济、文化的需要。由此可见，在计划经济体制之中，政府的公共教育投入的动机在于从社会全局出发，有计划地开发、利用和配置社会中的人力资源。与此对应，在市场经济体系里，市场是进行资源配置的主导力量，而在该体系之下政府的角色只是市场力量的调节者，其主要功能在于调节和校正由于市场力量的缺陷和不足而引致的资源无效率配置或误配。换言之，在市场经济体系里，政府的投入动机是通过弥补和消除市场力量对资源配置的缺陷和不足

---

❶ 厉以宁. 教育经济学 [M]. 北京：北京出版社，1984：107，199.

来达到社会公共利益最大化的目标，因此在市场经济体系里公共教育投入即是通过弥补和消除市场力量对教育资源配置的不足和缺陷来达到社会利益最大化的目标。有鉴于此，在实际社会生活中，政府对公共教育投入的动机主要表现为以下三个方面。

## 一、公共教育投入满足公共需求

公共需求即社会大众对政府所提供的公共产品的需求。如前文所述，公共产品的两大特性是非竞争性和非排他性，因此社会民众对公共产品的需求就是他们对个体自身不需为之花费成本，同时又不会因为其他个体的使用而导致自身使用机会减少的共同需求。民众的公共需求不但是社会政治、经济、生活秩序稳定的基础，也是社会和谐稳定的保障，还是社会发展的前提，因而其对社会而言至关重要。此外，公共需求被满足的程度又是社会政治经济生活发展程度的具体体现，随着社会的发展进步，被满足的公共需求的种类和内容也必然随之增加。

教育活动是为社会增加人力资本的活动，由人力资本理论可知，它对社会、经济、政治、生活的发展产生了重要影响。基于前文所述的公共教育投入的公共产品性质，教育既可提高社会效益，又可提升社会文明程度，还可提升社会科技水平，由此可见公共教育投入主要服务于社会。故而，如果教育服务完全由私人或社会所提供，那么由于其对私利的需求而致使教育本身所具备的公共产品属性无法发挥，从而导致教育事业无法产生对社会整体的外部正效应，进而带动社会的整体发展。因此，教育作为一种公共需求需要由公共教育投入来进行建设和维护。

## 二、公共教育投入实现社会和谐

人力资本理论认为个体接受教育后，可以提高其知识文化水平和思维方式，从而可以提升其在社会生产活动中的生产率，个体由此可以获取更高的私人效益。而当这种私人效益通过扩散效应可使整个社会的生产能力和生产收益都得以提高，因而在个体和社会两个层面上看，受教育水平的提升可提升个体和社会两方面的经济水平，故此受教育水平与经济水平存在正相关关系。但教育水平的提高对个体和群体的贫富差距则是另一幅图景,由于家庭背景决定着个体所拥有的物质和文化资源,在仅由市场力量发挥作用的市场经济体系下,那些来自收入和地位较低家庭的孩子将比其他孩子获得更少的受教育机会,因而他们将无法有效提高自身生产率及增加自己的劳动收益,故而形成弱者更弱的"马太效应"的代际循环之中,并且随着社会中强势群体和弱势群体在社会经济、政治、生活地位的差异被一代代所累加,因而在纯市场因素作用的体系下将导致社会内部呈现不平衡发展之势,由此导致社会结构的固化和社会发展的停滞。故而对社会经济文化同步发展负有全部责任的政府需要保证每一个个体平等接受教育的机会,由此保障社会可以和谐稳定地发展。正如美国前总统克林顿所指出的,"市场确实是了不起的,但市场特别是在全球的经济中不能给予我们安全的街道、清洁的环境、平等的教育机会、贫穷婴孩的健康孕育以及健康而可靠的晚年"。[1] 由此可见市场经济力量的缺陷只能通过公共力量来克服和调整,通过公共教育投入,社会民众可能获得接受平等教育的机会,从而使社会得以和谐地可持续发展。

### 三、公共教育投入弥补个体和社会教育投入的不足

在市场经济体系中,市场所具有的决定性力量是通过企业和个人两类主体得以实施的,故而企业和个人对教育的投入是市场力量对教育投入的体现,企业和个人的教育投入方向和力量即是市场力量在现实社会生活中的具体表现。在社会实践之中,企业和个人对教育的投入存在以下两个方面的问题。

#### (一) 企业和个体教育投入有限

企业和个人对教育的投入都来自他们自身的收入。首先,由于他们在社会生活中的首要目的是生存,那么教育投入自然被置于相对较次等的位置,由此导致企业和个人对教育投入的不足。其次,相较于

---

[1] 克林顿. 在希望和历史之间 [M]. 金灿荣,邱君,张立平,王荣军,译. 海口:海南出版社,1996:17.

政府而言，企业和个人的体量都相对较小和相对较为分散，同时企业和个人只能支配它们所拥有的资源，因而他们无法形成独立而强大的力量。如前文所述，经过千百年前辈们的探索，知识体系拥有复杂的结构，故而教育系统是一个拥有诸多层次、结构复杂的体系。相对于个体和企业这样体量较小的实体而言，政府具有统合社会各方资源的庞大力量，因而公共教育投入应当充分发挥其教育投入主渠道的作用，弥补个体和企业对教育投入的有限性，充分发挥教育应有的功效。

### （二）企业和个体教育投入抗干扰差

如前文所述，教育投入是一个长期连续的过程。个体和企业由于内部因素（如自身生命周期、方向改变、成员变动等）和外部因素（如经济周期、社会发展等）的多方面影响导致无法长期的保持对教育持续增加的投入，因此仅由个体和企业支持的教育投入将出现供给不足和短缺的现象，不但影响教育本身功能的实现，而且将影响社会的正常发展。因此，为了弥补企业和个体对教育投入的不抗干扰性，作为社会整体调节者的政府应该对教育予以调节和引导性投入。

由前文可知，政府对教育投入的动机在于满足社会对教育的公共需求，实现教育机会均等，以及弥补个体和企业教育投入的不足。正是由于以上动机，公共教育投入在教育的整体投入中起着不可替代的作用。

## 第四节　公共教育投入与相关影响因素的基本关系

教育投入源于进行投入的主体自身对教育的需求。由于社会中教育投入主体（如个体、社会和政府等）的多元化使不同类型教育投入主体对产出的要求各有不同，因而在进一步展开对公共教育投入与民众收入差距关系的探讨之前，有必要厘清公共教育投入与教育总投入的关系、公共教育投入与教育产出的关系、公共教育投入与教育成本的关系。

## 一、公共教育投入与教育总投入

教育投入是人力资本水平得以提升的主要手段和重要途径之一。从投入主体的角度对教育投入进行分类，教育投入可分为公共教育投入、社会教育投入和个体教育投入三种类型，这三种类型的投入主体分别对应政府或公共服务机构、非政府的组织和团体、个体及其所属家庭。这三类教育投入受不同的历史文化、经济状况、社会环境和政治体制等多方面因素的影响，其投入形式和比例各有不同。例如，2014年中国的教育经费投入合计为30365亿元，其中国家财政性教育经费投入24488亿元，社会投入233亿元，学杂费3738亿元，❶可见在2014年中国的教育投入中公共教育投入占最大份额（80.65%）、个体教育投入的份额次之（12.31%）、社会教育投入所占份额最少（0.77%）。OECD成员在2012年的平均公共教育投入为教育总投入的83%、个体教育投入所占平均份额为17%，但其具体情况各有差异，加拿大、以色列、葡萄牙和英国的个体教育投入占教育总投入的20%，澳大利亚、日本和新西兰的个体教育投入占教育总投入的25%，哥伦比亚、韩国和美国的个体教育投入占教育总投入的30%，智利的个体教育投入占教育总投入的比重接近40%，芬兰、瑞典、卢森堡的个体教育投入占教育总投入的比重不到4%。❷对不同层级的教育，各国不同种类的教育投入比例也各有差异，一般而言，在初级和中级教育体系中公共教育投入占教育总投入的比例较之在高等教育体系中的对应比例为高，如一半的OECD成员其初级和中级教育费用中仅10%来自个体教育投入，而个体教育投入在其初中级教育费用比例中超过20%的仅有智利和哥伦比亚。由此可见，在任何国家中不同种类的教育投入都是彼此独立但又互相联系和补充的一个整体，三类教育中任何一类的缺失都将导致教育资源配置的失衡和教育体系的整体失效。

---

❶ 国家统计局. 中国统计年鉴2015 [M]. 北京：中国统计出版社，2016：372-395.
❷ Schleicher A. Education at a Glance 2015 [M]. Paris：OECD Publishing, 2015：19.

教育投入是教育系统运行和发展的前提基础和重要保障，因此需要建立一个科学的教育投入体系，对三大类教育投入之间的关系进行合理配置，该投入体系关涉各类教育投入之间对教育体系内部不同的形态、用途、层次、结构、地域等多方面因素，由此得出教育资源分配体系。如公共、社会和个体三类教育投入分别以物力、财力和人力进行投入的种类以及各种教育投入形态之间的具体比例；三类教育投入资源在初级、中级和高等教育系统内的侧重点和分配比例；对富裕和贫穷地区三类教育投入的具体分配，等等。与此同时，政府、社会和个体在不同时段随着社会经济环境的变化，其对教育投入资源的配置比例关系也要同步发生变动。如在2000—2012年，平均而言，在OECD的19个成员中公共教育投入占教育总投入的比例在初中两级教育系统中从2000年的90.6%下降到2012年的89.7%，因而存在普遍的轻微下降现象。但各国所下降的比例则各有差别，其中以色列、意大利、墨西哥、波兰、西班牙公共教育投入占教育总投入的比例下降了2%，葡萄牙、斯洛伐克共和国该比例则下降了9%，日本和韩国该比例反而上涨了3%，智利的该比例更是上涨了9%。由此可见，对三类教育投入资源的配置是一个多方面因素的复杂资源分配过程。

由前文可知，由于教育投入的复杂性和重要性，各国无论在何种历史阶段、内部社会状态及外部国际环境，均将由政府主导的公共教育投入作为对社会教育事业最主要的资源供给和保障手段，由此政府或公共组织承担了主要的教育基础建设、运行维护及科研发展的责任和义务。但随着社会的发展和科技的进步，仅由政府进行教育投入，一方面使公共资源已经捉襟见肘、日益拮据；另一方面无法让受益于教育的个体为自己受教育后的收益承担相应责任。有鉴于此，从20世纪70年代的经济大萧条开始，以撒切尔主义和里根主义为代表的新自由主义经济学逐步替代了传统的凯恩斯福利经济学主导着当今社会。教育系统作为社会中不可或缺的部分也被这一趋势所主导，由此秉承新自由主义精神，强调教育的准公共产品属性，由政府、社会、个体分担教育费用的呼声甚嚣尘上、流行于世。由此，学界根据教育投入的性质，提出了对教育费用应由各类主体共同分担的两种解释：

其一是根据教育投入的准公共产品属性,认为教育投入不但具备公共产品的非排他性和非竞争性,还具有私人产品的排他性和竞争性,因而教育投入应由政府、社会和个体三类主体共同承担;其二是以教育投入的消费生产性为依据,认为教育投入对个体、群体和社会均具备生产性,因而教育投入的消耗也应由政府、社会和个体三类主体共同承担。

由前文可知,虽然无论在何种时期、何种地点及所处何种环境的公共教育投入都不但是教育投入的最主要的组成部分,也占据着教育整体投入最重要的地位,但社会和个体对教育的投入也是教育整体投入不可或缺的组成部分,对公共教育投入起着补充和调节的作用。通过对各个种类的教育投入之间关系的梳理,有利于对各个种类的教育投入进行合理科学配置,从而保障社会的和谐稳定和持续发展。

## 二、公共的教育投入与教育收益

投入与收益是经济学的重要议题之一,因而教育投入与收益之间的关系对教育经济学亦至关重要。对教育投入与收益关系的正式探索最早始于18世纪亚当·斯密的《国富论》,在该著作中他不但认为对工人进行教育投入的性质与购买机器的成本相类似,而且他也明确提出教育的长期效益亦大于对教育的投入。❶ 而后欧文·费雪在1906年对教育的功能进一步精细研究后,提出教育的总收益由精神收益、物质收益、货币收益三个部分组成。如前文所述,依据投入主体划分,教育的投入由公共教育投入、社会教育投入和个体教育投入三类组成,其中公共教育投入不但是总教育投入中所占比例最大和最重要的,同时也是对教育所产生的收益贡献最大的投入。为了厘清教育投入与收益之间的关系,下文将对公共教育投入的经济收益、人的全面发展收益和生活质量收益逐一予以阐述。

### (一)公共教育投入的经济收益

对经济学研究而言,公共教育投入的最重要收益就是由该投入所

---

❶ 亚当·斯密. 国富论[M]. 张兴,等译. 北京:燕山出版社,2009:37-42.

产生的经济收益。卢卡斯在1988年以新经典经济增长理论为基础，通过引入人力资本作为外部因素，构建了人力资本增加与经济增长关系的模型，创造性地提出以人力资本因素为主体的内生经济增长模型来解释经济增长的理论，卢卡斯认为人力资本的增加是经济发展的基础，而教育则是增加人力资本的最佳途径。❶ 而后诸多学者以此为依据，对公共教育投入与经济增长之间的关系进行了考察。William Blankenau不但认同公共教育投入的增加与经济增长的正相关关系，他还提出为了更有效地利用有限的公共教育资源，需要根据实际的可用资源情况，对进行投入的教育系统级别进行确定，如当公共教育投入有限时，应该有限投入初、中级教育，而当公共教育投入的额度超过临界值时，就可以在保证初、中级教育的基础上对"专上教育"进行补贴，当教育投入的总额度增加时，对"专上教育"的补贴也应该随之增加。❷ 陈朝旭基于1952—2009年的中国整体时序数据，应用格兰杰因果关系检验法对中国公共教育投入与宏观经济增长之间的关系进行研究，该研究发现公共教育投入的增加有助于宏观经济的增长，与此同时，经济的增长也有助于公共教育投入的增加，但两种的相互影响关系在当今社会环境中还并不均衡。❸ 上述诸多研究从不同角度均证实了公共教育投入的增加将为社会带来显著经济收益，但政府对不同层级教育进行投入的收益则不尽相同。如上文所述，当社会环境本身较贫困公共教育投入相对较为有限时，为了将教育投入的利益最大化，政府应将有限的金额投入初、中级教育体系之中；而对于经济情况较好公共教育投入相对较多的区域而言，则可在保证初、中级教育体系正常运转的前提下，可将一定量的教育资源投放在"专上教育"系统之中。而对公共教育投入经济效益进行具体测算和证明方法途径众多，既有卢卡斯和William Blankenau使用的对以前的人力资本

---

❶ Lucas R E. On the Mechanics of Economic Development [J]. Journal of Monetary Economics, 1988, 22 (1): 3-42.

❷ Blankenau W. Public Schooling, College Subsidies and Growth [J]. Journal of Economic Dynamics and Control, 2005, 29 (3): 487-507.

❸ 陈朝旭. 政府公共教育投资与经济增长关系的实证分析 [J]. 财经问题研究, 2011 (2): 85-89.

模型予以进一步推导的数理模型推导法，也有陈朝旭使用的数理统计法，其方法多样，不一而足，但其结果都一致证实，公共教育投入与经济收益的正相关关系。

## （二）公共教育投入对人的全面发展收益

无论是古希腊的苏格拉底、柏拉图和亚里士多德等教育先驱，还是中国孔子、老子、墨子等百家争鸣的先贤，无一不对人的全面发展分外关注。如"希腊三贤"之首苏格拉底就认为教育不仅仅在于传承已知的知识，而重在对人的"思辨"等思维的形成；而后他的学生柏拉图所开办的学院就首次正式提出"有用的"和"文雅的"知识同步发展的教育理念；柏拉图的学生亚里士多德在认同他老师"有用的"和"文雅的"知识并举的前提下，不但创造性地提出教育应由国家投入并管理，更认为教育的终极目标在于发掘和开发人类灵魂深处的高级理性；而中国历代也一直十分重视对精英管理人才的培养，作为未来的政府的管理者不但文要懂哲思管理之道，武也要弓马娴熟，故而强调对"文能提笔安天下，武能上马定乾坤"全面发展人才的培养。与此同时，随着历史的不断推进，社会结构和民众认知也在不断调整之中，因而"人的全面发展"的定义也随着时代的进步和社会的发展不断添加新的内容，从而使该定义越来越丰富充实。虽然世界各地有不同的历史起源、文化背景、行为准则，但对"人的全面发展"这一概念可以统一定义为"一个完整的人以一种全面的方式占有自己的全面的本质"，[1] 换言之，"人的全面发展"在社会生活中具体表现为人主体性的提升、精神思想的发展，以及与自然、社会的协调和技能的开发。[2] 由以上定义可知"人的全面发展"非朝夕之功，而需要多方力量的持续协同合作，其中政府和公共组织是最主要和持久的力量来源。

---

[1] 马克思，恩格斯. 马克思恩格斯全集：第42卷 [M]. 中共中央编译局，编译. 北京：人民出版社，1996：337-382.

[2] 石书臣. 人的全面发展的本质涵义和时代特征 [J]. 河北大学学报（哲学社会科学版），2002（2）：10-14.

1. 公共教育投入保障民众均等的受教育机会

受教育是个体社会化的必要前提,因此被普遍认同是人的一项基本权利,同时社会也承担着为其内的个体提供教育的义务。科技发展和社会进步虽然提高了广大民众的平均生活水平和生活质量,但同时也导致民众间、地区间及国家间的生产率水平和社会发展水平的差距越来越大,因此导致不同个体之间受教育机会不均等。例如,在当今这个科技高度发达的以互联网连接全世界的地球村里,撒哈拉沙漠以南的非洲各国2012年有5800万名学龄儿童失学,这一情况导致全世界一半以上的失学儿童来自撒哈拉沙漠以南的非洲各国;与此同时,全世界一半的失学女孩生活在阿拉伯国家;2015年,中等和低等收入国家,约16.67%的儿童无法完成小学阶段的教育;除此之外,在对比52个国家2000—2010年的调查数据后发现,最贫穷家庭孩童的学业完成率比家庭背景略好于他们的孩童要低。[1]

因此,不同个体的家庭经济状况、文化水平、家庭结构、社会地位等多种背景因素均对个体所能获得的受教育机会有显著影响。同时,个体自身的兴趣爱好、擅长方面、学习能力也对其受教育程度有直接影响。由于公共教育投入具有非竞争性和非排他性的准公共产品的属性,因而公共教育投入负有保障弱势群体民众接受教育机会的责任和义务,故此透过公共教育投入的调节功能,可以修正社会中教育机会不平等的现象,从而保障民众的机会平等。

2. 公共教育投入满足民众生活多样化需要

公共教育投入在教育的整体投入中所占的比例使它在社会教育活动中发挥着重要的主导作用。公共教育投入的框架结构、资源比重和行动方向均决定着社会教育活动的质量和效率。例如,受各国资助,始于2000年的由OECD主导的国际学生评估项目(PISA)和由国际教育成就调查委员会(IEA)主导的国际数学与科学教育成就趋势调查研究(TIMSS)成了评价各国学生学习水平和学习素养的标准化方

---

[1] UNESCO G. Education For All 2000—2015: Achievements and Challenges [M]. Paris: UNESCO Publishing, 2015: 208 – 237.

法，世界银行对其进行深入研究后认为，通过基于对学生学习能力和知识水平的测量后，发现学生在国际学生评估项目（PISA）和国际数学与科学教育成就趋势调查（TIMSS）中的分数每提高一个标准差，就意味着民众生活的满意度提高2%。❶

除了科学教育对受教育对象认知能力和思维能力的提高以外，其他类型的教育也对民众的全面发展至关重要。例如，学者们认为一共有20种内部特质和20种外部特质受教育者可以通过体育教育获得，这些特质可分为四类：①具备学习和成功动机的特质；②具有同情心、平等意识、正直和责任感等正向价值观的特质；③具有规划和决定、文化意识、反抗精神等社会生活能力的特质；④具备自尊自爱、与他人协同社会性的特质。❷ 而新西兰国立教育研究院（NZCER）根据当今世界发展的趋势，结合该国的现实情况，提出新西兰未来的教育应该集中于发展学生四个方面的能力和意识：可持续发展意识、企业家的创新思维、全球化思想和公民意识，该研究院认为通过对这四个方面进行学习和提高，个体才能得到全面的发展。❸ 但如何平衡这些对个体全面发展至关重要的技能需求和传统科学教育之间的关系，则是一个仍需进一步探讨的问题。

3. 结构合理的公共教育投入有利于人的全面发展

从经济学的角度而言，公共教育投入是政府和公共机构为保障社会和谐稳定的重要支出之一。基于公共教育投入所具备的重要生产消费特性，它既是一种消耗社会资源的消费活动，又是一项可以提高社会生产率的生产性开支。无论是将公共教育投入视为社会的消费活动还是生产开支，政府和公共机构进行教育投入的方向和强度都影响对社会中其他生产消费活动所能获得资源的数量和资源投入的指向。整个社会在各个领域的生产和消费都是保障社会稳定发展的重要组成部

---

❶ The World Bank and Education: Critiques and Alternatives [M]. Berlin: Springer Science & Business Media, 2012.

❷ Gould D, Carson S. Life Skills Development through Sport: Current Status and Future Directions [J]. International Review of Sport and Exercise Psychology, 2008 (1): 58 – 78.

❸ Bolstad R. Taking a "Future Focus" in Education—What Does It Mean [M]. Wellington: New Zeeland Council for Educational Research, 2011: 9 – 21.

分，社会生活中任何一个领域资源的失衡将使整个社会无法正常运行，因而也无法为人的全面发展提供所必需的宏观和微观环境。如前所述，公共教育投入的增加固然能有益于社会生产率、民众收益、人口素质、文化水平等社会的多个方面，但整个社会环境并不是仅仅由教育系统所构成和主导，如果由于公共教育投入的增加而导致用于社会治安或社会基础建设的资源减少，将会导致社会发展的停滞或后退，反而会不利于营造人全面发展的外部环境。例如，张薇和廖毅基于 2010 年的省级数据对不同区域中的教育支出占政府总支出的比例与人均受教育水平的关系进行了分析，他们发现当中国民族地区和西部地区的教育支出占政府总支出的比例分别为 15.74% 和 15.68% 时，各区域内的人均受教育水平最高；而当教育支出占政府总支出的比例在中国民族地区超过 15.74% 和在西部地区超过 15.68% 时，各区域内的人均受教育水平反而会随之降低。由此可知，当教育支出占政府总支出的比例在中国民族地区超过 15.74% 和在西部地区超过 15.68% 之时，由于公共教育投入的增加而导致社会资源配置失衡，使得社会整体环境反而不利于人的全面发展。

4. 理性的公共教育投入保证人的全面发展

一方面，社会是个体的集合，为数众多的个体构成了社会；另一方面，由于个体生活于社会之中，因而个体时刻受到社会方方面面的影响，社会环境里所蕴含的历史渊源、文化传统、政治体系都将对其中个体的主体性、精神思想的发展、与社会的协调性及技能的开发各个方面施加影响。虽然不同的历史背景、文化价值观对人的全面发展有各自不同的理解，但人的全面发展的普适含义中重要的一个方面即人的独立性。公共教育投入的增加固然可以使社会中的个体获得更多的公共教育资源，但教育资源的过多有可能会引致个体独立性的缺失，反而不利于个体的全面发展。例如，加拿大的魁北克省是法裔加拿大人的聚居地，同时北美法语人口主要聚集于此，由于北美大陆上法裔与英裔之间长久以来宗教信仰、价值体系、政治制度的不同，法裔对英裔有强烈的排斥感。为了展现本地区的社会优越性及为区域培养充足的法语政治经济人才，魁北克省一直实行非常优惠的公共教育投入政策，凡在魁北克入读法语课程（包括法语语言课程、法语的学位课程、法语的证书课程等）的个体不但不用缴纳学费，而且省政府还为其提供生活、交通费用，并提供免费住宿，省政府期望由此可以全面提高法语人口的人口素质，使法语人口得到全面发展。但这种公共教育投入体制在现实社会中反而产生了法语人口的惰性，该省省民只需注册一个法语课程即可享受政府对法语学生所有的扶持政策，由此导致该省一直存在着一批反复注册的专业读书人，他们以读书为业、以政府的教育投入为生，穷其一生，不但自己无所成就，而且对社会也毫无贡献。故而不理性的公共教育投入不但会浪费社会有限的资源，而且使个体自身失去独立性而无法得到全面发展。

### （三）生活质量产出

生活质量的概念于20世纪六七十年代最先在美国被提出，当时西方很多国家的社会正经历双倍上涨的经济增长率，从而导致民众对经济增长成本和部分依旧贫穷地区的关注。鉴于当时的经济指标不但无法体现民众心理的愉悦、满意和生命意义等方面因素，也无法反映市场价值与社会福利之间的关系，更没有将非市场化活动的影响计算在内，因而学者们用生活质量这一更为复杂的社会发展概念替代了以前的物质繁荣理论。[1][2] 该概念包括了生活中一系列非物质的方面，如健康、社会关系及自然环境的质量，此外该概念不仅包括了个体生活的实际条件，而且以个体对生活品质的感知和评价为主要衡量指标，因此生活质量概念主要考虑的是社会成员的需求，它经常与社会满意度（wellbeing）或社会幸福感（welfare）等概念等同。因而生活质量的概念可定义为"个体对维持其生活的社会条件的评价"。

生活质量具体指标的组成原则是对物质生产之外的生活品质各方面的理解和概括，因此生活质量具体指标的构建是将各种不同维度整合到一个综合指标之下的过程。由于个体对事物的认知随着社会环境

---

[1] Land K C. Social Indicators [J]. Annual Review of Sociology, 1983, 9 (1): 1-26.

[2] Noll H H. Social Indicators and Quality of Life Research: Background, Achievements and Current Trends [M] //Advances in Sociological Knowledge. Wiesbaden: Verlag Für Sozialwissenschaften, 2004: 151-181.

的发展和时间的流逝而不断变化，导致对生活质量指标的构建更为复杂。❶ 有鉴于此，各国政府和学者综合自己所在社会环境的特质，发展出了各有差异又互有关联的生活质量指标，如由联合国开发计划署（UNDP）研究人员提出的人类发展指标（HDI）和经济学智力单位（Economist Intelligence Unit）、加拿大学者提出的加拿大幸福指标（CIW）、日本学者提出的人类生活指标（PLI）和不丹王国提出的国家总体幸福感（GNH），虽然各国都以年度报告的形式以自己发展的幸福指标对各国自身的社会情况进行衡量，但迄今为止世界上仍未发展出一套对各地生活质量进行衡量的普适体系，例如，加拿大的生活质量指标注重对民众幸福感的测定，而日本的对应指标更专注于生活的富裕程度，不丹则更看重民众的快乐度。虽然这些生活质量指标的核心元素极其相似，基本都包括对生活品质（如收入、消费、居住条件、工作等）、健康、教育、闲暇时间、社会参与度等各个方面的测定，但与此同时，各国生活质量指标的组成则各有差异，如日本的人类生活指标以1980年为测量的标准年份，它由8个方向的170个具体指标组成，其中没有包括对社会环境因素的测量；加拿大的幸福指标以1994年为测量的标准点，它共由3个一级领域和9个二级领域所构成；而不丹的国家总体幸福感指标则不但独树一帜地包括了一系列基于心理学的精神性指标，而且将目标年份的前一年作为基础年份进行计算，并且该指标由接受社会调查的民众和政府双方的意见综合而成。

大量研究证明了教育投入与生活质量之间的相关关系。施蒂格利茨认为对教育的投入可以为个体和社会带来物质和非物质双方面的回报。❷ 舒勒（Schuller）则对这两类回报进一步细化，他提出教育投入对个体的物质回报包括收入、财富、生产率，而对社会物质的回报则

---

❶ Stiglitz J, Sen A, Fitoussi J P. The Measurement of Economic Performance and Social Progress Revisited [M]. Paris: Commission on the Measurement of Economic Performance and Social Progress, 2009: 52–73.

❷ Stiglitz J E, Sen A, Fitoussi J P. Report by the Commission on the Measurement of Economic Performance and Social Progress [M]. Paris: Commission on the Measurement of Economic Performance and Social Progress, 2010: 143–174.

主要有税务收入、社会转移支付、健康成本；对个体的非物质回报包括健康状态和生活满意的提升，而对社会非物质回报则主要有社会凝聚力、信任度、社会民主化程度和政治稳定度。[1] 联合国教科文组织认为教育投入可以使个体更具前瞻性，从而不但可以更好地掌控个体自身的生活，而且可以拥有更多的机会。[2] 学者们发现个体受教育时间越长，就拥有更健康的生活和更积极的社会参与度，从而产生更高的幸福感。[3] 同时接受教育还被证明可以降低个体的死亡率。[4] 接受教育不但可以减少严重健康问题的发生概率，还可以减少常见疾病的发病率，同时可以增加获得健康照顾的机会。[5] 因此，教育投入可以提高民众的生活质量，而作为教育投入中最重要的主体构成部分，公共教育投入则对社会的整体生活质量的提高至关重要。

## 三、公共教育投入与教育成本

成本是在社会中的活动发生之时所必须付出的代价，成本缘自选择，没有选择也就不存在成本。[6] 换言之，成本就是为了获得某件物品或某项服务所必须支付的代价。舒尔茨认为教育成本主要由两部分组成：第一部分主要指教育服务提供方和服务方提供和享受教育服务所需付出的成本；第二部分则是指受教育方因为接受教育的需要，故而选择了接受教育而导致其在接受教育的期间内无法正常工作，由此而产生的收入损失。[7] 其中第一部分教育成本又可称为教育显性成本，

---

[1] Schuller T, Desjardins R. Understanding the Social Outcomes of Learning [M]. Paris: OECD, 2007: 37-68.

[2] Healy T, Côté S. The Well-Being of Nations: The Role of Human and Social Capital. Education and Skills [M]. Paris: Organization for Economic Cooperation and Development, 2001: 52-73.

[3] Oreopoulos P. Do Dropouts Drop Out too Soon? Wealth, Health and Happiness from Compulsory Schooling [J]. Journal of Public Economics, 2007, 91 (11): 2213-2229.

[4] Mackenbach J P. Health Inequalities: Europe in Profile [M]. London: Produced by COI for the Department of Health, 2006: 22-47.

[5] Stone A A, Krueger A B, Steptoe A, et al. Exploring the Socio-Economic Gradient in Daily Colds and Flu, Headaches and Pain [R]. New York: Mimeo, 2008: 570-572.

[6] 张五常. 经济解释卷二：收入与成本 [M]. 北京：中信出版社, 2011: 117-145.

[7] 舒尔茨, 延亭. 教育的经济价值 [M]. 长春：吉林人民出版社, 1982: 41-85.

即指与教育活动显著相关的成本。教育显性成本可以分别从广义和狭义两个视角予以理解，狭义而言，教育显性成本包括直接与教学活动相关的成本，如学费、书本费、老师费用、课室占用费、学校管理费等；而教育显性成本的广泛含义则包括一切与教育活动相关的成本，如学生学习阶段需要支付的伙食住宿费、政府为了帮助教育活动的开展通过转移支付而提供的低息甚至是无息贷款、学校为了教师健康而开设的健身课程和相关医疗服务等与教育活动间接相关的费用。而教育成本的第二部分可称为教育的机会成本，它主要指代的是教育活动的相关主体（包括学生、老师、政府）由于教育活动的开展，各自在教育活动中所消耗的物质（如场地、资金等）和精神（如时间）资源，导致这些资源无法用在其他方面而产生的成本。

　　作为教育三类投入主体中最重要的公共组织和政府，它们在教育活动中所消耗的成本成了教育成本中比重最大的一类。与教育成本相类似，公共教育成本也可分为公共教育显性成本和公共教育间接成本两类：其中公共教育显性成本包括政府及公共组织所承担的教育活动中的师生消耗，如由政府支付的教职工费用、教育基础建设费用、教育设备购置费用、社会公共服务为维护教学环境安全稳定的花费等诸多与教育活动直接或间接相关的费用；而公共教育间接成本则是指由于公共资源在教育教学活动之中被消耗，而导致这一部分公共资源无法被用于社会生活的其他公共服务之中，如政府消耗于教学设备升级的资金可被直接投入经济部门用于发展经济，政府消耗于教师工资的资金可被用于社会治安部门提升社会安全等。

　　如上所述，成本是选择某种活动的代价，因而它意味着是专属于某件事的资源消耗。而投入则指用于某一项活动的资源，但与成本的资源区别在于这些资源并不一定会被该活动所消耗掉，有可能只是发挥这些资源的使用价值，在活动完成以后，这些资源又可以被用于其他活动。由此可见，公共教育投入不但包括公共教育成本，而其性质也与公共教育成本相类似，只是公共教育投入比公共教育成本多了那些不被活动所即期消耗的资源，因此公共教育投入比公共教育成本所涵盖的内涵更丰富。从数据可得性和便于计量性考虑，本书以公共教育投入为研究对象，尝试深入探寻其与国民收入差异之间的内在联系。

## 第五节　公共教育投入的影响因素

公共教育投入的方向、结构和力度在不同的社会中存在着差异化的表现。虽然公共教育投入的主体是政府或公共组织，但政府和公共组织并不能完全主观决定公共教育投入的合理标准，而是综合考虑了多方面影响因素的结果。公共教育投入的具体形态被市场在教育方面的供给关系所决定。❶ 具体而言，决定公共教育投入的主要社会因素有文化价值观与政策法规、社会结构、社会保障体系、社会环境与政治体制、经济发展程度、科学技术和思想水平等多方面因素。这些因素无法单独地决定公共教育在社会中的表现，而是各种因素交织在一起，互相影响，彼此交错，因而公共教育投入在社会生活中的具体体现是多种因素的合力作用。以下将对这些因素逐一加以具体的分析。

### 一、文化价值观与政策法规

基于每个地区和国家的历史渊源、地理因素、环境限制等因素的异同，使生活于该区域的群体按照自身对外部世界和所在环境的感知形成了独特的文化价值观。基于价值观形成的过程，其具有主体性、相对性和客观性三种特性，其中，主体性是指价值观依赖主体而存在；相对性是指价值观通过事物之间的对比而形成；客观性意味着价值观是一种主体对客体的独立于人的认知的客观评价。因而价值观对人有导向功能、规范功能、凝聚功能和激励功能。文化价值观的导向功能可以为人们提供价值选择的标准，并为人们的行为提供了选择的依据和指明了前进的方向，根据价值观人们可以辨别什么事情有价值，什么事情没有价值，根据个体各自不同的情况确定什么值得去追求，什么事情需要避免；因而社会共同的价值观不仅是社会所有个体

---

❶ 王善迈. 教育投入与产出研究［M］. 石家庄：河北教育出版社，1996：180-211.

的最高理想和奋斗目标，而且引导着社会发展的方向，制约着社会发展的速度。文化价值观的规范功能规定并限制着个体的行为，使社会的秩序得以形成并保持，由此保证社会正常的运作和功能正常的发挥。通过核心价值观的规范功能，个体得以分辨事情的好坏和行为的正当性，从而个体可以从内而外的调节自己的行为，因此社会共同的价值观可以明晰个体在社会中的权利和义务，规定社会的行为规范，从而保障社会的和谐与稳定，预防社会冲突的发生。文化价值观的凝聚功能使同一社会体系下的个体建立和维持一致的思想和观念，从而形成相似的行为，并对外部事件有相似的反应，由此社会内的成员之间产生团结感、认同感、亲近感和归属感。从社会的宏观层次而言，民众间的这些感情使该社会形成一种强大的向心力，在国际社会或与其他区域的交互中表现出本体社会的一致性和团结性。文化价值观的激励功能具体体现在对民众情感的调动和意志的激发之上，它使个体产生对需求的欲望和对利益的追求，这种需求成为个体行为的动力，使个体在遇到困难和挫折之时可以坚定理想、积极面对，从而保持不断前进的动力。这种激励功能对整体社会而言，不但是社会整体不断发展的基础，也是社会保持活力的源泉。

　　文化价值观的上述特性和功能直接影响了不同区域民众对教育的态度。在世界的几大文化圈中，犹太民族和中华民族相对而言更加重视教育的作用。其中犹太民族对知识和智慧的重视在犹太传统的所罗门神话中就有所体现，当耶和华要以色列的一代贤王所罗门在财富、权利和智慧中选择一样作为礼物之时，所罗门王选择了智慧，由此得到神的赞许和赐予，由此可见犹太人对智慧的重视程度。此外，犹太人还有一个让孩子亲吻《圣经》的风俗，即当小孩刚刚懂事之时，犹太人就会在《圣经》的每一页上都滴上蜂蜜，而后让孩子去舔舐《圣经》的每一页，让其感受书本之甜，由此在孩童的心里埋藏下书本是甜的本能意识。而中华文明的价值观体系以"仁义礼智信"为纲，其中"智"既包括对社会中是非、美丑、对错、善恶的判断，也包括对世界运转的天道自然、人生价值的理解和把握，因此对中华文明而言，"智"不但是社会稳定的保障，也是社会进步的动力，更是中华文明流传至今的重要原因之一。迄今为止，受中华文明影响的整个东南亚各国对教育事业的普遍重视就是中华文化价值观的具体体现。[1]

如前文所述，文化价值观决定了社会发展的方向和社会整体的行为规范，而社会中政策法规的内容即是社会发展方向和行为规范的具体表现，因而政策法规是社会文化价值观的具体社会体现。可以看到拥有不同文化价值观的社会拥有差异化的政策法规。其中，拥有重视知识和智慧文化价值观的社会，其社会的政策法规也必定重视教育；而那些漠视智力开发和创新的社会，其社会政策法规也必然忽视教育。如犹太教中的典籍《塔木德》就规定所有犹太人都有义务对贫穷的犹太孩子施以援手，以保证他们可以获得受教育的机会，所以导致犹太人中对金钱吝啬和对教育大方的状态并存；而欧洲大部分国家（如英国、德国、法国等）的初中级教育均实行全面免费政策，而对高等教育也仅仅象征性地收一点点费用或者实行完全免费制；而中国政府随着自身社会的发展、经济能力的不断加强，根据自身的经济能力逐年不断加大对于教育的投入，1994—2000年，政府共投入126亿元实施了以普及贫困地区农村初等教育和加强成人教育及职业教育为主要目的的"国家八七扶贫攻坚计划"；从2002年开始，各级政府应用本级财政持续资助农村、山区和边疆地区各级学生的生活费。

由前文可知，文化价值观和政策法规的作用巨大，公共教育投入作用的合理发挥需要借助于文化价值观的内部驱动性和政策法规的强制性，其中公共教育投入是一个国家或地区为了实现其对自身教育发展的保障，而文化价值观和政策法规则是一定时期内国家政府和公共组织行动的准则。

## 二、人口因素

公共教育投入与社会的人口因素息息相关，教育的目的是提高区域内民众科技文化知识和综合素质水平，因而教育投入需要与区域内

---

[1] 廖毅，张薇. 教育促进民族区域人力资本与经济发展适配的探析——以云南为例[J]. 云南民族大学学报（哲学社会科学版），2017（1）：118-125.

的人口因素相适配。具体而言，人口数量因素决定了政府需要为其民众提供的公共教育资源的数量，而人口结构因素决定了政府需要为其民众设立和维持的公共教育体系的结构，人口增长速度决定了政府对未来公共教育投入的规划。

  首先，人口数量因素既包括对区域内人口总量的衡量，又包括对区域内人口密度的测算。一般来说，人口密度大的区域公共教育资源的投入应该相应较多，而人口密度小的区域公共教育资源的投入则相对减少，如中国的东南部、加拿大南部加美边境附近和澳洲大陆沿海部分都是人口聚居区，人口密度相对较大，各国对这些区域的公共教育投入也相应较多。与上述情况相反的是：中国近20年来公共教育投入的最重点的项目之一就是985工程和211工程院校，985工程的39所大学中仅有7所，而211工程的112所院校中仅有25所位于占中国国土总面积70%和占中国总人口25%的西部地区；加拿大的57所综合性大学（University）则没有一所位于该国的北方（育空、西北和努纳武特）三个地区，而这三个地区共拥有加拿大国土总面积的21.31%和10多万名常住居民；而享有澳大利亚政府近七成教育和研究经费的8大名校也没有一所位于其中部的人口稀少地带。由上述三国的实际情况可知，在人口密度大的区域内生活的民众所能获得的平均公共教育资源均高于在人口密度小的区域内生活的民众所能获得的公共教育资源。

  其次，人口结构决定了社会教育体系的总体结构。一般情况下，年轻人较多的社会，政府更倾向于将公共教育资源投入正规的学前、初级、中级和高等教育体系之中，而在中年人较多的社会，政府的教育投资重点以成人教育、在职教育或碎片化的慕课教育为主，而在老龄化的社会，政府公共教育投入的重点则在对老龄人文化生活的丰富和提升。如在当今世界的几大文化圈中，由于历史因素、文化传统的影响，撒哈拉沙漠以南的非洲地区等区域的生育率高企，故而这些地区急需建立或扩建正规的，包含学前、初级、中级、高级的教育体系。以撒哈拉沙漠以南的非洲地区为例，2000年该地区仅有52%的学龄孩童可以进入小学就读，2005年该地区有比例为40%、总数达到4600万人的适龄儿童无法进入小学就读,❶ 其中重要的原因就是高企的出生率导致该区域正规教育设施和教职人员均处于极度缺乏的状态之中。❷ 而西欧和日本等大多数发达国家由于人口素质的提升,妇女就业比例的增大已经先后自然进入老龄化社会,中国则由于几十年来一直强制性执行受国家保护的独生子女政策被迫提前进入老龄化社会。所谓老龄化社会就是,在这样的社会中出生率不足,而老龄人口比例不断增大,导致社会整体人口结构呈现老人比例较大而年轻人和中年人较少的状态。由于西欧最早进入老龄化社会,因而欧洲政府也最早开始针对社会的老龄化现象进行教育投入,其中第三年龄大学(University of the Third Age) 就是为老年人教育而特别设立的成功教育系统。世界上第一所第三年龄大学于1973年在法国创建,该类学校改变了普通教育系统中以技能掌握和知识提高为目标,而将愉快学习作为学校教育活动的宗旨,并根据老年人经历丰富的特点,采取学习小组和轮流执教的形式充分发挥老年人自己的力量展开教学活动,由于这一教育体系在举办国受到广泛好评,因而这一为老人教育服务的成功经验广泛运用于欧洲各国。除此之外,由于西方较早面临社会老龄化的问题,因而他们的公共教育投入对该问题更为重视,对老年护理的教育起步也更早,学科建设更为科学化。早在20世纪60年代,美国护士协会就提出了老年专业护士的概念,而到2010年全美范围内已有6741名专业服务于老年人的护士。❸ 而中国在这方面虽然起步较晚,但在政府教育投入的扶持下,老年大学、老年课程等都陆续设立并处于不断改进之中。

最后,人口增长速度决定了未来需要教育服务的民众数量。一般

---

❶ Unesco. Regional Overview: Sub - Saharan Africa [EB/OL]. (2015 - 10 - 03) [2017 - 02 - 22]. http://en.unesco.org/gem - report/sites/gem - report/files/regional_overview_SSA_en.pdf.

❷ Hungi N, Makuwa D, Ross K, Saito M, Dolata S, Van Cappelle F, Vellien J. SACMEQ III Project Results: Pupil Achievement Levels in Reading and Mathematics [J]. Working Document, 2010 (1): 1 - 23.

❸ American Association of Colleges of Nursing, American Association of Colleges of Nursing. Recommended Baccalaureate Competencies and Curricular Guidelines for the Nursing Care of Older Adults [M]. Washington: AACN, 2010: 5 - 21.

而言，人口增长速度较快的区域需要规划建设更多的教育基础设施，并为未来不断增加的教育需求做好适宜的人力、财力、物力的准备，而对人口增长放缓的区域政府则需预先计划好对逐渐空置的教育设施未来用途的安排，并从人力、财力、物力上做好相应的调整。韩国2011年的出生率为1.24，据韩国教育部预测，由于出生人口的减少，参加大学入学考试的人数将逐年减少，因而韩国教育部计划对其国内的大学进行全面改革，将停止对那些表现不佳大学的援助。❶ 而在教育方面拥有质量和语言优势的美国、英国和澳大利亚鉴于本国人口增长减速、学龄人口减少、大学报名人数骤减，而高等教育毛入学率却持续走高的现实，积极开拓海外市场，将本国优质的教育资源通过招收留学生、国际合作等形式介绍到其他国家，从而通过收取其他国家学生高额的学费来贴补本国的公共教育投入。如留学生2006年为英国带来了85亿英镑的收入，由此留学教育成为英国第三大出口产业，2012年留学产业为英国带来141亿英镑的收入，2020年达到215亿英镑的收入；2000—2009年澳大利亚留学产业对澳大利亚的经济贡献一直处于上升状态，2009年达到181亿澳元；2011年美国从留学生身上收取的费用为210亿美元，2012年这一数额继续上升至218.07亿美元。

由前文可知，由于现实社会中的教育投入受人口因素各个方面（如人口数量、结构、和增长速度等）的巨大影响，故而导致各国政府对教育投入的方向、数量和趋势都因人口因素的改变而变化。此外，各国均存在公共教育资源分布不均衡的情况存在，因而各地政府应依据社会的现实情况对公共教育投入进行实时监控和调整，从而使有限的公共教育资源利用最大化，也使其在社会生活中的作用得到充分的发挥。

## 三、经济发展程度

社会的经济发展程度不但是社会可为教育提供经费数量的基础，

---

❶ 环球网留学综合. 入学率逐年下降 韩国大学海外积极寻求生源 [EB/OL]. (2016-07-13) [2017-02-22]. http://edu.people.com.cn/n1/2016/0713/c1006-28549211.html.

也决定了社会所需知识的种类、数量以及未来的发展方向。

　　一般而言，国家的经济水平影响着政府的教育支付能力和教育负担程度。政府对教育投入所产生的社会利润有一定要求，其中GDP是最核心和关键的指标，在其他因素相似的前提下，国家经济发展程度越高，那么该国也就在市场经济中能获得较多的利润，由此也就有较大空间为教育事业和科研活动提供经济支持，相对而言，其教育投入的负担就相对较小；而经济发展程度越低的国家，其社会所产生的利润也就越低，因而这样的经济体中教育投入的负担也就越大。据世界银行统计，全世界公共教育投入的平均值是GDP总额的4.5%，其中经济相对发达的欧洲和北美各国公共教育投入的平均值分别为GDP总额的5.5%和5.2%，而经济条件相对落后的撒哈拉以南非洲国家和拉丁美洲各国的该项比率分别为3.7%和4.4%。同时联合国教科文组织根据人均收入标准将世界分为高收入国家（地区）和低收入国家（地区），其中高收入国家（地区）一共78个，而低收入国家（地区）一共31个，在1999年和2011年，高收入国家（地区）的公共教育投入的平均值分别占其GDP总额的4.6%和5.1%，而低收入国家（地区）在1999年和2011年的公共教育投入的平均值分别占其GDP总额的3.2%和3.9%。此外，在2001年，巴西、法国和菲律宾的政府对高等教育学生的人均投入分别为1485.39美元、6501.95美元和128.49美元，2011年这三个国家的政府对高等教育人均投入分别为3631.19美元、15925.22美元和155.7美元，十年间三国的人均高等公共教育投入分别上升了144%、145%和21%。[1] 由以上数据可知，在同一个时间截面中，经济发展程度较高、国民生产水平较高的社会对教育的公共投入不但比例较大，而且绝对金额也相应较多。此外，对同一个国家而言，在它不同的社会经济发展阶段，其对公共教育投入也有差异，具体而言，当该国家经济发展水平较低时，其对教育投入的公共资源无论从相对比例还是绝对数量而言都相对较低；而

---

[1] The World Bank. World Data Bank [EB/OL]. (2017-02-01) [2017-02-22]. http://databank.worldbank.org/.

当该国经济发展水平提升时,其对教育投入的公共资源也随之相应增多。因此,社会经济发展程度决定公共教育投入的数量和比率。

此外,经济发展程度决定了公共教育投入的结构、层次、方向和力度等多方面因素。依据经济发展状况,可以把当今世界的国家(地区)大致分为发达国家(地区)、发展中国家(地区)和未开发国家(地区)三类,其中发达国家(地区)主要指经济、社会发展水平和人民生活水平均较高的国家(地区);发展中国家(地区)主要指经济、社会发展水平和人民生活水平均比发达国家(地区)为低,但又有一定经济和社会发展基础的国家(地区);而未开发国家(地区)指社会、经济发展和人民生活水平都处于最低状态的一系列国家(地区)。以三大产业进行划分,发达国家(地区)一般都处于后工业时代,其社会生活中的最主要产业为服务业;而发展中国家(地区)一般都处于工业期前后,在这类社会中工业产品的生产占据了总体国民经济中的最大份额;未开发国家(地区)由于其社会和经济还处于逐渐发展中,因而这类国家(地区)以农业为其最主要的产业。由此可见,各国(地区)由于各自所处的经济发展状态,因而占其国民经济主体的产业各有不同,而不同的产业所需的知识结构、内容、数量和更新速度均各有不同。在未开发国家(地区)中以农牧业为主,故而如果需要有效提高这类国家(地区)支柱产业的生产效率,政府则需要保证农业教育投入,新建更多的农业院校和农业知识普及所,使大多民众可以学习到处于生产链低端生存所必需的农业知识,而如果这类政府希望能进一步提高对农业产品的利用率,则可以逐渐加大对工业教育的投入,从而获得提高农产品利用率所带来的效益,由于大多数从事农业生产的人并不需要太高的知识文化水平,因而对未开发国家(地区)而言,公共教育资源最有效的投放是初中级教育;而发展中国家(地区)的主要产业为工业,这类国家(地区)的政府则需保障工业生产知识的传播和创新,使民众可以学习到处于生产链中段生存所必需的工业知识,因而政府需要加大对工业技校、职校和在岗培训的投入,以便全面发挥工业化生产的效率,从而提高民众的生活水平,由于从事工业生产的个体需要一定的科学文化知识才能操作机器，从事生产活动，因而这类国家（地区）的公共教育资源最有效的投放方向是中高级教育；发达国家（地区）的重要经济产业"引擎"为服务业和高精尖的新技术行业，对处于生产链上游的高素质和科研创新型人才的需求相对较大，故而加大对创新性思维和团队协作精神的教育和培训有助于这类国家（地区）经济活力的保持，由于创意的提出和改进是基于前人知识内容和知识结构的总结，并将自己的思维加入其中，因而发达国家的公共教育资源多偏重于研究生教育方向的投入。

与此同时，经济发展程度与公共教育投入的效率也存在一定的相关关系。如前文所述，在发达国家（地区），由于其在社会、经济和科技水平均得到了较高的发展，相较而言，在这些国家（地区）中对资源的利用将更加"精细"有效，政府对教育所投入的资源也同样被高效地运用于民众的教育之中，由此教育投入将在发达国家（地区）中产生更丰富和更高质的教育成果。而对未开发国家（地区）而言，这类社会的各个方面的状态都偏低，在这类社会之中生产要素的投放相对较粗放，政府对教育所投入的资源无法得到有效的利用，因而同等质量的教育资源投入在未开发国家（地区）中所产生的成果远远低于其在发达国家（地区）中的作用。

由前文可知，公共教育投入受经济发展因素的制约，在不同经济发展程度的社会之中有着不同的表现。经济发展程度较高的国家（地区）对公共教育投入具有较大的承受能力，故而这类政府可以为教育投入更多的资源，并且对于公共教育资源的使用也更有效率；而相应的，经济发展程度较低的国家（地区）对公共教育投入的承受能力较小，故而在这类国家中政府为教育投入的资源有限，并且对公共教育资源的使用也较为低效。以上事实从人力资本的角度为当今现实世界中经济发展程度落后的国家（地区）越来越落后，经济发展程度较高的国家（地区）发展程度越来越高的"马太效应"提供了一个可能的解释。此外，如前文所述，公共教育投入的结构、方向和力度都由经济发展程度的特点所决定。

## 四、科学技术

社会的科学技术水平也是对公共教育投入起重要制约作用的因素之一。科学技术水平不但决定了社会可为教育所投入的资源总量，而且影响着公共教育投入资源的分配比重和结构，因此世界各国的社会发展都普遍遵循着教育水平与科学技术水平交替提高的阶梯式螺旋上升形态。

首先，科学技术水平决定着政府可为教育提供的资源总量。基于人力资本理论可知，现代社会经济发展的决定性因素已经从工业时代的物质性因素转变成知识性因素，产品的定价由产品的物质属性（如大小、重量、体积等）所决定的比例越来越小，而产品的价格和价值更多地取决于产品所内含的知识属性（如该产品所能发挥的功能），因而社会体系中所有拥有的知识总量和知识的质量可以决定其社会经济生产活动的利润率。社会所生产的产品中蕴含的知识越多，社会生产活动所创造的利润总量越大、利润率也随之越高；相应地，如果社会所生产的产品中蕴含的知识越少，社会生产活动中所创造的利润也就相对较少。社会所拥有的知识总量决定于社会中教育事业的建设水平和教育活动的开展程度。社会生活中教育水平较高、教育活动丰富，则社会民众平均受教育水平高，社会中所拥有的知识总量也就相应较高；而当社会中的教育水平较低、教育活动较少时，社会民众平均受教育水平也就相对较低，社会中所拥有的知识总量也就随之降低。因此，社会的科学技术水平决定了公共教育投入的多少，当社会科学技术水平较高时，政府对公共教育所投入的资源也相应较多，而当社会的科学技术水平较低时，政府对公共教育所投入的资源也相应减少。如在全世界 233 个国家（地区）（截止到 2018 年 7 月 31 日）中，在世界经济论坛（WEF）发布的《全球竞争力报告 2010—2011》里科技水平最发达，同时最新科学技术运用也最为广泛的前 15 个国家（地区）中，有 9 个国家（地区）的政府在全世界各国中对教育的花费比例中位列前 15 名；而科学技术使用最少，科技水平最不发达的 15 个国家中则有 12 个国家（地区）的公共教育开支比例位居全世界最少的 15 名。❶ 而中国的不同省份和不同地区之间同样存在着公共教育投入数量受区域科学技术制约的现象,特别是从 20 世纪 80 年代后期中央政府逐渐将教育投入的权限下放给地方,实行教育成本中央与地方政府分担的政策之后,公共教育投入受区域科学技术的影响更加凸显,尤其是在中国科技落后的"老少边穷"四类地区,政府对教育的资源投入量无法得到切实有效的保障。❷

其次,社会科学技术水平的差异化导致不同国家(地区)对教育所需资源投入的不同要求。在科学技术水平较高的社会中,民众对教育的质量和水平提出更高的要求,因而政府需要投入更多的资源用于教育基础建设、实验室设备购置及维护和更新,培养并雇用更多具有高素质的教职员工和高创新能力的科研人员,扩大各级学校招生人数,特别是强化高等教育的录取规模。此外,社会拥有高水平的科学技术也对所有参与教育活动的师生和科研人员提出了更高的要求,因而政府需要加大对教育的投入,以培养素质更高的教师和更具创新能力的科研人员,从而达到高科技水平社会民众对教育的要求。与此相对的是科技水平较低的社会中,对教育的要求则相应降低。在科技发达的国家其教育质量一般都较高,如美国、德国、英国和法国等,而科技落后的地区则教育相对落后,如撒哈拉沙漠以南的非洲地区和南亚地区。特别值得注意的是,那些科技加速发展的国家(地区),民众已经产生了对高质量教育的渴望,但本国的科技水平使得相应的教育系统无法满足国民的需要,因而历史上不断产生这类国家中的大量年轻人去发达国家求学的现象,如在"一战"之前,美国虽然由于其自身的自然资源、政治体制和社会环境等因素,使社会经济水平不断发展,但美国当时的整体科技水平依然大幅度落后于欧洲,在此情形之下,很多年轻人不满于美国自身教育部门所提供的质量较为低下的教育服务而到当时的世界科学中心——德国留学,据统计,19 世纪大

---

❶ The Global Competitiveness Report 2010—2011 [C]. Geneva:World Economic Forum, 2010:237 – 252.
❷ 王善迈,杜育红,刘远新. 我国教育发展不平衡的实证分析 [J]. 教育研究,1998 (6):19 – 23.

约有 1 万名美国人到德国留学，其中有美国曾经的国务卿和哈佛大学校长爱德华·埃弗里特、语言文学专家 George Ticknor、外交家兼历史学家 John Lothrop Motley 等一系列名人。❶ 这些留学生将德国发达的科学技术带回了富裕的美国，由此带动了美国本土的教育和科研活动的发展。而中国近代由于清朝的闭关锁国政策和科技探索上的故步自封，导致当时中国的科学技术水平远远落后于世界强国，自晚清开始的留学潮迄今已有 140 多年，众多的留学生群体持续将西方的先进科学技术引入中国，从而不断提高中国自身的教育水平和质量。由此可见，社会处于不同的科技水平将对教育投入有着不同的要求。

社会的科学技术水平同时也影响公共教育投入的结构。一般而言，当国家处于自然科学技术较为落后之时，政府将偏重于对自然学科的扶持，因而政府在对教育的投入中将侧重于先进实验设备和器材的配备，强调引进和培养自然学科的高水平专业人才，重视与国际自然科学界的交流与合作，扩大对自然学科的招生规模和提高自然学科的培养层级。而当社会需要更多的人文和社会科学人才之时，政府将对公共教育投入资源的结构进行调整，削减为自然学科所配置的资源数量和质量，将有限的资源更多地用于人文社科学科的建设之上。如当今中国社会虽然已经位列世界第二大经济体，但由于 1979 年改革开放后将科技发展和经济建设列为第一位，强调物质发展而相对对人文思想教育较为忽视，因而于七年后（也就是 1986 年）在中共十二届六中全会上正式提出"精神文明建设"这一对文化价值观进行树立的提法，而习近平也于 2015 年提出"人民有信仰民族有希望国家有力量"加强社会人文水平建设的观点。❷ 由此可知，社会科学技术的结构同样也影响公共教育所投入资源的结构。

综上所述，社会的科学技术水平不但决定了社会所拥有的可以进

---

❶ Spingola D. The Ruling Elite：The Zionist Seizure of World Power ［M］. Whitefish：Trafford Publishing，2012：662 - 697.

❷ 习近平. 人民有信仰民族有希望国家有力量［EB/OL］.（2015 - 02 - 28）［2017 - 02 - 22］. http：//news. xinhuanet. com/politics/2015 - 02/28/c_ 1114474084. htm.

行教育投入的资源数量和质量，也决定着社会中民众对教育资源的需求，而且对公共教育投入的方向和结构起着一定程度的影响。公共教育投入与科学技术的发展水平既互相限制着对方，同时又互相促进着对方前进，因而它们在社会的历史发展之中呈现交替螺旋推进的发展形态。

## 五、社会环境与政治体制

社会环境与政治体制既是教育事业发展的基础，也是教育活动顺利开展的前提，其内涵在于国家（地区）的社会环境和社会秩序是民众得以和谐稳定的生活及社会得以正常运转的保障，社会环境与政治体制既包括区域内社会的经济、政治和文化等多种因素，也包括区域以外及区域周边环境中各种因素对区域内部的影响。唯有区域的内外社会环境与政治体制相互协调、互相配合的前提和基础之下，区域内的社会冲突和矛盾才能最小化，进而为学校教育提供和平稳定的社会环境，为政府对区域教育的资源投入提供社会保障。

人类社会在千百年的历史长河中被反复敲打锤炼，受自身和外部多种因素的影响，通过不断进化最终形成当今的社会体系，因此社会内外的结构和形态特征具有历史性、综合性和动态发展等诸多特性，与此同时，由于世界不同区域有着各自不同的地理、区位、气候等，因此社会内外的结构和形态特征同时又具备一定的区域特征，故而不同社会中独特的历史性、综合性、区域性和动态发展等诸多特性都将直接影响政府对教育投入的各方面特性。在对公共教育投入存在影响的诸多社会环境与政治体制因素之中，武装冲突是公共教育投入最大的阻碍。在当今世界，受战争影响的国家里有2000多万名的小学学龄儿童和1500万名的中学学龄少年无法进入学校学习。世界范围内失学的人口主要集中于受战争影响的国家，其失学学龄儿童占世界总失学学龄儿童的比例从1999年的29%上升到了2014年的35%。就地域而言，受战争影响最大的区域是北非和西亚，这两个区域1999年因战争影响而无法就读的儿童占总失学儿童的63%，这一比例在

2014年上升到了91%。❶ 从阿富汗的案例可以明示战争对教育成果的破坏性作用,阿富汗战争导致2001年该国的人均受教育年限还仅仅只有5.5年;非洲国家布隆迪所发生的内战也使该国本就不高的人均受教育年限直接降低了3年。❷ 除了战争之外,政治体制的突变也对公共教育影响巨大。2010年于突尼斯发端,后波及中东和北非多个伊斯兰国家的"阿拉伯之春"运动导致1300万名学龄儿童失学,❸ 而其中叙利亚教育系统在这场政治变革中所受到冲击为我们提供了一个政治变革影响教育的明证。基于联合国教科文组织的数据可知,2001年叙利亚已经在全国范围内全面普及了小学教育,并同时获得非常高的中学就学率。但随着内战的开始,小学入学率从2009年98.9%下降到2013年的71%,同时小学阶段失学儿童的人数从2009年的一共2.1万人直线上升到2013年的56万人。由上文可知社会环境和谐稳定对公共教育投入的重要性,一旦社会陷入动荡,将会对公共教育投入产生严重的影响。

市场经济国家的社会体系主要受市场经济所支配,在这种社会体系中,产品和服务的生产和分配受市场机制所引导,政府仅起辅助的作用。政府对教育所投入资源的主要功能在于保障有足够的资源用于社会教育所需,而教育系统所传授的知识和所培养人才的种类则主要由市场机制予以调节,政府基本不进行干涉,而接受公共资源资助接受教育的个体所选择从事的工作岗位、职业类型、所在地域主要由个体依据市场机制自己决定。

从上文论述可见,各国的公共教育投入很大程度上受制于社会环境与政治体制,社会环境和政治体制不但可以决定政府对教育投入的具体内容,还可以决定公共教育投入的结构和体量,而且社会环境与

---

❶ UNESCO. If You Don't Understand, How Can You Learn? [M]. Paris:UNESCO, 2016:3-7.

❷ UNESCO Institute for Statistics. The Quantitative Impact of Conflict on Education [M]. Montreal, Que., 2010:72-95.

❸ UNICEF. Education under Fire:How Conflict in the Middle East is Depriving Children of Their Schooling [M]. New York:UNICEF, 2015:2-8.

政治体制的变动也会导致公共教育投入随之实时变动。[1]

## 六、社会保障体系

社会保障体系发源于欧洲，第一部有关社会保障的法律是1601年由英国女王颁布的《济贫法》，而后随着《疾病社会保险法》《工伤事故》《老年和残障》等一系列法律的推出，世界上第一个完整社会保障体系在德国建立。社会保障体系是政府为了加强民众的抗风险能力和保障民众基本的生存资源而设立的以扶持帮助政策为主体的多层次、多方位的综合性社会体系。社会保障体系包括社会保险、社会救济、社会福利、社会优抚和社会互助五个主要方面。如著名英国经济学家在其名著《福利经济学》中所言，"社会保障政策可以扩大一国的经济福利，因为穷人得到效用的增加要大于富人效用的损失，使社会总效用增加"[2]，由此可见，总体而言，社会保障体系的建立可以推进社会的发展。具体来说，社会保障体系具有保障、分配、稳定、调节四大功能。国家政府通过社会保障体系对国民收入进行分配和再分配，从而消除社会中存在的权利不公平、机会不公平、规则不公平和机会不公平等风险，保证社会的稳定和经济的发展。

公共教育投入本身具有准公共产品性，因而公共教育投入也是政府所施行的社会保障体系中的一部分。但由于各国受不同的国情、文化等多方面因素的影响，因而在不同社会保障体系社会中，政府对教育所投入资源的具体情况也不尽相同。如中国虽然GDP总量已经位居世界第二，但据国际货币基金组织2015年的数据可知，中国人均GDP在全世界185个国家（地区）中位列第72名，总体来说，中国尚处于中游位置，因而属于发展中国家，故而中国各方面的社会保障均达不到发达国家民众所能享受到的相关待遇。从公共教育方面来看，发达国家的社会保障体系已经能够保障所有学生享有12年的义务教育，即小学、初中、高中均不需付学费，部分国家（如德国）甚

---

[1] 廖毅, 张薇. 人才流动背景下高等教育对民族区域经济发展的影响研究——以大湘西地区为例 [J]. 民族论坛, 2016 (1): 80-86.

[2] 阿瑟·塞西尔·庇古. 福利经济学 [M]. 北京: 华夏出版社, 2013: 517-553.

至连大学都不需要付学费；中国的义务教育制度虽然于1986年在第六届全国人民代表大会上提出并通过，但直到2007年以后，才基本全面实现了9年制义务制教育，即小学和初中阶段学生不需缴学费；东南亚的缅甸和撒哈拉沙漠以南的非洲国家还处于尽量保障学生的6年义务教育权利的阶段。另外，中国各地区享受免费教育的年限也不尽一致，如澳门和香港的学生享受免费教育的时长为15年，而台湾、内蒙古和广东珠海等地是12年，其他地区的学生享受免费教育的时长则普遍为9年。

由上文可见，社会保障体系影响政府对教育的投入。其中一些国家（地区）更重视对民众受教育权利和公共教育系统质量的保障，因而政府更大比例地对教育进行投入；而另一些国家（地区）不重视对民众受教育权利的保障，因而其政府对教育的投入相对较少。

# 第四章　公共教育投入与国民收入差异的测量和趋势

## 第一节　相关指标的选取和理论阐释

本章研究的是公共教育投入与国民收入差异之间的关系。公共教育投入具有公共教育投入的规模和公共教育投入的结构两个方面的特性；同时，这两者的关系还受到区域经济发展现状、区域经济发展速度和民众的教育价值观等社会环境多个方面的影响。为了精确地对上述各方面因素进行描述，本章的研究选取有代表性的指标，以便对上述因素进行精准的定量分析及研究。

### 一、国民收入差异

国民收入差异是一个关涉社会经济机会平等和经济结果平等的概念。一般而言，适当程度的国民收入差异有利于刺激社会整体经济的发展速度，但国民收入差异的不断增大甚至极化将阻碍社会流动，影响社会的和谐稳定，因此各国政府均对本国的国民收入差异情况格外关注。

基于上述原因，学者们提出了多种对国民收入差异情况进行衡量的量化指标，有基尼指数、戴尔指数、阿鲁瓦利亚指数和库兹涅茨指数等。其中，戴尔指数是基于信息论中的资讯熵概念发展而来，因此该指数中不但有目标区域中的经济不平等信息，同时也包含了种族、性别、籍贯等社会其他方面均衡与否的信息，因此该指数并不是纯粹对国民收入状况的衡量。而在基尼指数、阿鲁瓦利亚指数和库兹涅茨指数这三种专注于衡量国民收入状况的指标中，阿鲁瓦利亚指数仅测量社会最贫困的40%人口在全部收入中所占收入份额，库兹涅茨指数的依据则是社会中最富有的20%人口的收入份额，因此这两种指数对国民收入不平等的测度都有失偏颇。在世界各国中，使用范围最广的衡量国民收入不平等状况的指标是基尼指数，该指数20世纪初由意大利学者科拉多·基尼提出，基尼指数的衡量对象是国民之间年收入的分配情况，而与国民所拥有的总财富无关，该指数的取值位于"0"到"1"之间，当基尼指数为"1"时，意味着一年里社会的所有收入都集中在一个人的手中，而当基尼指数为"0"时，意味着社会里所有成员，无论其劳动量和对社会的贡献如何，在这一年中都获得了等量的收入。由于基尼指数对国民收入分配情况出色的测度能力和该指数被各国广泛接受所拥有的数据可获得性，本章将使用基尼指数表征国民收入差异的情况，从而达到对国民收入差异进行精确测度的目的。

## 二、公共教育投入规模

公共教育投入规模是本章最重要的自变量之一。一般而言，基于不同测量手段、视角和途径获得的政府对教育事业所投入资源的具体数值均可作为公共教育投入规模的指标应用于现实生活。而公共教育投入规模的指标值既可以是基于政府对教育所投入的人力、物力和财力的绝对值，也可以是相对于政府为保持社会稳定发展所投入资源总量的相对值。与上述提到的绝对值指标相比，后边使用相对值作为公共教育投入规模指标的做法既可避免公共教育投入规模指标的衡量标准因经济和社会的发展而使基于绝对值的相关衡量指标出现阶段性（如经济危机等）和趋势性（如通货膨胀等）的变动而丧失作为衡量指标所必须具备的可比性和准确性的丢失，同时也可充分展现教育投入在政府总投入中的比值和重要程度，从而更加真实并精确地体现教育事业在该国经济生活中的重要地位和真实情况。而由于在人力、物力和财力三种教育的投入形态中，世界各国对人力和物力的教育投入有各自根据其本国具体情况而施行的统计口径。相对而言，财力的投入在全世界各国统计系统的标准中均相对较为一致,因而本章将聚焦于对各国财力的投入进行分析研究。

基于上述原因,本章使用年度公共教育财力投入的绝对值与政府各部门财政总投入的绝对值之间的百分比值指代公共教育投入规模,其具体公式如下:

$$公共教育投入规模 = \frac{公共教育年度财力总投入}{政府年度财力总投入} \times 100\%$$

### 三、公共教育投入结构

如前文所述,从不同的角度对公共教育投入进行细分,可知公共教育投入存在多种不同的结构,如从所投入形态的角度而言,教育投入包括对教育的人力投入、物力投入和财力投入三种;从用途的角度来看,包括教育教学投入、教育科研投入和教育服务社会投入三种;从结构的角度进行分析,公共教育投入可分为公共学前教育投入、公共初级教育投入、公共中级教育投入和公共高级教育投入四类。其中,学前教育主要针对的是0~6周岁或7周岁的婴幼儿群体,初级教育的主要对象是6周岁或7~12周岁的少儿群体,而中级教育主要针对的是12~18周岁的少年,高级教育的受教育对象则主要是18周岁以上的青年。由于不同教育阶段受教育对象的差异,导致各阶段教育的主要目标也随之变化,在学前教育、初级教育和中级教育这三个阶段里,实施教育行为的机构在培养年轻人具备良好道德品质的同时,也为他们下一阶段的学习做相应的准备,因而人们在这三个阶段所接受的教育逐渐成了他们在社会中生存必不可少的要素,故而越来越多的国家根据自身的经济条件将这三个阶段教育中的一部分或者全部划归为具有强制性、普遍性和免费性的义务教育,而各个国家义务教育的具体时长则主要由该国经济发展水平所决定。一般而言,发展中国家的义务制教育年限是6~9年,而发达国家中的义务制教育年限则为11~12年。

但是,包括专科教育、本科教育和研究生教育的高等教育则呈现与上述三个基础教育阶段完全不同的发展情景。在教育内容方面,由于高等教育是年轻人进入社会的最后一个准备阶段，因而高等教育需要给人们传授最新的思想和最先进的知识，以提高人们在社会生活中的竞争力；在教育的费用方面，由于受以英国撒切尔主义和美国里根政策为代表的新自由主义思想的影响，与不断扩张的义务教育相反，越来越多的国家强调接受教育的个体在高等教育阶段所学得的思维和知识对个人的收益的增长，因此各国不同程度地施行了高等教育费用分摊制度——由政府和个人共同负担高等教育阶段所需的费用。❶ 由此可见，与各国整齐划一的具有强制性和普遍性义务制教育不同，各国的高等教育受本国整体经济发展情况和各国国内民众之间收入差距的实际情况影响较大，因此对各国高等教育的公共投入进行测量，有助于清楚地呈现各国公共教育投入结构方面的差异。

基于上述原因，本研究中使用各国政府年度高等教育投入的绝对值与政府年度公共教育总投入的绝对值之间的百分比展示公共教育投入结构，其具体公式如下：

$$公共教育投入结构 = \frac{政府年度高等教育投入的绝对值}{政府年度公共教育总投入的绝对值} \times 100\%$$

## 四、区域经济发展现状

当今世界，社会生活的各个方面均受制于区域经济发展水平的状况。一般而言，经济水平发展较高的国家和区域，其社会基础建设、社会治安、社会保障体系及民众所拥有的资源等社会生活各个方面的水平均高于经济水平发展较为落后的国家和区域，故而区域的经济发展现状也可以对国民收入差异水平产生一定程度的影响。

在社会现实中，用于衡量区域经济发展现状的常用指标有 GDP、国民收入、国际收支、社会消费品零售总额、城乡居民储蓄存款余额、金融指标及财政指标等。其中，GDP 是用来衡量一个国家在特定时间内生产出的物质财富和服务财富总量的综合型经济指标，因而它被世界各国所广泛接受并用来衡量各国整体的综合经济实力，但该指

---

❶ 冯增俊. 现代高等教育模式论 [M]. 广州：广东高等教育出版社，1993：67–92.

标无法反映国家和区域中个体微观所能生产出的财富总量，而本章的研究重心在于探查普遍个体在不同经济发展状况下不同比例的公共教育投入对区域国民收入差异的影响，因此本章为清晰展示个体经济情况对上述关系的影响，采用人均GDP指代区域经济发展现状。此外，由于随着经济和时代的不断发展，单位货币的购买力在不同时期均有所不同，为了使不同年份中的人均GDP的数据具备可比性和参照性，本章以2005年的单位货币购买力为基准，对各个年份的人均GDP进行统一化换算，以便后续的分析和研究。

由上文可知，本书使用以2005年为基准的各国人均GDP作为区域经济发展现状的指标，其具体公式如下：

区域经济发展现状 = 人均GDP

$$= \frac{总产出（社会产品和服务的产出总额）}{总人口}$$

## 五、区域经济发展速度

社会生活中另一个非常重要的经济因素是区域经济发展速度。相对于区域经济发展现状着重关注区域静态的状态而言，区域经济发展速度主要反映的则是一定时期内经济发展水平变化程度的动态情况，因而在一定程度上区域经济发展速度也是区域经济活力的体现。

由上述对区域经济发展现状衡量指标的选择可知，人均GDP是一个有代表性并被各国广泛接受的对区域特定时间内生产财富总量进行综合性测量的指标，因此区域经济发展速度依然可以用人均GDP作为该衡量指标的基础。但在此基础之上，由于区域经济发展速度注重于反映区域经济的动态情况，因而相对量的使用将比绝对值更有利于展现区域经济发展速度的实际状态。此外，由于跨国别数据的可获得性和可比性等多方面的原因，本书将测量人均GDP速度相对量的时间间隔定为以年度为统计和分析的时间单位。

综上所述，本书使用各国人均GDP的年度增长速率作为指代区域经济发展速度的指标，其具体公式如下：

$$区域经济发展速度 = \frac{今年人均 GDP - 去年人均 GDP}{去年人均 GDP} \times 100\%$$

## 六、民众的教育价值观

个体对生命和世界的认知影响着他们的思维模式及行为方式。虽然，迄今为止的各个方面证据均证明，全球各地的人类共享着一个共同的祖先，但经过千万年的分化演变，人类在世界各地形成了不同的文明、种族和宗教，隶属于不同群体的个体既有差异，但同时又有与其所属群体相一致的思维模式和行为方式。早在1981年，学者们就已经留意到民众的思想价值观与经济之间存在着一定的相关关系，他们发现随着社会经济和科技的发展，一方面民众的价值观在随之不断改变；与此同时，民众的价值观在社会的经济发展中也发挥着重要的作用。[1] 有鉴于此，众多学者开始从不同的角度试图对个体和群体的价值观进行量化，以便后续的进一步深入研究分析。其中一部分学者和政治家试图以个体所属的民族（如在中国的汉族人、藏族人和维吾尔族人，卢旺达的胡图族和图西族等）对不同个体的思维和行为进行差异化定义和归类；另一部分学者则认为在当今世界，相对于民族而言，宗教信仰可以跨越种族的局限，故而其所拥有的力量更为强大，同时其所具备的影响也更为广泛和深远（如伊斯兰教、摩门教和天主教等）；此外，还有一些学者以地理因素、文化因素和政治形态等因素为标准，对个体的思维和行为进行总结归类。上述各种对不同个体进行归类的标准和理论虽然各自有着自己的现实意义和理论依据，但迄今为止，对民众思维和行为方式的划分依然还处于因衡量和侧重维度的差异而无法统一的状态。在这些对群体行为模式纷繁复杂的定义和归类之中，荷兰蒂尔堡大学的 Jan Kerkhofs 和 Ruud de Moor 两位教授于1981年首创的欧洲价值观研究（EVS，后来随着被调查对象的不断扩大，更名为世界价值观研究，WVS），在经过众多学者不断持续

---

[1] Esmer Y, Klingemann H D, Puranen B. Religion, Democratic Values and Political Conflict: Festschrift in Honor of Thorleif Pettersson [M]. Wehrmann: Acta Universitatis Upsaliensis, 2009: 153 – 179.

完善之后，成为历时最长（迄今为止该研究持续了 40 年）、范围最广（涉及六大洲中的 100 多个国家）的群体行为模式研究。

世界价值观研究（WVS）通过严谨并且高质的研究设计，经历了对将近 100 个国家中的 40 万人次的面对面走访调查，努力根据社会人群思维和行为的表象进行深入剖析，最终将民众多种多样的价值观用传统与世俗理性、生存与自我实现两个维度对其实质进行表述和度量。其中，拥有传统价值观的个体注重于对宗教的信仰和亲人之间的联系，更顺从于层级家庭结构中的威权体系，更反对与传统家庭价值观相背离的离婚、流产等反传统行为；而世俗理性价值观与传统价值观是对立的，在世俗理性价值观占主要地位的社会中，宗教信仰、传统家庭价值和权威相对不被重视，而离婚、流产、安乐死和自杀等行为相对而言更易被社会所接受；而生存价值观则注重于经济和物理上的安全，在这些社会中存在民族主义优先和相对较低的信任和容忍力；在以自我实现价值观占主流的社会中，人们不但更注重环境的保护，也对外国人、同性恋者和男女平等有着更高的容忍性，并且在这样社会中的个体对社会的经济和政治生活表现出更高的参与性。

因此，本章将以世界价值观研究（WVS）的相关研究成果为基础，对世界各国教育价值观进行评测和度量，为本章的进一步深入探讨做好准备。

## 第二节 数据来源和样本选择

### 一、数据来源

截至 2017 年 7 月 31 日，世界上共有 233 个国家（地区）、将近 2000 个民族分布在地球的六大洲之内。本章不但横向对比了不同群体之间的公共教育投入与国民收入差异的关系，同时也以时间为轴线，从纵向对上述因素的统计关系进行了深入分析。因此，本章所需的数据需要在跨国别的横截面和跨时间的纵截面两个维度的同时完整，即计量统计学中的平衡面板数据。同时，由于当今世界的构成主要是以国家（地区）为单位，唯有国家（地区）的政府才拥有完整的公共服务机构并能收集和维护相对完整和连贯的数据资料，因此本书以国家（地区）作为基本单位进行相关研究。

本书所使用的数据资料主要来源于以下三个数据库：

①世界银行数据库：世界银行是联合国经济和社会理事会的下属组织，因此它可与联合国的其他机构共享所获数据，而联合国是迄今为止世界上范围最广、体量最大的跨区域性合作组织，因此其所拥有和公布的数据均具备一定的信度和效度。世界银行数据库涵盖了联合国100多个成员从1960年以来社会生活各个方面的7000多个数据指标，用户可以方便地按国别、地区及所属种类等多种维度对这些数据进行检索。

②世界收入不平等数据库（WIID）：该数据库属于芬兰世界经济发展中心下属的世界收入不平等专项项目，该专项数据库收集了各个跨国组织对世界各个国家（地区）国民收入平等状况的统计资料，因而它被称为世界上最完备的国民收入差异状况数据库。❶

③世界价值观调查数据库（WVS Database）：该数据库来自1981年由荷兰蒂尔堡大学的Jan Kerkhofs和Ruud de Moor两位教授在芬兰设立的欧洲价值观研究（EVS）的调查，在此基础上，随着参与调查群体的不断增加，该研究最终扩充为由美国密歇根大学Ronald Inglehart教授所领导的横跨六大洲，共100多个国家（地区）参与的世界价值观调查（WVS），而世界价值观调查联合会（WVSA）在该调查的基础上设立了世界价值观调查数据库（WVS Database）。由于世界价值观调查数据库起源于欧洲价值观研究，因此在该数据库中对欧洲国家及与欧洲关系密切国家的数据更为翔实，相对而言，非洲和亚洲各国的资料相对较少。❷

---

❶ United Nations University. World Income Inequality Database（WIID3.3）[EB/OL].（2016-01-01）[2017-02-22]. https://www.wider.unu.edu/download/WIID3.3.

❷ UNESCO. GEM Global Monitoring Report 2016: Education for People and Planet [M]. Paris: ONESCO Publishing, 2016: 453-481.

## 二、样本选择

一方面,虽然世界的整体和平已经持续了 70 多年,但世界各个地区的局部战争和政治动荡从未停止,不安定的政治、经济和社会因素导致了各项数据指标收集难度的增加,故此相对而言,连续并完整平衡数据的可得性较小;与此同时,从上文可知国家和民众的具体情态亦在其日常的社会生活和发展中不断变化,因而为了提高本章研究的有效性,我们需要使用最新的数据作为本章的研究对象。另一方面,基于上述两个原因,为了达成本章的研究目标,我们需要剔除所有不连续和不完整国家的数据,同时也需要尽量采用最新的指标数据以反映最近的社会现实和最新的人群状态。因此我们使用分布于六大洲 43 个国家的最近 15 年(1998—2012 年)共 645 条分国别数据记录作为本章研究的分析基础。虽然含有缺失数据指标的国家被剔除使隐藏在这些国家中的相关信息被置于研究样本之外,导致在一定程度上数据和信息的浪费,但相对于本书研究的信度而言,数据缺失国家的剔除有利于保障本书研究结果的真实性和客观性。

## 第三节　公共教育投入与国民收入差异状况分析

如上文所述,本章选取了数据相对完整的 43 个国家作为横向比较研究的空间样本,以 1998—2012 年共 15 年的时间序列数据作为纵向比较的研究时间样本,因而在本章中一共涉及 645 条不同国别和时间的样本数据。从这 43 个国家的地理区位而言,它们分别分布在全球六大洲中,其中欧洲、北美洲、南美洲、大洋洲、亚洲和非洲在样本中各有 25 个、2 个、4 个、2 个、7 个和 3 个国家;从这 43 个国家内所具备的主流价值观而言,在 1998 年这个时间节点,一共有 18 个以生存价值观、25 个以自我实现价值观、21 个以传统价值观和 22 个以世俗理性价值观为社会主流的国家;到 2012 年这些国家中分别有 15 个国家以生存价值观、28 个国家以自我实现价值观,19 个以传统价值观和 24 个以世俗理性价值观为社会主流的国家。根据世界银行数据库、世界收入不平等数据库和世界价值观调查数据库的数据整理可知，本章研究的这43个国家1998—2012年15年的国民收入不平等、公共教育投入规模、公共教育投入结构、区域经济发展现状、区域经济发展速度和民众的文化价值观等衡量指标的样本特征分布（见表4-1）。

表4-1 43个国家1998—2012年公共教育投入与国民收入差异的样本特征

|  | 个案数 | 最小值 | 最大值 | 平均值 | 标准差 |
| --- | --- | --- | --- | --- | --- |
| 生存与自我实现价值观 | 645 | -1.70 | 2.30 | 0.2103 | 1.03367 |
| 传统与世俗理性价值观 | 645 | -1.70 | 2.00 | -0.0195 | 0.93018 |
| 公共教育投入占政府总投入的百分比（%） | 645 | 6.703 | 28.389 | 13.54043 | 3.634978 |
| 高等教育投入占政府公共教育总投入的百分比（%） | 645 | 8.066 | 36.968 | 21.87385 | 5.634310 |
| 人均GDP（美元） | 645 | 219.587 | 69094.745 | 18564.92258 | 16871.855882 |
| 人均GDP的年增幅（%） | 645 | -14.560 | 12.954 | 2.48465 | 3.627382 |
| 基尼指数 | 645 | 21.00 | 57.30 | 34.6714 | 8.45751 |

## 一、基于生存和自我实现价值观的分析

基于世界价值观调查联合会所做的相关研究，世界各地民众多种多样的价值观被分解为传统与世俗理性、生存与自我实现两个维度进行归纳表述，同时在世界价值观调查联合会实行的相关研究中发现，上述两个维度彼此之间相互独立、互不影响。为了考察公共教育投入与国民收入差异变量在不同价值观主流国家之间的差距，我们首先以生存与自我实现价值观为标准，对不同年代具备差异化价值观的国家的公共教育投入与国民收入差异的各项指标的样本特征进行描述，具体详情如下（见表4-2和表4-3）。

表4-2 基于生存与自我实现价值观的1998年各国样本特征的描述

| 生存与自我实现 | | 公共教育投入占政府总投入的百分比(%) | 高等教育投入占政府公共教育总投入的百分比(%) | 人均GDP（美元） | 人均GDP的年增幅(%) | 基尼指数 |
|---|---|---|---|---|---|---|
| 生存价值观 | 平均值 | 13.37581 | 20.56281 | 3883.45286 | 0.72323 | 38.8047 |
| | 标准差 | 4.199560 | 7.156307 | 3407.180992 | 4.594550 | 9.13203 |
| | 个案数 | 18 | 18 | 18 | 18 | 18 |
| 自我实现价值观 | 平均值 | 12.89385 | 22.48352 | 25021.83630 | 2.49487 | 32.2480 |
| | 标准差 | 3.007072 | 4.797358 | 14213.630237 | 3.031360 | 8.75386 |
| | 个案数 | 25 | 25 | 25 | 25 | 25 |
| 总计 | 平均值 | 13.10197 | 21.65412 | 15893.89800 | 1.72984 | 35.0793 |
| | 标准差 | 3.533825 | 5.933756 | 15159.125895 | 3.841031 | 9.40598 |
| | 个案数 | 43 | 43 | 43 | 43 | 43 |
| 均值差 | | 0.481960 | −1.920717 | −21138.383437 | −1.771645 | 6.556737 |

表4-3 基于生存与自我实现价值观的2012年各国样本特征的描述

| 生存与自我实现 | | 公共教育投入占政府总投入的百分比（%） | 高等教育投入占政府公共教育总投入的百分比（%） | 人均GDP（美元） | 人均GDP的年增幅（%） | 基尼指数 |
|---|---|---|---|---|---|---|
| 生存价值观 | 平均值 | 12.72062 | 22.11167 | 9622.69812 | 1.27694 | 35.0125 |
| | 标准差 | 4.436959 | 6.229935 | 7299.871281 | 3.152522 | 5.55732 |
| | 个案数 | 15 | 15 | 15 | 15 | 15 |
| 自我实现价值观 | 平均值 | 14.41835 | 22.90387 | 25812.46064 | 0.82301 | 33.4714 |
| | 标准差 | 3.633770 | 5.074214 | 18765.135195 | 2.474287 | 8.64201 |
| | 个案数 | 28 | 28 | 28 | 28 | 28 |
| 总计 | 平均值 | 13.80100 | 22.61580 | 19925.27427 | 0.98808 | 34.0318 |
| | 标准差 | 3.980071 | 5.463957 | 17371.173702 | 2.712891 | 7.63090 |
| | 个案数 | 43 | 43 | 43 | 43 | 43 |
| 均值差 | | -1.697725625 | -0.792194911 | -16189.762516 | 0.453932438 | 1.541071429 |

由表4-2和表4-3可知，1998—2012年以生存价值观为主流思想的国家与以自我实现价值观为主流思想的国家在高等教育投入占政府教育总投入的百分比、人均GDP、人均GDP的年增幅和基尼指数四个方面的差距均处于缩小状态，而仅公共教育投入占政府总投入的百分比一项指标处于差距增大的状态。

然后以生存价值观与自我实现价值观为分类标准对各国的上述五项指标在1998—2012年的状态进行独立样本T检验，可得检验结果如表4-4和表4-5所示。

由表4-4和表4-5可知，当以生存和自我实现价值观作为归类维度，对43个国家的公共教育投入占政府总投入、高等教育投入占政府公共教育总投入的百分比、人均GDP、人均GDP的年增幅和基尼指数5个指标进行独立样本T检验统计分析，在1998年和2012年这两个时间节点有且仅有人均GDP这个唯一的衡量指标存在统计差异显著。换言之，当以生存和自我实现价值观对43个国家分类后，这两类国家在1998年和2012年这两个时间节点仅有人均GDP这一个指标存在统计上是显著差异的。其中，以生存价值观为主流的国家在1998年和2012年的人均GDP分别显著低于以自我实现价值观为主流的国家21138元/年和16189元/年，可见经历了15年后，虽然此两类国家的人均GDP依然存在显著差异，但类别之间的差异处于不断减小之中。通过对分类数据进行最优尺度主成分分析（CATPCA），可以从所产生的图形上直观地得出上述结论。其中，图中的原点为本章所研究的公共教育投入占政府总投入、高等教育投入占政府教育总投入的百分比、人均GDP、人均GDP的年增幅和基尼指数五项指标在43个国家中的平均水平（见图4-1和图4-2）。

基于图4-1可知，1998年公共教育投入占政府总投入的百分比、高等教育投入占政府公共教育总投入的百分比、人均GDP、人均GDP的年增幅和基尼指数五项指标呈差异化分布。其中，公共教育投入占政府总投入的百分比位于第一象限内，而高等教育投入占政府公共教育总投入的百分比和人均GDP两项指标以及以自我实现价值观为主的国家均位于第二象限之内，人均GDP的年增幅则位于第三象限，

表4-4 基于生存与自我实现价值观对1998年各国样本进行独立样本t检验

| | | 莱文方差等同性检验 | | 平均值等同性t检验 | | | | | | 差值95%置信区间 | |
|---|---|---|---|---|---|---|---|---|---|---|---|
| | | F | 显著性 | t | 自由度 | 显著性（双尾）| 平均值差值 | 标准误差差值 | | 下限 | 上限 |
| 公共教育投入占政府总投入的百分比 | 假定等方差 | 3.343 | 0.075 | 0.434 | 42 | 0.659 | 0.481960 | 1.085720 | | -1.709111 | 2.673032 |
| | 不假定等方差 | | | 0.424 | 31.207 | 0.674 | 0.481960 | 1.135749 | | -1.833792 | 2.797712 |
| 高等教育投入占政府公共教育总投入的百分比 | 假定等方差 | 1.489 | 0.229 | -1.065 | 42 | 0.293 | -1.920717 | 1.803143 | | -5.559608 | 1.718173 |
| | 不假定等方差 | | | -1.010 | 29.789 | 0.321 | -1.920717 | 1.901576 | | -5.805408 | 1.963974 |
| 人均GDP | 假定等方差 | 29.491 | 0.000 | -6.329 | 42 | 0.000 | -21138.383437 | 3339.856129 | | -27878.485990 | -14398.280904 |
| | 不假定等方差 | | | -7.170 | 27.556 | 0.000 | -21138.383437 | 2948.234249 | | -27181.951038 | -15094.815856 |
| 人均GDP的年增幅 | 假定等方差 | 6.792 | 0.013 | -1.539 | 42 | 0.131 | -1.771645 | 1.150847 | | -4.094149 | 0.550858 |
| | 不假定等方差 | | | -1.457 | 29.462 | 0.156 | -1.771645 | 1.215982 | | -4.256917 | 0.713626 |
| 基尼指数 | 假定等方差 | 0.190 | 0.665 | 2.416 | 42 | 0.020 | 6.55674 | 2.71420 | | 1.07926 | 12.03422 |
| | 不假定等方差 | | | 2.401 | 38.015 | 0.021 | 6.55674 | 2.73027 | | 1.02967 | 12.08380 |

表4-5 基于生存与自我实现价值观对2012年各国样本进行独立样本t检验

| | | 莱文方差等同性检验 | | t | 自由度 | 显著性（双尾） | 平均值差值 | 标准误差差值 | 差值95%置信区间 | |
|---|---|---|---|---|---|---|---|---|---|---|
| | | F | 显著性 | | | | | | 下限 | 上限 |
| 公共教育投入占政府总投入的百分比 | 假定等方差 | 1.356 | 0.251 | -1.375 | 42 | 0.176 | -1.697726 | 1.234596 | -4.189241 | 0.793789 |
| | 不假定等方差 | | | -1.301 | 26.536 | 0.204 | -1.697726 | 1.304605 | -4.376746 | 0.981295 |
| 高等教育投入占政府公共教育总投入的百分比 | 假定等方差 | 0.490 | 0.488 | -0.458 | 42 | 0.649 | -0.792195 | 1.728306 | -4.280058 | 2.695668 |
| | 不假定等方差 | | | -0.433 | 26.419 | 0.668 | -0.792195 | 1.829020 | -4.548901 | 2.964511 |
| 人均GDP | 假定等方差 | 25.602 | 0.000 | -3.298 | 42 | 0.002 | -16189.762516 | 4909.366453 | -26097.265127 | -6282.259904 |
| | 不假定等方差 | | | -4.059 | 38.353 | 0.000 | -16189.762516 | 3988.306614 | -24261.229736 | -8118.295296 |
| 人均GDP的年增幅 | 假定等方差 | 1.303 | 0.260 | 0.529 | 42 | 0.599 | 0.453932 | 0.857403 | -1.276377 | 2.184242 |
| | 不假定等方差 | | | 0.495 | 25.653 | 0.625 | 0.453932 | 0.916404 | -1.431004 | 2.338869 |
| 基尼指数 | 假定等方差 | 4.565 | 0.039 | 0.640 | 42 | 0.526 | 1.54107 | 2.40805 | -3.31857 | 6.40071 |
| | 不假定等方差 | | | 0.719 | 41.293 | 0.476 | 1.54107 | 2.14319 | -2.78827 | 5.87041 |

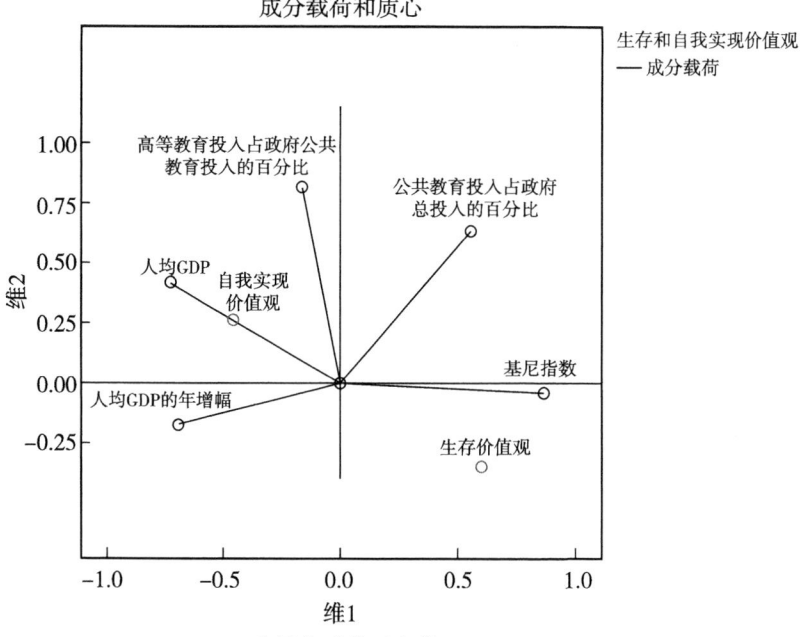

**图 4-1　1998 年以生存和自我实现价值观分类的各国公共教育投入与经济状况**

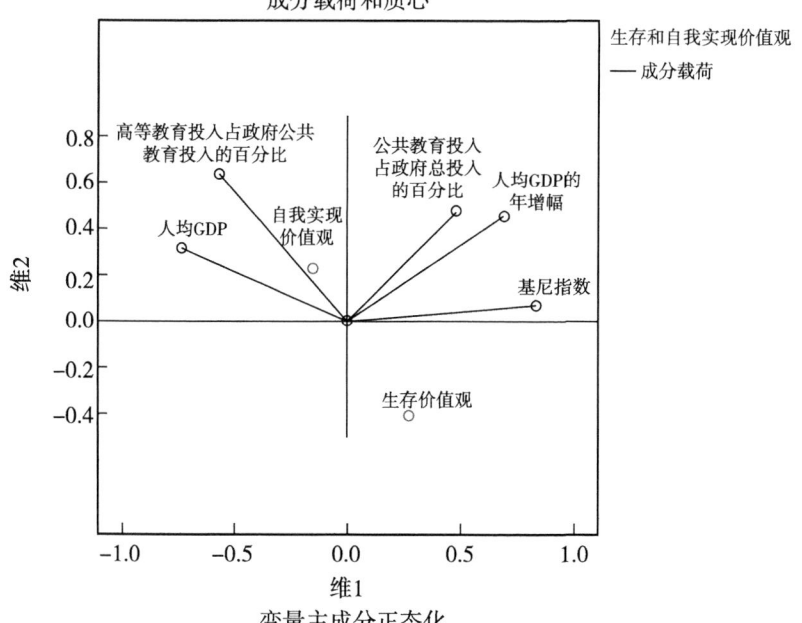

**图 4-2　2012 年以生存和自我实现价值观分类的各国公共教育投入与经济状况**

基尼指数以及以生存价值观为主的国家位于第四象限。由此可知，在以自我实现价值观为主的国家中，人均GDP、人均GDP的年增幅、高等教育投入占政府公共教育总投入和公共教育投入占政府总投入的百分比四项指标均相对较高，仅基尼指数一项指标相对较低；在以生存价值观为主的国家中的情形则是公共教育投入占政府总投入的百分比、基尼指数和人均GDP的年增幅三项指标的数值相对较高，而人均GDP和高等教育投入占政府公共教育总投入的百分比两项指数相对较低。基于图4-2可知，2012年上述五项指标的分布情态相对于1998年发生了一定的变化。其中，公共教育投入占政府总投入的百分比、人均GDP的年增幅和基尼指数均位于第一象限，而高等教育投入占政府公共教育总投入的百分比和人均GDP两项指标以及以自我实现价值观为主的国家仍然位于第二象限之内，生存价值观为主的国家则位于第四象限。由此可知，在以自我实现价值观为主的国家中，人均GDP、人均GDP的年增幅、高等教育投入占政府公共教育总投入、公共教育投入占政府总投入的百分比和基尼指数五项指标均相对较高；在以生存价值观为主的国家中的情形也是教育投入占政府总投入的百分比、基尼指数和人均GDP的年增幅三项指标的数值相对较高，而人均GDP和高等教育投入占政府公共教育总投入的百分比两项指数相对较低。

通过对比图4-1和图4-2可知，经过15年的社会发展和变迁后，2012年以自我实现价值观为主的国家和以生存价值观为主的国家中，基尼指数均呈现较高的态势。

综上所述，在1998年和2012年两个时间节点上，以生存和自我实现价值观作为归类维度对43个国家进行归类后可知，在这两类国家中的高等教育投入占政府公共教育总投入的百分比、人均GDP、人均GDP的年增幅和基尼指数四个方面的差距均处于缩小状态，而仅公共教育投入占政府总投入的百分比一项指标处于差距增大的状态。但即使经过上述15年的发展后，此两类国家中仍然仅有人均GDP在统计上呈现显著差异，同时基尼指数由在1998年的在以生存价值观为主的国家中较高和在以自我实现价值观为主的国家中较低变为2012

年的无论在以生存价值观为主的国家中,还是在以自我实现价值观为主的国家中均较高。由此可见,虽然上述两类国家中的国民收入不平等情况、公共教育投入结构、区域经济发展状态和速度的差距均不断缩小,仅公共教育投入规模的差距呈现略微扩大的趋势,但在这两类国家中,区域经济发展状态一直是在以生存和自我实现价值观进行归类的各国中存在着的统计显著差异,而由于国民收入的不平等问题,在上述两类国家中的数值在2012年均变为正,因此该问题成为上述两类国家所要面对的主要问题之一。

## 二、基于传统与世俗理性价值观的分析

我们以传统与世俗理性价值观作为归类维度,对43个国家在1998年和2012年的关于公共教育投入和国民收入差异的上述五个指标进行与上一节相似的统计分析(见表4-6和表4-7)。

由表4-6和表4-7可知,1998—2012年,以传统价值观为主流思想的国家与以世俗理性价值观为主流思想的国家在公共教育投入占政府总投入的百分比、高等教育投入占政府公共教育总投入的百分比、人均GDP和人均GDP的年增幅四个方面的差距均处于增大状态,而仅基尼指数一项指标处于差距缩小的状态。

然后,我们以传统价值观与世俗理性价值观为分类标准对各国的上述5项指标在1998年和2012年的状态进行独立样本T检验可得检验结果如下(见表4-8和表4-9):

从表4-8和表4-9可知,当以传统和世俗理性价值观作为归类维度,对43个国家的公共教育投入占政府总投入、高等教育投入占政府公共教育总投入的百分比、人均GDP、人均GDP的年增幅和基尼指数五个指标进行独立样本T检验统计分析时,在1998年,公共教育投入占政府总投入百分比、人均GDP和基尼指数三个衡量指标存在统计差异显著。而在2012年统计上差异显著的衡量指标增加到了四个,除了上述三个衡量指标外,高等教育投入占政府公共教育总投入的百分比这一指标也在统计上成了差异显著的变量。换言之,在经历了15年的社会发展之后,以传统和世俗理性价值观为主流的这两类

表 4-6 基于传统与世俗理性价值观的 1998 年各国样本特征的描述

| 传统与世俗性 | | 公共教育投入占政府总投入的百分比（%） | 高等教育投入占政府公共教育总投入的百分比（%） | 人均 GDP（美元） | 人均 GDP 的年增幅（%） | 基尼指数 |
|---|---|---|---|---|---|---|
| 传统价值观 | 平均值 | 14.48240 | 21.68976 | 9635.27887 | 1.27720 | 40.8138 |
| | 标准差 | 3.591194 | 5.695695 | 11841.643633 | 4.369217 | 9.01762 |
| | 个案数 | 21 | 21 | 21 | 21 | 21 |
| 世俗理性价值观 | 平均值 | 11.84158 | 21.62159 | 21608.28937 | 2.14312 | 29.8435 |
| | 标准差 | 3.033841 | 6.270917 | 15816.053366 | 3.332821 | 6.24091 |
| | 个案数 | 22 | 22 | 22 | 22 | 22 |
| 总计 | 平均值 | 13.10197 | 21.65412 | 15893.89800 | 1.72984 | 35.0793 |
| | 标准差 | 3.533825 | 5.933756 | 15159.125895 | 3.841031 | 9.40598 |
| | 个案数 | 43 | 43 | 43 | 43 | 43 |
| 均值差 | | 2.640822 | 0.068170 | −11973.0104978 | −0.8659194 | 10.9703313 |

表4-7 基于传统与世俗理性价值观的2012年各国样本特征的描述

| 传统与世俗性 | | 公共教育投入占政府总投入的百分比（%） | 高等教育投入占政府公共教育总投入的百分比（%） | 人均GDP（美元） | 人均GDP的年增幅（%） | 基尼指数 |
|---|---|---|---|---|---|---|
| 传统价值观 | 平均值 | 15.62474 | 20.34721 | 11648.91420 | 1.55197 | 39.3579 |
| | 标准差 | 4.143702 | 5.878305 | 13973.961947 | 3.180082 | 7.31895 |
| | 个案数 | 19 | 19 | 19 | 19 | 19 |
| 世俗理性价值观 | 平均值 | 12.41495 | 24.33992 | 26215.30792 | 0.55952 | 29.9840 |
| | 标准差 | 3.295982 | 4.516998 | 17284.522662 | 2.271242 | 4.96284 |
| | 个案数 | 24 | 24 | 24 | 24 | 24 |
| 总计 | 平均值 | 13.80100 | 22.61580 | 19925.27427 | 0.98808 | 34.0318 |
| | 标准差 | 3.980071 | 5.463957 | 17371.173702 | 2.712891 | 7.63090 |
| | 个案数 | 43 | 43 | 43 | 43 | 43 |
| 均值差 | | 3.2097991 | -3.9927149 | -14566.3937153 | 0.9924352 | 9.3738947 |

表4-8 基于传统与世俗理性价值观对1998年各国样本进行独立样本t检验

| | | 莱文方差等同性检验 | | 平均值等同性t检验 | | | | | | |
|---|---|---|---|---|---|---|---|---|---|---|
| | | F | 显著性 | t | 自由度 | 显著性（双尾） | 平均值差值 | 标准误差差值 | 差值95%置信区间 下限 | 差值95%置信区间 上限 |
| 公共教育投入占政府总投入的百分比 | 假定等方差 | 0.401 | 0.530 | 2.643 | 42 | 0.012 | 2.640822 | 0.999328 | 0.624097 | 4.657547 |
| | 不假定等方差 | | | 2.622 | 39.363 | 0.012 | 2.640822 | 1.007129 | 0.604311 | 4.677333 |
| 高等教育投入占总政府公共教育投入的百分比 | 假定等方差 | 0.909 | 0.346 | 0.038 | 42 | 0.970 | 0.068170 | 1.812111 | -3.588817 | 3.725157 |
| | 不假定等方差 | | | 0.038 | 42.000 | 0.970 | 0.068170 | 1.804041 | -3.572533 | 3.708873 |
| 人均GDP | 假定等方差 | 4.142 | 0.048 | -2.821 | 42 | 0.007 | -11973.010 | 4243.920 | -20539.605 | -3406.416 |
| | 不假定等方差 | | | -2.858 | 40.510 | 0.007 | -11973.010 | 4189.670 | -20437.332 | -3508.689 |
| 人均GDP的年增幅 | 假定等方差 | 1.292 | 0.262 | -0.743 | 42 | 0.462 | -0.865919 | 1.165398 | -3.217789 | 1.485950 |
| | 不假定等方差 | | | -0.734 | 37.320 | 0.468 | -0.865919 | 1.179828 | -3.255787 | 1.523948 |
| 基尼指数 | 假定等方差 | 3.402 | 0.072 | 4.727 | 42 | 0.000 | 10.97033 | 2.32079 | 6.28678 | 15.65388 |
| | 不假定等方差 | | | 4.650 | 35.198 | 0.000 | 10.97033 | 2.35917 | 6.18192 | 15.75874 |

表4-9 基于传统与世俗理性价值观对2012年各国样本进行独立样本t检验

| | | 莱文方差等同性检验 | | 平均值等同性t检验 | | | | | | |
|---|---|---|---|---|---|---|---|---|---|---|
| | | F | 显著性 | t | 自由度 | 显著性（双尾） | 平均值差值 | 标准误差差值 | 差值95%置信区间 | |
| | | | | | | | | | 下限 | 上限 |
| 公共教育投入占政府总投入的百分比 | 假定等方差 | 1.163 | 0.287 | 2.863 | 42 | 0.007 | 3.209799 | 1.121163 | 0.947201 | 5.472397 |
| | 不假定等方差 | | | 2.774 | 33.633 | 0.009 | 3.209799 | 1.157011 | 0.857525 | 5.562073 |
| 高等教育投入占政府公共教育总投入的百分比 | 假定等方差 | 0.439 | 0.511 | -2.550 | 42 | 0.015 | -3.992715 | 1.565816 | -7.152659 | -0.832771 |
| | 不假定等方差 | | | -2.460 | 32.823 | 0.019 | -3.992715 | 1.623203 | -7.295824 | -0.689606 |
| 人均GDP | 假定等方差 | 3.434 | 0.071 | -3.001 | 42 | 0.005 | -14566.39 | 4854.474 | -24363.119 | -4769.668092 |
| | 不假定等方差 | | | -3.090 | 41.805 | 0.004 | -14566.39 | 4714.620 | -24082.197 | -5050.590028 |
| 人均GDP的年增幅 | 假定等方差 | 2.347 | 0.133 | 1.208 | 42 | 0.234 | 0.992435 | 0.821297 | -0.665 | 2.649890 |
| | 不假定等方差 | | | 1.155 | 31.150 | 0.257 | 0.992435 | 0.859419 | -0.760 | 2.743899 |
| 基尼指数 | 假定等方差 | 5.142 | 0.029 | 5.061 | 42 | 0.000 | 9.37389 | 1.85210 | 5.63620 | 13.11159 |
| | 不假定等方差 | | | 4.806 | 30.028 | 0.000 | 9.37389 | 1.95051 | 5.39057 | 13.35722 |

国家多方面衡量指标的差距越来越大，因而导致到 2012 年公共教育投入占政府总投入的百分比、高等教育投入占政府公共教育总投入的百分比和人均 GDP 三项指标均处于统计显著差异的状态。虽然不同类别之间的基尼指数差异在减小，但它还是一直处于统计显著差异状态。而两类国家之间人均 GDP 的年增幅的差距虽然也在不断增加，但不同类别国家之间的差异仍未达到统计显著的程度。通过基于统计分析中的最优尺度变换的分类数据主成分分析方法（CATPCA），❶ 可以直观地以图形方式定性的呈现上述结论。图中原点为本节所研究的公共教育投入占政府总投入、高等教育投入占政府公共教育总投入的百分比、人均 GDP、人均 GDP 的年增幅和基尼指数五项指标在 43 个国家中的平均水平（见图 4 - 3 和图 4 - 4）。

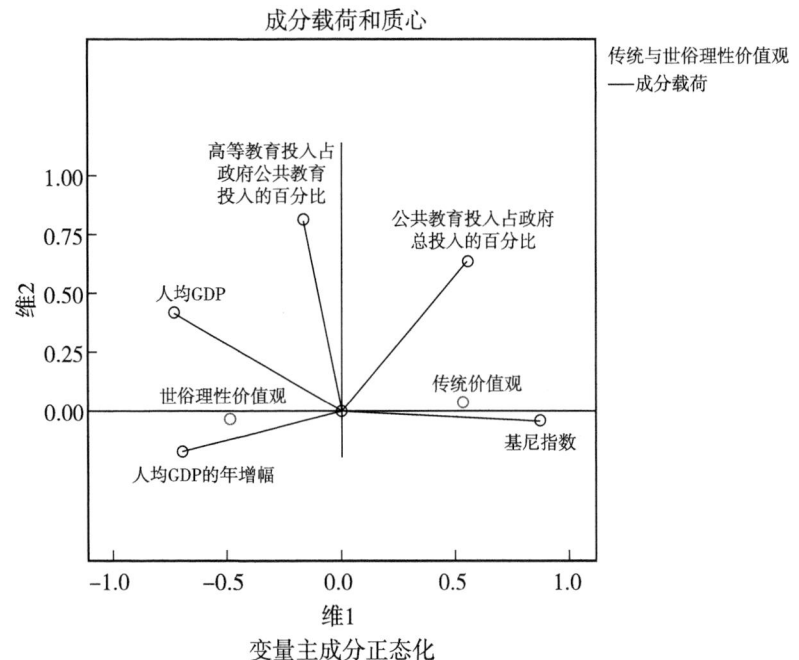

图 4 - 3　1998 年以传统和世俗理性价值观分类的各国公共教育投入与经济状况

基于图 4 - 3 可知，1998 年公共教育投入占政府总投入的百分比、高等教育投入占政府公共教育总投入的百分比、人均 GDP、人均 GDP

---

❶ 张文霖. 主成分分析在 SPSS 中的操作应用 [J]. 市场研究, 2005 (12): 31 - 34.

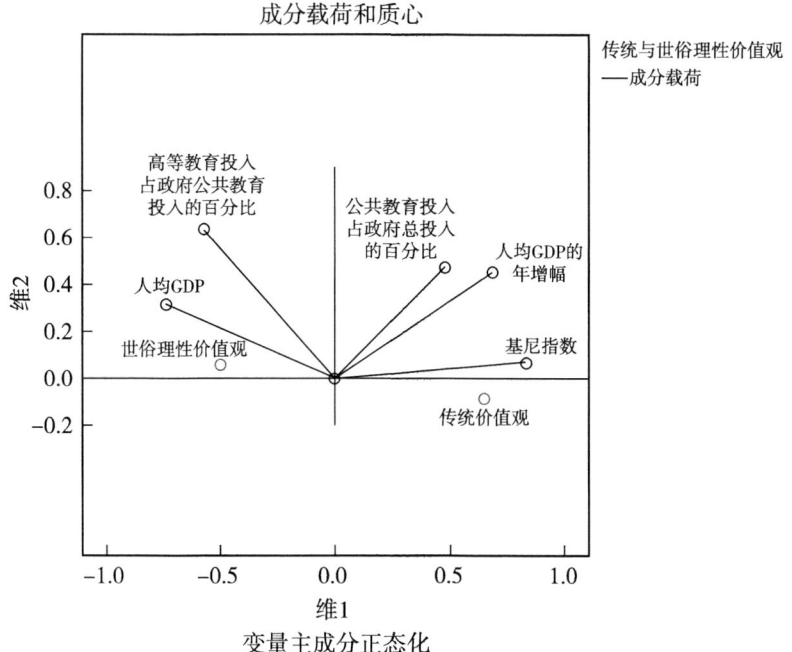

图 4-4 2012 年以传统和世俗理性价值观分类的各国公共教育投入与经济状况

的年增幅和基尼指数五项指标呈差异化分布。其中，公共教育投入占政府总投入的百分比和以传统价值观为主的国家位于第一象限内，而高等教育投入占政府公共教育总投入的百分比和人均 GDP 两项指标位于第二象限之内，人均 GDP 的年增幅和以世俗理性价值观为主的国家则位于第三象限，基尼指数位于第四象限。由此可知，在以世俗理性价值观为主的国家中，人均 GDP、人均 GDP 的年增幅和基尼指数四项指标均相对较高，仅公共教育投入占政府总投入的百分比这唯一一项指标相对较低；在以传统价值观为主的国家中的情形则是公共教育投入占政府总投入的百分比、高等教育投入占政府公共教育总投入、基尼指数和人均 GDP 这四项指标的数值相对较高，而仅人均 GDP 的年增幅这一项指数相对较低。基于图 4-4 可知，在 2012 年上述五项指标的分布情态相对于 1998 年发生了一定的变化。其中，公共教育投入占政府总投入的百分比、人均 GDP 的年增幅和基尼指数均位于第一象限，而高等教育投入占政府教育总投入的百分比和人均

GDP两项指标以及以世俗理性价值观为主的国家位于第二象限，传统价值观为主的国家则位于第四象限。由此可知，在以世俗理性价值观为主的国家中，人均GDP、人均GDP的年增幅、高等教育投入占政府教育总投入、公共教育投入占政府总投入的百分比和基尼指数五项指标均相对较高；在以传统价值观为主的国家中的情形则是教育投入占政府总投入的百分比、基尼指数和人均GDP的年增幅三项指标的数值相对较高，而人均GDP和高等教育投入占政府教育总投入两项指数相对较低。

通过对比图4-3和图4-4可知，经过15年的社会发展和变迁后，在以世俗理性价值观为主的国家里的公共教育投入占政府总投入的百分比这一项衡量指标从1998年的相对较低变成了2012年的相对较高的态势，而在以传统价值观为主的国家里的公共教育投入占政府总投入的百分比、高等教育投入占政府教育总投入的百分比、人均GDP和基尼指数这四项衡量指标均从1998年的相对较高的情态变成了2012年的相对较低的态势。

综上所述，在1998年和2012年两个时间节点上，以生存和自我实现价值观作为归类维度对43个国家进行归类后可知，在这两类国家中的公共教育投入占政府总投入的百分比、高等教育投入占政府教育总投入的百分比、人均GDP和人均GDP的年增幅四个方面的差距均处于增大状态，而仅基尼指数一项指标处于差距缩小的状态。这两类国家经过15年的发展，存在统计上显著差异的衡量指标从1998年的公共教育投入占政府总投入百分比、人均GDP和基尼指数三个到2012年高等教育投入占政府教育总投入的百分比这一项衡量指标也成了统计上差异显著的指标。与此同时，在这15年里在以世俗理性价值观为主的国家里的公共教育投入占政府总投入的百分比从较低变成了相对较高，而在以传统价值观为主的国家中，公共教育投入占政府总投入的百分比、高等教育投入占政府教育总投入的百分比、人均GDP和基尼指数则从较高变为相对较低的状态。由此可见，上述两类国家中的公共教育投入的规模和结构、区域经济发展状态和速度的差距均呈不断扩大之势，仅国民收入不平等情况呈现略微缩小的情态，但在这两类国家中，公共教育投入的规模、区域经济发展状态和国民收入不平等情况一直存在着统计差异，同时到2012年公共教育投入的结构也存在着统计上的显著差异，而由于国民收入的不平等问题在上述两类国家中均一直为正值，因此该问题一直是上述两类国家需要解决的主要问题之一。

### 三、基于地理区位的分析

世界各国的状况对比不仅可以以价值观作为维度进行分析，还可以以各国的地理区位作为维度进行探讨。在世界以地理区位进行划分的七大洲中，除了南极洲上因没有定居居民而未形成独立国家外，其他六大洲均有独立国家的存在，因此我们再将上述43个国家依据它们所在大洲以地理区位为维度，划分为六类，对各大洲在1998年和2012年的关于公共教育投入和国民收入差异的上述五个指标进行与上一节相似的统计分析（见表4-10和表4-11）。

由表4-10和表4-11可知，整体而言，1998—2012年15年中各国的公共教育投入占政府总投入、高等教育投入占政府教育总投入的百分比、人均GDP三项衡量指标都有所增加，而人均GDP的年增幅和基尼指数两项指标的值有所下降。接下来对这六类区域的公共教育投入与国民收入差异的相关指标进行单因素方差分析。在此之前，先以各国的地理区位为标准，对各国的公共教育投入与国民收入差异的相关衡量指标进行方差齐性检验（见表4-12和表4-13）。

由表4-12可知，在以地理区位为依据对各个国家进行分类后，在1998年公共教育投入占政府总投入、高等教育投入占政府教育总投入的百分比、人均GDP的年增幅和基尼指数四个指标的方差是齐性的，而人均GDP这个指标的方差是不齐的；从表4-13则可知在2012年人均GDP的年增幅和基尼指数这两个指标的方差是齐性的，而公共教育投入占政府总投入、高等教育投入占政府教育总投入的百分比和人均GDP这三个指标的方差是不齐的。接下来根据不同国家的地理区位差异对其公共教育投入与国民收入差异的现状进行单因素方差分析（见表4-14和表4-15）。

表4-10 基于地理区位在1998年各国样本特征的描述

| 所属洲 | | 公共教育投入占政府总投入的百分比（%） | 高等教育投入占政府教育总投入的百分比（%） | 人均GDP（美元） | 人均GDP的年增幅（%） | 基尼指数 |
|---|---|---|---|---|---|---|
| 欧洲 | 平均值 | 11.22856 | 21.97929 | 20186.00706 | 3.14027 | 29.7385 |
| | 个案数 | 25 | 25 | 25 | 25 | 25 |
| | 标准差 | 2.343109 | 5.364048 | 15618.610472 | 2.749280 | 5.84610 |
| 亚洲 | 平均值 | 16.54574 | 19.22914 | 7813.67590 | -3.55909 | 39.8500 |
| | 个案数 | 7 | 7 | 7 | 7 | 7 |
| | 标准差 | 3.725701 | 8.662763 | 12089.227066 | 5.027422 | 6.26412 |
| 大洋洲 | 平均值 | 15.40000 | 24.81879 | 25891.18690 | 1.53467 | 32.0500 |
| | 个案数 | 2 | 2 | 2 | 2 | 2 |
| | 标准差 | 2.262742 | 1.157943 | 4335.051419 | 2.574908 | 2.47487 |
| 北美洲 | 平均值 | 16.66919 | 23.22457 | 22925.08639 | 3.07397 | 43.3500 |
| | 个案数 | 2 | 2 | 2 | 2 | 2 |
| | 标准差 | 1.245943 | 4.293743 | 21933.980980 | 0.233949 | 10.81873 |
| 南美洲 | 平均值 | 14.29351 | 19.86632 | 4749.55930 | 0.37168 | 53.2500 |
| | 个案数 | 4 | 4 | 4 | 4 | 4 |
| | 标准差 | 1.807933 | 2.275558 | 1876.535798 | 2.241540 | 3.77492 |
| 非洲 | 平均值 | 12.75108 | 18.08200 | 1474.55952 | 4.08758 | 42.2700 |
| | 个案数 | 3 | 3 | 3 | 3 | 3 |
| | 标准差 | 2.463716 | 4.880147 | 1552.158110 | 0.895314 | 2.36174 |
| 总计 | 平均值 | 12.89715 | 21.34375 | 16258.41436 | 1.75843 | 34.8951 |
| | 个案数 | 43 | 43 | 43 | 43 | 43 |
| | 标准差 | 3.300813 | 5.631020 | 15142.157362 | 3.881750 | 9.43666 |

表4-11 基于地理区位在2012年各国样本特征的描述

| 所属洲 | | 公共教育投入占政府总投入的百分比（%） | 高等教育投入占政府教育总投入的百分比（%） | 人均GDP（美元） | 人均GDP的年增幅（%） | 基尼指数 |
|---|---|---|---|---|---|---|
| 欧洲 | 平均值 | 11.81817 | 24.01051 | 25074.87698 | -0.06181 | 29.9654 |
| | 个案数 | 25 | 25 | 25 | 25 | 25 |
| | 标准差 | 2.473587 | 3.929538 | 17434.267545 | 2.333734 | 4.82433 |
| 亚洲 | 平均值 | 17.71885 | 20.05079 | 10558.22970 | 3.07675 | 37.2286 |
| | 个案数 | 7 | 7 | 7 | 7 | 7 |
| | 标准差 | 4.479984 | 9.730204 | 14078.469935 | 2.749676 | 5.20728 |
| 大洋洲 | 平均值 | 16.26739 | 24.50371 | 32978.52122 | 1.74084 | 30.5000 |
| | 个案数 | 2 | 2 | 2 | 2 | 2 |
| | 标准差 | 4.360162 | 1.166846 | 6028.607430 | 0.172099 | 3.53553 |
| 北美洲 | 平均值 | 16.02940 | 22.11898 | 26726.56053 | 2.06378 | 46.3500 |
| | 个案数 | 2 | 2 | 2 | 2 | 2 |
| | 标准差 | 4.211698 | 5.648228 | 25854.728126 | 0.737337 | 1.90919 |
| 南美洲 | 平均值 | 16.07258 | 18.87065 | 6691.78018 | 2.39679 | 46.3750 |
| | 个案数 | 4 | 4 | 4 | 4 | 4 |
| | 标准差 | 2.191987 | 2.092377 | 2383.790256 | 2.407959 | 5.31311 |
| 非洲 | 平均值 | 15.56708 | 24.23464 | 2131.56295 | 0.09225 | 35.2500 |
| | 个案数 | 3 | 3 | 3 | 3 | 3 |
| | 标准差 | 9.667995 | 5.505003 | 2384.180708 | 4.242640 | 4.59619 |
| 总计 | 平均值 | 13.75169 | 22.83316 | 20378.94929 | 0.86770 | 33.7070 |
| | 个案数 | 43 | 43 | 43 | 43 | 43 |
| | 标准差 | 4.013552 | 5.332656 | 17310.997518 | 2.623402 | 7.40699 |

表4-12 基于地理区位的1998年方差齐性检验

| | 莱文统计 | 自由度1 | 自由度2 | 显著性 |
|---|---|---|---|---|
| 公共教育投入占政府总投入的百分比 | 1.577 | 5 | 37 | 0.191 |
| 高等教育投入占政府教育总投入的百分比 | 1.392 | 5 | 37 | 0.250 |
| 人均GDP | 3.865 | 5 | 37 | 0.006 |
| 人均GDP的年增幅 | 2.135 | 5 | 37 | 0.083 |
| 基尼指数 | 1.606 | 5 | 37 | 0.183 |

表4-13 基于地理区位的2012年方差齐性检验

| | 莱文统计 | 自由度1 | 自由度2 | 显著性 |
|---|---|---|---|---|
| 公共教育投入占政府总投入的百分比 | 4.417 | 5 | 37 | 0.003 |
| 高等教育投入占政府教育总投入的百分比 | 4.103 | 5 | 37 | 0.005 |
| 人均GDP | 3.995 | 5 | 37 | 0.005 |
| 人均GDP的年增幅 | 1.240 | 5 | 37 | 0.310 |
| 基尼指数 | 0.958 | 5 | 37 | 0.456 |

表4-14 基于地理区位的1998年单因子方差检验（ANOVA）

| | | 平方和 | 自由度 | 均方 | F | 显著性 |
|---|---|---|---|---|---|---|
| 公共教育投入占政府总投入的百分比 | 组间 | 214.401 | 5 | 42.880 | 6.524 | 0.000 |
| | 组内 | 243.204 | 37 | 6.573 | — | — |
| | 总计 | 457.606 | 42 | — | — | — |
| 高等教育投入占政府教育总投入的百分比 | 组间 | 103.039 | 5 | 20.608 | 0.621 | 0.685 |
| | 组内 | 1228.713 | 37 | 33.208 | — | — |
| | 总计 | 1331.752 | 42 | — | — | — |

续表

|  |  | 平方和 | 自由度 | 均方 | F | 显著性 |
|---|---|---|---|---|---|---|
| 人均GDP | 组间 | 2141680201.485 | 5 | 428336040.297 | 2.116 | 0.085 |
|  | 组内 | 7488286840.115 | 37 | 202386130.814 | — | — |
|  | 总计 | 9629967041.600 | 42 | — | — | — |
| 人均GDP的年增幅 | 组间 | 269.682 | 5 | 53.936 | 5.495 | 0.001 |
|  | 组内 | 363.173 | 37 | 9.815 | — | — |
|  | 总计 | 632.855 | 42 | — | — | — |
| 基尼指数 | 组间 | 2478.769 | 5 | 495.754 | 14.542 | 0.000 |
|  | 组内 | 1261.354 | 37 | 34.091 | — | — |
|  | 总计 | 3740.123 | 42 | — | — | — |

表4-15 基于地理区位的2012年单因子方差检验（ANOVA）

|  |  | 平方和 | 自由度 | 均方 | F | 显著性 |
|---|---|---|---|---|---|---|
| 公共教育投入占政府总投入的百分比 | 组间 | 258.540 | 5 | 51.708 | 4.577 | 0.002 |
|  | 组内 | 418.021 | 37 | 11.298 | — | — |
|  | 总计 | 676.561 | 42 | — | — | — |
| 高等教育投入占政府教育总投入的百分比 | 组间 | 163.567 | 5 | 32.713 | 1.174 | 0.340 |
|  | 组内 | 1030.796 | 37 | 27.859 | — | — |
|  | 总计 | 1194.363 | 42 | — | — | — |
| 人均GDP | 组间 | 3061842263.488 | 5 | 612368452.698 | 2.379 | 0.057 |
|  | 组内 | 9524324308.768 | 37 | 257414173.210 | — | — |
|  | 总计 | 12586166672.256 | 42 | — | — | — |
| 人均GDP的年增幅 | 组间 | 71.564 | 5 | 14.313 | 2.435 | 0.053 |
|  | 组内 | 217.490 | 37 | 5.878 | — | — |
|  | 总计 | 289.054 | 42 | — | — | — |
| 基尼指数 | 组间 | 1437.737 | 5 | 287.547 | 12.278 | 0.000 |
|  | 组内 | 866.531 | 37 | 23.420 | — | — |
|  | 总计 | 2304.268 | 42 | — | — | — |

表 4-14 为以地理区位对各国进行分类后在 1998 年的状况单因子方差分析摘要表，从表 4-14 可知，各国公共教育投入占政府总投入的百分比、人均 GDP 的年增幅和基尼指数三项指标整体检验的 F 值均达到显著水平，表示处于不同地理区位国家的公共教育投入规模、区域经济发展速度和国民收入差异之间均有显著差异存在。表 4-15 也为以地理区位对各国进行分类后在 2012 年的状况单因子方差分析摘要表，从表 4-15 中可知，各国公共教育投入占政府总投入的百分比和基尼指数两项指标整体检验的 F 值均达到显著水平，表示处于不同地理区位国家的公共教育投入规模和国民收入差异之间均有显著差异存在。接下来通过事后配对比较分别具体确定 1998 年和 2012 年差异显著的区域（见表 4-16 和表 4-17）。

表 4-16 展示的是使用最小显著差异法（Least Significant Difference, LSD）对不同地理区位各国在 1998 年的状况进行两两比较分析的结果。从表 4-16 可知，欧洲、亚洲和南美洲各国相较于其他洲各国在公共教育投入与国民收入差异相关的衡量指标上存在着一定程度的统计差异显著。其中，欧洲各国的公共教育投入占政府总投入的百分比相较于亚洲、大洋洲、北美洲、南美洲在统计上各显著低 5.32%、4.17%、5.43% 和 3.06%，而欧洲的基尼指数相较于亚洲、北美洲、南美洲和非洲在统计上则各显著低 10.11%、13.61%、23.51% 和 12.53%；亚洲各国在人均 GDP 的年增幅方面相较于欧洲、大洋洲、北美洲和非洲在统计上各显著低 6.70%、5.10%、6.63% 和 7.65%；南美洲的基尼指数相较于欧洲、亚洲、大洋洲和非洲在统计上各显著高 23.51%、13.40%、21.20% 和 10.98%。

表 4-17 展示的是使用最小显著差异法（LSD）对不同地理区位各国在 2012 年的状况进行两两比较分析的结果。由表 4-17 可知，欧洲、北美洲和南美洲各国相较于其他洲各国在国民收入不平等的衡量指标上存在着一定程度的统计差异显著。其中，欧洲各国的基尼指数相较于亚洲、北美洲和南美洲在统计上各显著低 7.26%、16.38% 和 16.41%，而北美洲的基尼指数则相较于欧洲、亚洲、大洋洲和非洲

表4-16 以地理区位分类在1998年的LSD比较

| 因变量 | | | 平均值差值（I-J） | 标准误差 | 显著性 | 95%置信区间 | |
|---|---|---|---|---|---|---|---|
| | | | | | | 下限 | 上限 |
| 公共教育投入占政府总投入的百分比 | 欧洲 | 亚洲 | -5.317176* | 1.091707 | 0.000 | -7.52918 | -3.10517 |
| | | 大洋洲 | -4.171436* | 1.881318 | 0.033 | -7.98335 | -0.35952 |
| | | 北美洲 | -5.430621* | 1.881318 | 0.006 | -9.25253 | -1.62871 |
| | | 南美洲 | -3.064946* | 1.376984 | 0.032 | -5.85498 | -0.27491 |
| | | 非洲 | -1.522516 | 1.881318 | 0.424 | -5.33433 | 2.28940 |
| 人均GDP的年增幅 | 亚洲 | 欧洲 | -6.699355* | 1.334066 | 0.000 | -9.40243 | -3.99628 |
| | | 大洋洲 | -5.093757* | 2.511963 | 0.050 | -10.18348 | -0.00404 |
| | | 北美洲 | -6.633054* | 2.511963 | 0.012 | -11.72278 | -1.54333 |
| | | 南美洲 | -3.930766 | 1.963692 | 0.053 | -7.90958 | 0.04805 |
| | | 非洲 | -7.646672* | 2.511963 | 0.004 | -12.73639 | -2.55695 |
| | 欧洲 | 亚洲 | -10.11154* | 2.48622 | 0.000 | -15.1491 | -5.0740 |
| | | 大洋洲 | -2.31154 | 4.28435 | 0.593 | -10.9927 | 6.3696 |
| | | 北美洲 | -13.61154* | 4.28435 | 0.003 | -22.2927 | -4.9304 |
| | | 南美洲 | -23.51154* | 3.13590 | 0.000 | -29.8655 | -17.1576 |
| | | 非洲 | -12.53154* | 4.28435 | 0.006 | -21.2127 | -3.8504 |
| 基尼指数 | 南美洲 | 欧洲 | 23.51154* | 3.13590 | 0.000 | 17.1576 | 29.8655 |
| | | 亚洲 | 13.40000* | 3.65961 | 0.001 | 5.9849 | 20.8151 |
| | | 大洋洲 | 21.20000* | 5.05648 | 0.000 | 10.9546 | 31.4354 |
| | | 北美洲 | 9.90000 | 5.05648 | 0.058 | -0.3454 | 20.1454 |
| | | 非洲 | 10.98000* | 5.05648 | 0.036 | 0.7346 | 21.2254 |

* 为平均值差值的显著性水平为0.05。

表4-17 以地理区位分类在2012年的LSD比较

| 因变量 | | | 平均值差值（I-J） | 标准误差 | 显著性 | 95%置信区间 | |
|---|---|---|---|---|---|---|---|
| | | | | | | 下限 | 上限 |
| 基尼指数 | 欧洲 | 亚洲 | -7.26319* | 2.06069 | 0.001 | -11.4385 | -3.0878 |
| | | 大洋洲 | -0.53462 | 3.55115 | 0.881 | -7.7299 | 6.6607 |
| | | 北美洲 | -16.38462* | 3.55115 | 0.000 | -23.5799 | -9.1893 |
| | | 南美洲 | -16.40962* | 2.59917 | 0.000 | -21.6760 | -11.1432 |
| | | 非洲 | -5.28462 | 3.55115 | 0.145 | -12.4799 | 1.9107 |
| | 北美洲 | 欧洲 | 16.38462* | 3.55115 | 0.000 | 9.1893 | 23.5799 |
| | | 亚洲 | 9.12143* | 3.88015 | 0.024 | 1.2595 | 16.9834 |
| | | 大洋洲 | 15.85000* | 4.83940 | 0.002 | 6.0435 | 25.6555 |
| | | 南美洲 | -0.02500 | 4.19104 | 0.995 | -8.5169 | 8.4669 |
| | | 非洲 | 11.10000* | 4.83940 | 0.028 | 1.2945 | 20.9055 |
| | 南美洲 | 欧洲 | 16.40962* | 2.59917 | 0.000 | 11.1432 | 21.6760 |
| | | 亚洲 | 9.14643* | 3.03325 | 0.005 | 3.0005 | 15.2924 |
| | | 大洋洲 | 15.87500* | 4.19104 | 0.001 | 7.3831 | 24.3669 |
| | | 北美洲 | 0.02500 | 4.19104 | 0.995 | -8.4669 | 8.5169 |
| | | 非洲 | 11.12500* | 4.19104 | 0.012 | 2.6331 | 19.6169 |

*为平均值差值的显著性水平为0.05。

在统计上各显著高 16.38%、9.12%、15.85% 和 11.10%，南美洲的基尼指数则相较于欧洲、亚洲、大洋洲和非洲在统计上各显著高 16.41%、9.15%、15.88% 和 11.13%。

由以上分析可知，1998 年各大洲之间在国民收入不平等、公共教育投入规模和区域经济发展速度三个方面存在统计显著差异；而到 2012 年，在上述三个方面中，仅有国民收入不平等这一个方面存在统计显著的差异。由此可见，以地理区位作为维度对世界各国的公共教育投入与国民收入差异的各个方面进行衡量时，经过 15 年的发展，世界范围内不同地理区域之间的各个相关方面均得到了均衡发展，仅有国民收入不平等状况在经历了 15 年之后，在各个地理区位之间仍存在统计上的差异显著。我们接着进一步对不同时期和不同地区的基尼指数进行精细分析可知，1998 年欧洲与亚洲、南美洲和非洲，南美洲与亚洲、大洋洲之间的基尼指数差异大于 2012 年这些地区之间的差异；与此同时，1998 年南美洲与非洲，北美洲与欧洲、亚洲、大洋洲和非洲之间的基尼指数差异小于 2012 年这些地区之间的差异。综上所述，在以地理区位对世界各国进行分类比较后可知 1998—2012 年 15 年中各洲之间原本差异显著的国民收入不平等、公共教育投入规模和区域经济发展速度三个方面到 2012 年仅有国民收入不平等这一个方面仍然存在差异显著，而对国民收入不平等这一个方面细分后可知，大部分洲之间的差距都在逐渐缩小，但非洲与南美洲，以及北美洲与欧洲、亚洲、大洋洲和非洲之间的国民收入不平等差距反而在扩大，因此虽然当今世界在大多方面处于越来越均衡的状态，并且各个方面已经不再存在统计显著了，但国民收入不平等一直以来都是世界范围内的主要社会问题，并且在经过了 1998—2012 年的 15 年之后，这种国民收入不平等在非洲与南美洲，以及北美洲与欧洲、亚洲、大洋洲和非洲之间的差距越来越大。通过主成分分析方法（CAT-PCA）的计量分析，可以以图形直观地呈现上述结论。图 4-5 和图 4-6 中原点为本节所研究的各地区公共教育投入、经济状况和国民收入差异的平均水平（见图 4-5 和图 4-6）。

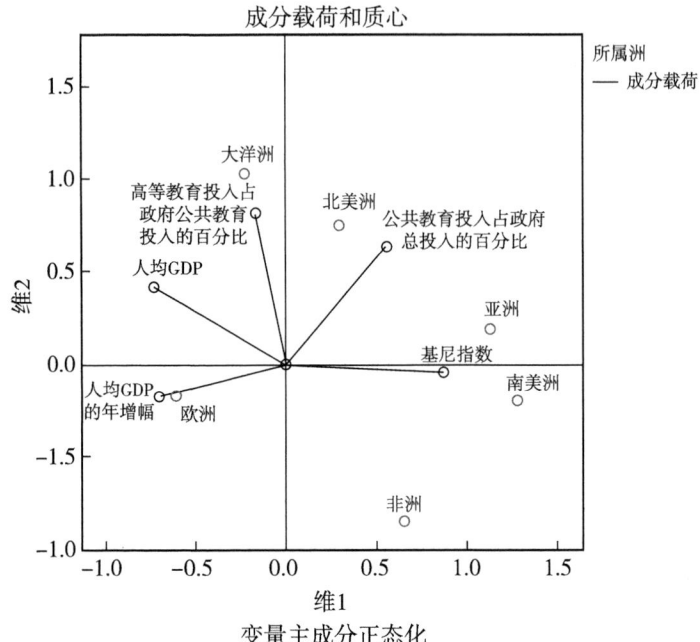

图 4-5 1998 年以地理区位分类的各国公共教育投入与经济状况

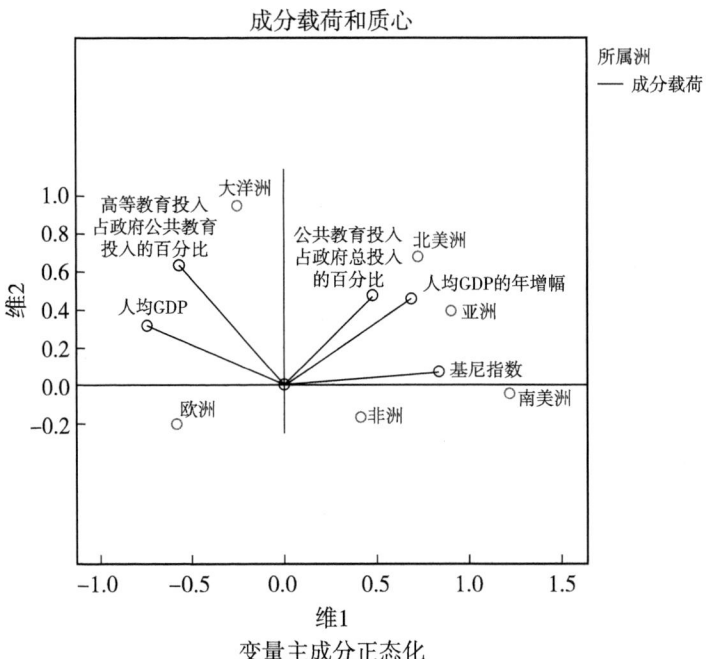

图 4-6 2012 年以地理区位分类的各国公共教育投入与经济状况

由图4-5可知，在1998年公共教育投入占政府总投入的百分比、高等教育投入占政府教育总投入的百分比、人均GDP、人均GDP的年增幅和基尼指数五项指标呈差异化分布。其中，公共教育投入占政府总投入的百分比和北美洲、亚洲国家位于第一象限，而高等教育投入占政府教育总投入的百分比和人均GDP两项指标与大洋洲均位于第二象限，人均GDP的年增幅和欧洲国家则位于第三象限，基尼指数和南美洲、非洲位于第四象限。由此可知，1998年大洋洲国家的公共教育投入占政府总投入的百分比、高等教育投入占政府教育总投入的百分比、人均GDP和人均GDP的年增幅四项指标均相对较高，仅基尼指数这唯一一项指标相对较低；而在北美洲和亚洲国家中则是公共教育投入占政府总投入的百分比、高等教育投入占政府教育总投入的百分比、人均GDP和基尼指数这四项指标的数值相对较高，而仅人均GDP的年增幅这一项指数相对较低；欧洲国家的高等教育投入占政府教育总投入的百分比、人均GDP、人均GDP的年增幅和基尼指数这四项指标的数值相对较高，仅公共教育投入占政府总投入的百分比这一项指数相对较低；南美洲和非洲国家的公共教育投入占政府总投入的百分比、人均GDP的年增幅和基尼指数这三项指标的数值相对较高，而高等教育投入占政府教育总投入的百分比和人均GDP这两项指数相对较低。而基于图4-6可知在2012年上述五项指标的分布情态相对于1998年发生了一定的变化。其中，公共教育投入占政府总投入的百分比、人均GDP的年增幅和基尼指数以及北美洲、亚洲国家均位于第一象限，而高等教育投入占政府教育总投入的百分比和人均GDP两项指标以及以大洋洲国家位于第二象限，欧洲位于第三象限，非洲和南美洲国家则位于第四象限。由此可知，2012年在大洋洲、北美洲和亚洲国家中人均GDP、人均GDP的年增幅、高等教育投入占政府教育总投入、公共教育投入占政府总投入的百分比和基尼指数五项指标均相对较高；而在欧洲国家中则是人均GDP和高等教育投入占政府教育总投入两项指标均相对较高，而人均GDP的年增幅、公共教育投入占政府总投入的百分比和基尼指数三项指数相对较低；非洲和南美洲国家中的情形则是公共教育投入占政府总投入的百分比、基尼指数和人均 GDP 的年增幅三项指标的数值相对较高，而人均 GDP 和高等教育投入占政府教育总投入两项指数相对较低。

通过对比图 4-5 和图 4-6 可知，经过 15 年的社会发展后，大洋洲国家的基尼指数从 1998 年的相对较低的情态变成了 2012 年相对较高的态势；北美洲和亚洲国家的人均 GDP 的年增幅也从 1998 年的相对较低的情态变成了 2012 年相对较高的态势；欧洲国家的人均 GDP 的年增幅和基尼指数则从 1998 年的相对较高的情态变成了 2012 年相对较低的态势；非洲和南美洲国家的人均 GDP 的年增幅则从 1998 年的相对较低的情态变成了 2012 年的相对较高的态势。

综上所述，整体而言在 1998 年和 2012 年两个时间节点上各国的公共教育投入规模、公共教育投入结构和区域经济发展状态均有所增加，同时国民收入不平等也略微有所下降，但区域经济的发展速度也同步有所减缓。具体来说，在以地理区位作为归类维度对 43 个国家进行归类后，由前文的分析可知分布于六大洲的国家在 1998 年各大洲之间的国民收入不平等、公共教育投入规模和区域经济发展速度三个方面均存在统计显著差异，而到 2012 年各大洲之间仅有国民收入不平等这一个方面存在统计显著的差异。由此可知，在地理区位维度下，各大洲之间的公共教育投入水平和国民收入状况的大部分方面的差异均处于不断缩小之中，而即使依然存在统计差异显著的国民收入不平等方面也仅有南美洲与非洲之间，北美洲与欧洲、亚洲、大洋洲和非洲之间的国民收入不平等的差异在增大，而其他各州之间的国民收入不平等方面的差距则处于不断缩小之中。其次，在这 15 年间大洋洲内国家的国民收入不平等情况在增加；亚洲、非洲、南美洲和北美洲各国的区域经济发展速度也在增高；而欧洲各国在其经济发展速度在减缓的同时，该洲内国家的国民收入不平等情况也在同步减小。由此可见，以地理区位作为维度对各国的发展状态和趋势进行衡量时，各大洲之间的教育和经济发展的差距在不断缩小并且不再统计显著，而国民收入不平等的差距虽然有所下降，但仍然在多个大洲之间存在统计显著上的差距。另外，对单个大洲的内部而言，在所有大洲的教育和经济发展的各个方面指标均倾向于向上和向前发展之时，大洋洲内部的国民收入不平等情况则在加剧。因此，国民收入差距无论在大洲之内还是在大洲之间依然是当今社会最需引起重视并需及时处理的重要问题之一。

## 四、公共教育投入与国民收入差异状况综合分析

综合前文所述，可以看到以生存和自我实现价值观为维度对各国进行划分，在所考察的公共教育投入与国民收入差异状况的五个指标中，在1998年和2012年这两个时间节点有且仅有人均GDP这个唯一的衡量指标存在统计差异显著；当以传统与世俗理性价值观为基准对各国对比后，则可发现在1998年有公共教育投入占政府总投入百分比、人均GDP和基尼指数三个衡量指标存在统计差异显著，而在2012年统计上差异显著的衡量指标增加到了四个，除了上述三个衡量指标以外，高等教育投入占政府教育总投入的百分比这一指标也在统计上成为差异显著的变量；当最后以地理区位为衡量维度对各国进行对比可发现，在1998年各国的公共教育投入占政府总投入的百分比、人均GDP的年增幅和基尼指数三项指标整体达到统计显著水平，而到2012年存在统计显著的指标则减少到公共教育投入占政府总投入的百分比和基尼指数两项。

此外，通过重叠上文展示1998年各国状况的以生存和自我实现价值观分类的图4-1、以传统和世俗理性价值观分类的图4-3和以地理区位分类的图4-5形成1998年的公共教育投入与国民收入差异综合偏好空间定位图（见图4-7），以及通过重叠上文中展示2012年各国状况的图4-2、图4-4和图4-6形成2012年的公共教育投入与国民收入差异综合偏好空间定位图（见图4-8）。图4-7和图4-8直观地以图形方式定性地呈现以上结论，图中原点为本节所研究的43个国家国民收入差异、公共教育投入规模、公共教育投入结构、区域经济发展现状和区域经济发展速度的平均水平。

从图4-7可知，在1998年各国当以地理区位进行类别划分时，类别之间的差异远远大于以价值观进行类别划分时类别之间的差距；在1998年以自我实现价值观为主的国家和大洋洲国家的内部国民之间的收入相对较为平等。

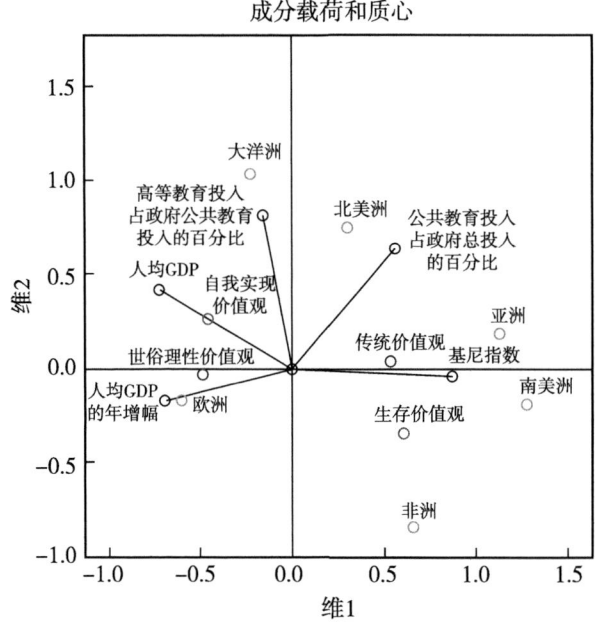

**图4-7　1998年公共教育投入与国民收入差异综合偏好空间定位**

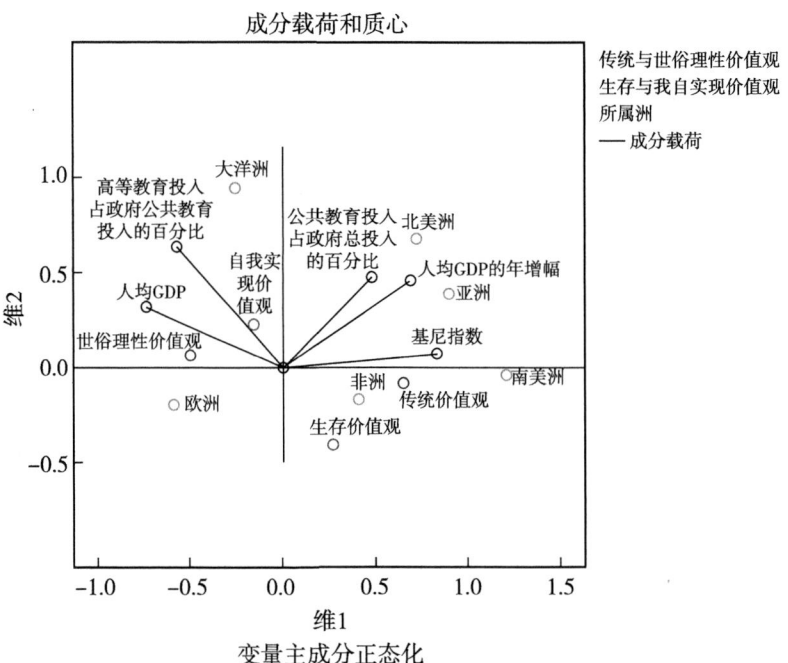

**图4-8　2012年公共教育投入与国民收入差异综合偏好空间定位**

从图 4-8 可知，在 2012 年当以地理区位进行类别划分时，类别之间的差异仅略微大于以价值观进行类别划分时类别之间的差距；在 2012 年欧洲国家的内部国民之间的收入相对较为平等。

综合上文分析可知，一方面，在 1998—2012 年各种因素在以不同教育价值观为主的国家之间的差异逐渐增大，而与此同时，各大洲之间各种因素的差异则在逐渐减小，直到 2012 年以教育价值观作为维度的类别之间的差距几乎与以地理区位为维度的类别之间的差距相当；另一方面，国民收入相对较为平等的类别从 1998 年的以自我实现价值观为主的国家和大洋洲国家在 2012 年变为了仅剩欧洲国家，而任意两类教育价值观类别之间的国民收入差距均相对较大并且这种差距存在统计上的显著。在以地理区位划分各国的类别并对其进行比较发现，各地区间的公共教育投入和经济状况之间差距在逐步缩小，但国民收入不平等的差异在部分洲之间缩小的同时，在另外一些洲之间反而在扩大；在以教育价值观为维度进行分类的国家中国民收入的平等情况之间一直存在着显著差异，其中基于传统与世俗理性价值观的类别国家之间的公共教育投入和经济状况的差异也在增大并成为统计显著。因此，如果全球社会沿着现今的趋势继续发展下去，全球各国缘于地理区位之间的差异将越来越小，而来自不同的教育价值观国家的差异将越来越大，因而教育价值观将成为新的衡量世界发展是否平衡的主要维度之一。[1] 由此可见，教育价值观对世界各国公共教育投入、经济发展和社会均衡发展也起着越来越重要的作用。

---

[1] Yi L, Wei Z, Xiaobo Y. Difference Analysis of Economic Factors on Per Capita Education Level between the Ethnic Provinces and the Western Region [J]. Argos, 2018, 35 (68): 1132-1151.

# 第五章　公共教育投入对国民收入差异的时序影响

在第四章中，我们从生存和自我实现价值观、世俗和传统理性价值观以及地理区位三个不同的维度对全球43个国家的公共教育投入、经济状况和国民收入差异在1998年和2012年的状况进行了分析，并以此为依据，廓清了在不同衡量维度下，世界各国社会中上述三个方面的变化趋势，由此可知世界各国国民收入差异在多向衡量维度下均存在显著差异。研究还发现，随着世界各国公共教育投入和经济状况的差异处于整体缩小的状态，各国的国民收入差异逐渐成为世界发展不均衡的主要因素。为了确定公共教育投入对国民收入差异的影响，本章将主要考察公共教育投入（包括公共教育投入的规模和结构）对国民收入差异的具体时序影响，并同时将公共教育投入对国民收入差异之间的影响与经济状况因素（包括经济发展状态和经济发展速度）对国民收入差异的影响进行对比，以期获得对公共教育投入与国民收入差异之间关系更为深刻的认识。

## 第一节　样本数据和时序特征

本章的主要目的是深入探究公共教育投入对国民收入差异之间的时序影响，同时对比经济状况等多方面影响因素对国民收入差异的时序影响。基于按时间先后顺序排列的时间序列数据，研究者可以利用随机过程理论和数理统计学方法考察一定时间段内社会经济现象的发展过程和统计规律，进而建立统计模型，对社会经济现象的各个方面之间的关系进行归纳和推导。因此，本节仍以第四章中所使用的世界银行、世界收入不平等和世界价值观调查三个数据库为基础，在连续32年的时间范围中获取15个国家在公共教育投入、经济状况和国民收入差异等社会经济多方面各个年份平均值，从而构建1981—2012年由各国平均值组成的时序序列（见表5-1）。

表5-1 1981—2012年各变量均值等变化情况

|  | 公共教育投入占政府总投入的百分比（%） | 高等教育投入占政府教育总投入的百分比（%） | 人均GDP（美元） | 人均GDP的年增幅（%） | 基尼指数 |
|---|---|---|---|---|---|
| 均值 | 12.48113594 | 20.31681031 | 14839.46999 | 1.262599288 | 36.66966531 |
| 方差 | 1.144234114 | 2.165136367 | 4593.320751 | 2.039122803 | 2.686879704 |
| 最小值 | 10.56382 | 14.57967 | 7953.96004 | -3.89182 | 33.61271 |
| 最大值 | 13.89375 | 23.24501 | 22411.63000 | 4.59201 | 41.59451 |

上述五个衡量指标以时间为维度在1981—2012年的32年间的时间趋势可见图5-1。

图5-1展示了五项衡量指标以时间作为维度所进行的在连续时间点上的对比，该图虽然整体上体现了各衡量指标在1981—2012年这段时间内的变化趋势，但该图无法对各项衡量指标的状况进行精细分析，因此本章接下来将对上述15个国家在1981—2012年对公共教育投入、经济状况和国民收入差异等各个方面的五个衡量指标的样本特征和时间发展趋势进行逐一的探讨和研究。

## 一、公共教育投入规模的时序特征和趋势

由表5-1可知，在1981—2012年的32年中，教育占政府总投入的百分比的平均值约为12.48%、方差约为1.144，其中最大值约为13.89%、最小值约为10.56%，因此可见，世界各国在1981—2012年的32年中的公共教育投入规模的变化波动相对较小。而具体在这段时间内各国公共教育投入规模的时序变化见图5-2。

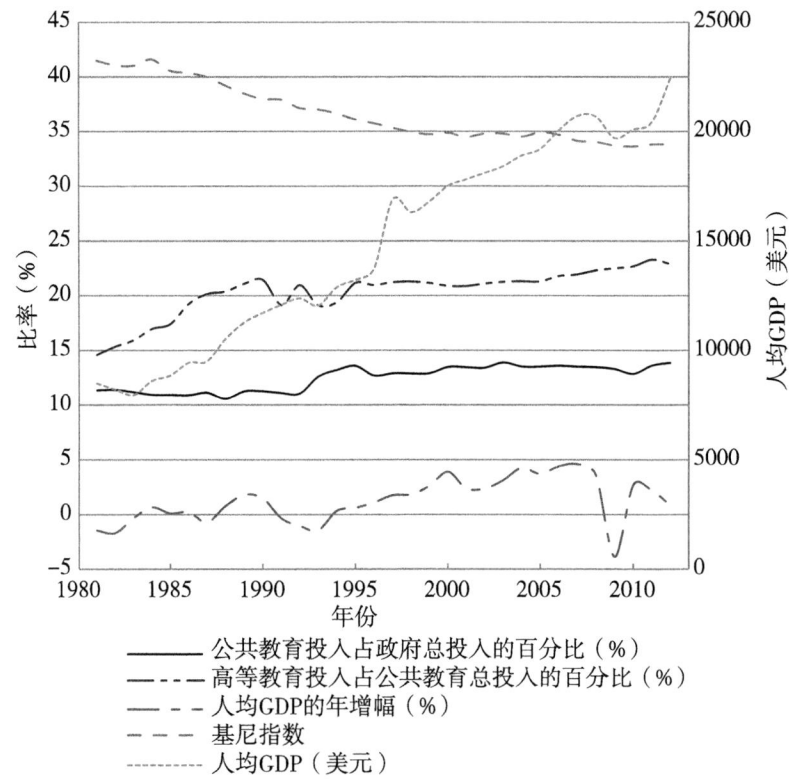

图 5-1　15 个国家 1981—2012 年五项衡量指标综合变化趋势

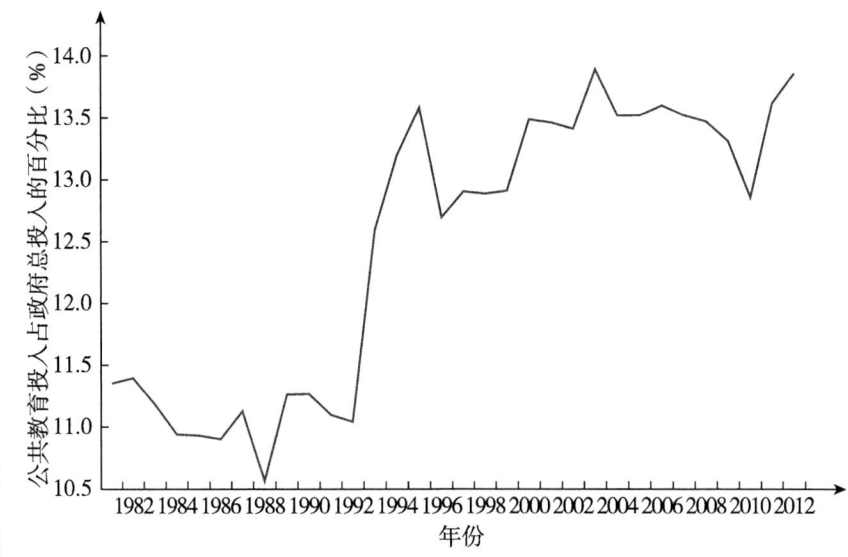

图 5-2　15 个国家 1981—2012 年公共教育投入结构的变化趋势

由图 5-2 可知，在 1981—2012 年的 32 年中，各国的公共教育投入规模最主要的变化发生在 1992—1995 年。在 1992 年之前，公共教育投入的规模基本在 10.5% ~ 11.5% 的低位区间内起伏；而在 1995 年之后，公共教育投入规模基本在 12.5% ~ 14% 的高位区间内震荡。其间，在 1987 年、1995 年和 2008 年，均由于世界性经济危机的出现及快速发展，导致各国对公共教育的投入规模开始整体下降，而在 1987—1989 年、1995—1998 年、2008—2010 年这三个时间段中，各国优先在经济方面进行恢复，因而相对而言降低了对公共教育的投入，这种情况一直到 1989 年、1998 年和 2010 年开始改善，并逐步提高了公共教育投入占政府总投入的百分比。

综上所述，以时间作为衡量维度对各国的公共教育投入规模进行测量可知，不同时期各国的公共教育投入规模变动不大，但总体比例是处于逐渐增大的过程之中，然而这种变化趋势会受外部的社会、经济因素影响而出现短暂的较大起伏。

## 二、公共教育投入结构的时序特征和趋势

由表 5-1 可知，在 1981—2012 年的 32 年中，高等教育投入占政府教育总投入的百分比的平均值约为 20.32%、方差约为 2.17，其中最大值约为 23.25%，最小值约为 14.58%，因此可见，世界各国在 1981—2012 年的公共教育投入结构的变化波动相对较小。而具体在这段时间内，各国公共教育投入规模的时序变化如图 5-3 所示。

由图 5-3 可知，在 1981—2012 年的 32 年中各国的公共教育投入结构基本也可以分为两个阶段。在 1981—1989 年的 9 年中，各国对高等教育投入的比例处于快速增加中；其后，在 1990—1995 年的 6 年中，各国对高等教育投入的比例处于上下震荡之中；最后，在 1996—2012 年的 17 年中，各国对高等教育投入的比例一直保持着整体缓慢上升的势头。由上述分析可见，在 1981—2012 年的 32 年中，虽然各国对高等教育投入的增长比例有所不同，甚至在 1990—1995 年还出现上下震荡的情势，但各国对高等教育投入的比例加大的趋势不可逆转。

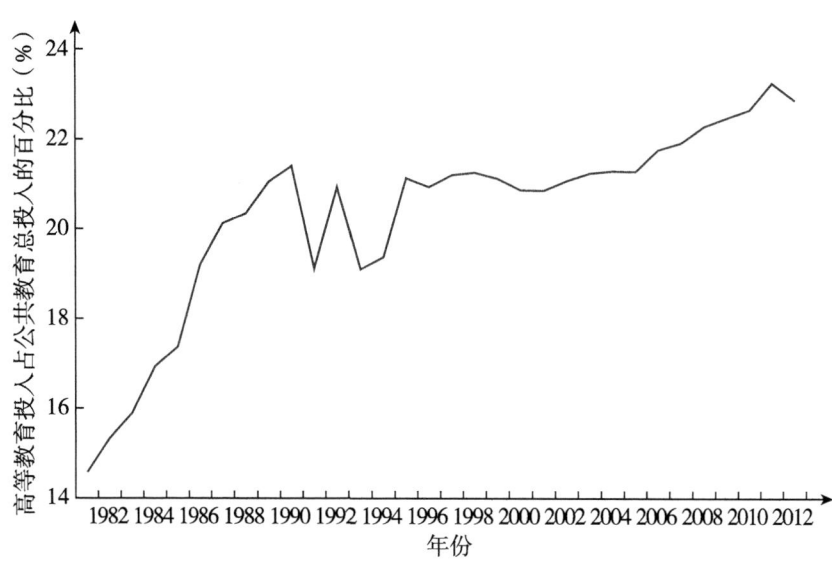

图 5-3　15 个国家 1981—2012 年高等教育投入结构的变化趋势

综上所述，以时间作为衡量维度，对各国的公共教育投入结构进行测量可知，不同时期各国的公共教育投入结构中，高等教育投入比重不断增加的趋势一直未曾变化，即使经历 1987 年、1997 年和 2008 年三次全球性的经济危机，依然无法改变其不断增加的趋势。此外，虽然在 1990—1995 年存在着反复震荡的波动，但整体变化幅度不大，对整体的增加趋势影响甚微。

## 三、经济发展状态的时序特征和趋势

由表 5-1 可知，在 1981—2012 年的 32 年中人均 GDP 的平均值约为 14839.47 美元、方差约为 4593.32，其中最大值约为 22411.63 美元，最小值约为 7953.96 美元，因此可知世界各国在 1981—2012 年的 32 年中经济状况的变化相对较大。而具体在这段时间内，各国公共教育投入规模的时序变化如图 5-4 所示。

由图 5-4 可知，在 1981—2012 年的 32 年中各国的经济状况在 1998—1999 年和 2008 年这两个时段中经历了轻微的震荡，之后基本一直保持整体上升的势头。由此可知，正是由于各国经济状况在经过

**图 5-4　15 个国家 1981—2012 年经济状况的变化趋势**

32 年持续的改善后，人均 GDP 累积改变相对较大，因此产生了表 5-1 中相对较大的方差。

综上所述，以时间作为衡量维度，对各国的经济状况进行测量可知，不同时期各国的经济状况不断提高，并且该趋势在 32 年中一直未曾被改变，即使其间经历 1987 年、1997 年和 2008 年全球性的经济危机，但仅有 1997 年和 2008 年的经济危机导致人均 GDP 在上述几年中发生了轻微的震荡，但全球经济的总体上升趋势依然没有改变，经过历年的积累，全球经济水平终于获得了较大的整体变化。

## 四、经济发展速度的时序特征和趋势

由表 5-1 可知，在 1981—2012 年的 32 年中人均 GDP 的年增幅的平均值约为 1.26%、方差约为 2.04%，其中最大值约为 4.59%，最小值约为 -3.89%，由此可知，世界各国在 1981—2012 年的经济发展速度的变化相对较大。而具体在这段时间内，各国公共教育投入规模的时序变化如图 5-5 所示。

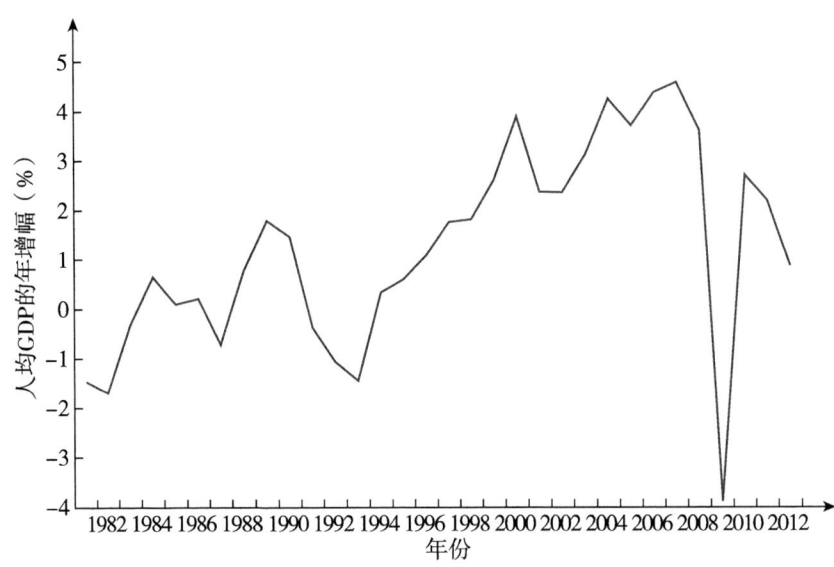

**图 5-5  15 个国家 1998—2012 年经济发展速度的变化趋势**

由图 5-5 可知，在 1981—2012 年的 32 年中各国的经济发展速度在 1985—1987 年、1990—1993 年、2000—2001 年、2007—2009 年和 2010—2012 年发生了五次向下的震荡，但其中 1985—1987 年、2000—2001 年和 2010—2012 年的三次震荡并未改变各国经济发展速度增加的向上大趋势，而仅有 1990—1993 年和 2007—2009 年两次震荡改变了各国经济发展速度增加的大趋势，而使各国经济处于倒退之中。这两次经济发展速度倒退都是缘于全世界受经济危机的影响，因而使各国的整体经济发展速度不但在 1990 年和 2008 年下降减缓，并且在 1991 年和 2009 年各国的经济发展速度甚至由正变负，意味着全球经济发展在此期间处于倒退状态。

综上所述，以时间作为衡量维度，对各国的经济发展速度进行测量后可知，虽然随着科技的发展和社会的进步使整体经济发展速度处于缓慢上升之中，但经济发展速度受外界经济环境的影响很大（如 1987 年和 2008 年世界范围内的经济危机），并且在经过危机之后，除了各国政府的强力刺激阶段之外，在各国的经济常态之下的经济发展速度的恢复还是相对缓慢的。

## 五、国民收入差异的时序特征和趋势

由表 5-1 可知,在 1981—2012 年的 32 年中基尼指数的平均值约为 36.6697、方差约为 2.68688,其中最大值约为 41.59451,最小值约为 33.61271,由此可知,世界各国在 1981—2012 年经济状况的变化相对不大。在这段时间内,各国公共教育投入规模的具体时序变化见图 5-6。

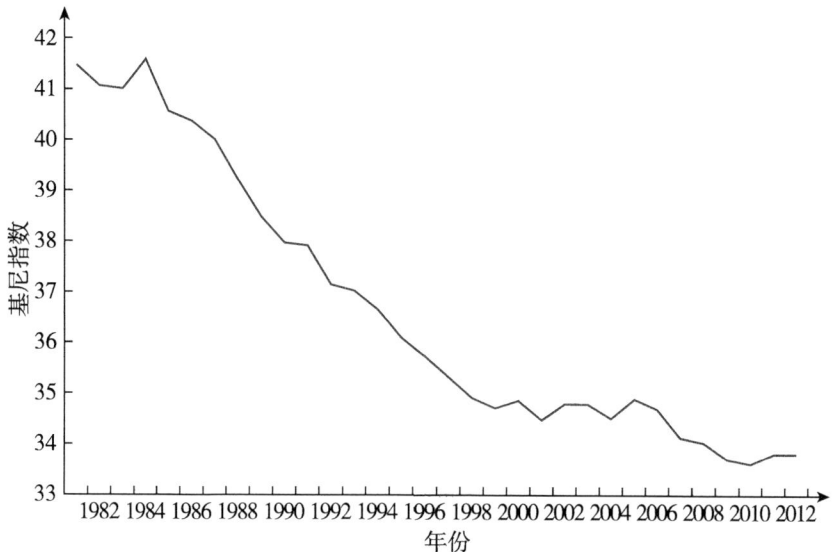

**图 5-6　15 个国家 1981—2012 年国民收入差异的变化趋势**

由图 5-6 可知,在 1981—2012 年的 32 年中各国的国民收入差异在 1984—1985 年、1991—1992 年、1998—2006 年三个时间段中虽然存在着五次向上波动,并且波动幅度逐渐增大,但各国整体的国民收入差异状况减小的整体趋势并未受到影响,从 1981 年开始,各国国民收入差异的平均值一直处于直线下降的状态,可见随着社会的发展,国民收入差异的差距得到了有效的缩小,并处于逐渐稳定的状态。

由上文可知,以时间作为衡量维度对各国的国民收入差异进行研究后可知,各国的平均国民收入差异值在被研究的 32 年中处于整体持续下降的过程之中,这种下降趋势虽然相对而言比较缓慢,但由于一直在持续进行中,所以随着时间的推移,国民收入差异改变的总体幅度还是有较大的累积。

## 第二节 时序样本数据的平稳性检验

本章的后续研究均基于世界上 15 个国家于 1981—2012 年的 32 年中在公共教育投入、经济状况和国民收入差异三个方面各年的平均水平所展开,而在第四章中被选取、用来衡量上述三个方面影响因素的五组指标包含了各个国家在 1981—2012 年数据所应包含的基本时间规律,因此它们符合人们利用时间序列数据挖掘社会规律的要求。

### 一、时序数据进行平稳性检验的原因

由于时间序列数据展示的是同一被研究对象按时间顺序依次表现出来的形态和特征,而在不同的时间段内,该被研究对象由于受到不同内外因素的影响而对同样的刺激产生不同的反应,即在统计上体现为被研究对象在不同时间产生的差异无法趋于常数或呈线性,并且该种差异随着时间的改变而不断变化。时间序列的上述独特特征被视为由于时间差异而引起的独特差异,该特征的存在,使在时间序列数据中使用统计数理分析寻找变量之间的长期稳定规律变得十分困难,因而那些被研究对象的行为不随时间因素的改变而随之变化的时间序列数据被称为平稳时间数据,针对这类数据所展开的相关数理分析,将可以有效梳理和归纳被研究对象在时间序列数据里所隐含的长期稳定不变的规律模型。一般而言,对非平稳的时间序列数据,在对其进行统计分析之前,也要通过差分等方法将其转变为平稳时间序列,再进行后续的分析。而对于两个以及多于两个的非平稳数据变量,如果它们之间存在同阶单整关系,那么也可以对它们进行一定程度的数理统计分析。

### 二、时间序列平稳性检验方法

上述对时间序列数据平稳性的定义用数学公式可表述为:

时间序列 $y_t$ 在所有时间里都有:

①$E(y_t) = \mu$，期望值为不变常数；

②$Var(y_t) = \delta^2$，方差为不变常数；

③$Cov(y_t, y_{t-j}) = c$，自协方差为不依赖于 $t$ 并且只与 $j$ 有关的常数。

基于数理统计方法对时序序列平稳性的检验被称为单位根检验，现在最主要的单位根检验共有 Dickey – Fuller（DF）检验、增广 DF（ADF）检验和 Phillips – Perron（PP）检验三种，其中 DF 检验是 ADF 检验的特殊形式，因而在此我们主要对 ADF 检验法和 PP 检验法进行介绍。[1]

### （一）ADF 检验的方法

ADF 检验来源于 Fuller 对统计量极限分布的检验和 Dickey 对给定样本容量经验近似值的计算，[2] 而 Mackinnon 则在上述两人的研究基础上加入了基于重复试验的响应面函数，从而最终形成了完整的 ADF 检验。[3] 该检验以一个回归方程为检验基础，在该方程的左边为被检验时间序列的一阶差分项，而方程的右边则由该时间序列的一阶滞后项、滞后差分项、常数项和时间趋势项组成，见公式（5 – 1）：

$$\Delta y_t = \beta_1 y_{t-1} + \beta_2 \Delta y_{t-1} + \beta_3 + \beta_4 t + \varepsilon_t \quad (5-1)$$

接着对上述模型的下列三项假设进行检验：

①是否存在常数项，$\Delta y_t = \gamma y_{t-1} + \sum_{i=1}^{p} \beta_i \Delta y_{t-i} + \varepsilon_t$；

②是否存在线性时间趋势，$\Delta y_t = \mu + \gamma y_{t-1} + \sum_{i=1}^{p} \beta_i \Delta y_{t-i} + \varepsilon_t$；

③存在多少滞后差分项，$\Delta y_t = a_0 + \gamma y_{t-1} + a_2 t + \sum_{i=1}^{p} \beta_i \Delta y_{t-i} + \varepsilon_t$。

在对这三项假设进行检验的过程中，单位根检验都是对滞后一期

---

[1] Phillips P C B and Perron P. Testing for a Unit Root in Time Series Regression [J]. Biometrika. 1988（75）：335~346.

[2] Dickey D A, Fuller W A. Distribution of the Estimators for Autoregressive Time Series with a Unit Root [J]. Journal of the American Statistical Association, 1979, 74（366a）：427–431.

[3] MacKinnon J G. Numerical Distribution Functions for Unit Root and Cointegration Tests [J]. Journal of Applied Econometrics, 1996（6）：601–618.

项的系数进行检验。ADF 检验的结果包括了公式中滞后项的系数和临界值。当滞后项系数显著不为零时被检测的时间序列包含单位根的假设被拒绝,从而该时间序列平稳的假设被接受;而当 Dickey – Fuller 的 ADF 统计量的值大于临界值时,无法拒绝该时间序列为非平稳的时间序列的假设,因而该序列为非平稳序列。

## (二) Phillips – Perron 检验

Phillips – Perron 检验是另一种针对单位根的主要检验法。该方法由 Phillips 和 Perron 共同于 1988 年提出。Phillips – Perron 检验聚焦于对下列方程中 $\rho$ 的检验。

$$\Delta y_t = \mu + \rho y_{t-1} + \varepsilon_t \qquad (5-2)$$

该检验的原假设是该时序序列是非平稳数据,当公式(5-2)中的 $\rho=0$ 时该原假设成立,即该序列为非平稳数据。Phillips – Perron 检验法与 ADF 检验法的最显著区别是它的检测公式(5-2)中没有滞后差分项的存在,此外该检验法中的系数 $\rho$ 的 PP 统计量被公式中的 $\varepsilon_t$ 所修正。

## 三、数据平稳性检验结果

由于 Dickey 和 Fuller 提出并改良的 ADF 单位根检验是最常用的时间序列平稳性检验方法,因此在本章中使用 ADF 检验方法对公共教育投入、经济状况和国民收入差异等方面的时间序列数据进行平稳性检验(见表 5-2)。

表 5-2 衡量指标的平稳性检验结果(ADF 检验)

| 衡量维度 | 衡量指标 | 检验形式 (C, T, K) | ADF 统计量 | 1% 临界值 | 5% 临界值 | 10% 临界值 |
| --- | --- | --- | --- | --- | --- | --- |
| 公共教育投入规模 | 公共教育投入占政府总投入的百分比 | (C, T, 0) | -3.443305 | -4.886426 | -3.82898 | -3.36298 |
| 公共教育投入结构 | 高等教育投入占政府教育总投入的百分比 | (C, T, 0) | -3.725239 | -4.886426 | -3.82898 | -3.36298 |

续表

| 衡量维度 | 衡量指标 | 检验形式(C, T, K) | ADF统计量 | 1%临界值 | 5%临界值 | 10%临界值 |
|---|---|---|---|---|---|---|
| 经济发展状态 | 人均GDP | (C, T, 0) | -4.408471 | -4.992279 | -3.8753 | -3.38833 |
| 经济发展速度 | 人均GDP的年增幅 | (C, T, 0) | -3.390037 | -4.80008 | -3.79117 | -3.34225 |
| 国民收入差异 | 基尼指数 | (C, T, 0) | -3.459712 | -5.124875 | -3.93336 | -3.42003 |

注：检验类型中C、T、K分别表示常数项、时间趋势项及滞后阶数。

由表5-2可知，基于ADF的单位根检验，总体而言，衡量公共教育投入规模和结构、经济发展状态和速度、国民收入差异的各项指标的时间序列数据均为时间平稳序列。具体而言，衡量公共教育投入规模的公共教育投入占政府总投入的百分比、衡量公共教育投入结构的高等教育投入占政府教育总投入的百分比、衡量经济发展速度的人均GDP的年增幅和衡量国民收入差异的基尼指数这四项指标均在10%通过平稳性检验，而衡量经济发展状态的人均GDP的指标则在5%上通过平稳性检验。由于上述五个衡量指标的时间序列数据均通过了平稳性检验，因而可以认为基于这些指标数据进行计量统计分析，将可以测量出各个衡量维度之间的长期、稳定和不随时间变化的联动关系，从而不会导致伪回归问题的发生。

## 第三节 公共教育投入与国民收入差异的格兰杰因果关系检验

从第二节的论证可知，本章所使用指代15个国家在1981—2012年的32年中的公共教育投入、经济状况和国民收入差异三个方面的由五项衡量指标组成的时序序列数据均是平稳的，因而我们可以对这些数据进行下一步的统计分析而不会发生伪回归，由此可进一步构造回归模型等经典计量经济学模型；同时，由于在第四章中，通过对比

1998年和2012年的两个截面数据,让我们认识到世界各价值观和地理区位国家之间的公共教育投入、经济状况和国民收入差异三个方面随着时间的推移、社会的进步、经济的发展在不断变化之中,其中国民收入差异在多种衡量维度下均成为各国之间的主要显著差异,因此探究国民收入差异变化的成因,厘清国民收入差异与公共教育投入和经济状况两个方面之间的因果联动关系也成为进一步探究各变量之间关系、数理统计分析的前提和基础。

## 一、格兰杰因果关系检验的理论基础

格兰杰因果关系检验法是克莱夫·格兰杰(Clive W J Granger)在1969年首次提出的,该检验是透过时序数据拥有前后一致的被研究对象这一特性而得以实现的。[1] 一般而言,回归分析可以证明不同变量之间的相关性,其中基于截面数据所进行的回归分析主要探寻的是各变量间同期的相关性,而以时序序列数据为基础的回归分析包含着被考察变量在不同时段的相关信息,其中特别是以时序序列数据为基础的自回归模型主要考察的是同一变量在不同时段的相关性。有鉴于此,格兰杰于1969年在仅包含被解释变量前期值的自回归模型中引入其他相关变量的前期值以揭示存在时间差的不同变量之间的相关关系,由此推导变量之间计量统计学意义上的因果关系,也可称为格兰杰因果关系。因此,格兰杰因果关系可表述为:对于两个由时序序列数据构成的相关变量 $X$、$Y$,当同时包含了变量 $X$ 和 $Y$ 过去值的模型对变量 $Y$ 现值的预测效果优于仅由 $Y$ 的过去值构成的模型对变量 $Y$ 现值的预测效果之时,就认为变量 $X$ 是变量 $Y$ 的格兰杰"因"。

需引起注意的是,格兰杰因果关系检验的结论是基于数理统计方法的一种估计,而非逻辑上的传统因果关系。即便通过统计方法验证的格兰杰因果关系并不完全等价于实际社会生活中的传统意义上通过理论、经验和模型来判定的因果关系。但该检验主要检验的是数理统

---

[1] Bokros J C, Gott V L, La Grange L D, Fadall A M, Vos K D, Ramos M D. Correlations Between Blood Compatibility and Heparin Adsorptivity for An Impermeable Isotropic Pyrolytic Carbon [J]. Journal of Biomedical Materials Research, 1969, 3 (3): 497 – 528.

计上的时间上的先后顺序，其结果依然展示了存在时间差的不同变量之间的统计意义，因此该检验方法成为定量分析中重要的变量间关系验证方法之一。

## 二、格兰杰因果关系检验的方法

上述对时间序列数据格兰杰因果关系检验的定义用数学公式可表述为：

对存在相关关系的时间序列 $X$ 和 $Y$：

$$y_t = \alpha_0 + \alpha_1 y_{t-1} + \cdots + \alpha_k y_{t-k} + \beta_1 x_{t-1} + \cdots + \beta_k x_{t-k} \quad (5-3)$$

$$x_t = \lambda_0 + \lambda_1 x_{t-1} + \cdots + \lambda_k x_{t-k} + \delta_1 y_{t-1} + \cdots + \delta_k y_{t-k} \quad (5-4)$$

其中，$k$ 为最大滞后阶数。

公式（5-3）的 0 假设为 $H_0$：$\beta_1 = \beta_2 = \cdots = \beta_{t-k}$，

公式（5-4）的 0 假设为 $H_0$：$\delta_1 = \delta_2 = \cdots = \delta_{t-k}$。

上述两个时序变量 $X$ 和 $Y$ 之间的关系由此存在四种可能的情形：

①$X$ 为 $Y$ 的格兰杰因：当公式（5-3）中 $X$ 的滞后项系数在计量统计上显著不为 0，与此同时公式（5-4）中 $Y$ 的滞后项系数在计量统计上整体显著为 0。

②$Y$ 为 $X$ 的格兰杰因：当公式（5-4）中 $Y$ 滞后项系数在计量统计上显著不为 0，与此同时公式（5-3）中 $X$ 的滞后项系数在计量统计上整体显著为 0。

③$Y$ 和 $X$ 互为格兰杰因：当公式（5-3）中 $X$ 滞后项系数在计量统计上显著不为 0，与此同时公式（5-4）中 $Y$ 的滞后项系数在计量统计上整体显著不为 0。

④$Y$ 和 $X$ 互不为格兰杰因：当公式（5-3）中 $X$ 滞后项系数在计量统计上显著为 0，与此同时公式（5-4）中 $Y$ 的滞后项系数在计量统计上整体显著为 0。

## 三、格兰杰因果关系检验的结果

依据上述格兰杰因果关系验证的方法，以 15 个国家 1981—2012

年的时序序列数据为基础,对公共教育投入和国民收入差异、经济状况和国民收入差异之间的关系进行格兰杰因果关系检验,检验结果如表5-3所示。

表5-3 公共教育投入、经济状况与国民收入差异之间的格兰杰因果关系检验

| 原假设 | 自由度 | F值 | P值 | 结论 |
| --- | --- | --- | --- | --- |
| 公共教育投入占政府总投入的百分比不是基尼指数的格兰杰因 | 29 | 3.92235 | 0.0877 | 拒绝 |
| 基尼指数不是公共教育投入占政府总投入的百分比的格兰杰因 | 29 | 1.44798 | 0.334 | 接受 |
| 高等教育投入占公共教育投入的百分比不是基尼指数的格兰杰因 | 31 | 6.88601 | 0.0237 | 拒绝 |
| 基尼指数不是高等教育投入占公共教育投入的百分比的格兰杰因 | 31 | 1.58044 | 0.2347 | 接受 |
| 人均GDP不是基尼指数的格兰杰因 | 31 | 3.58589 | 0.0849 | 拒绝 |
| 基尼指数不是人均GDP的格兰杰因 | 29 | 5.33107 | 0.0514 | 拒绝 |
| 人均GDP的年增幅不是基尼指数的格兰杰因 | 31 | 0.00067 | 0.9798 | 接受 |
| 基尼指数不是人均GDP的年增幅的格兰杰因 | 31 | 3.30512 | 0.0964 | 拒绝 |

由表5-3的格兰杰因果关系检验结果可知,在5%的显著性水平下,高等教育投入占公共教育投入的百分比是基尼指数的格兰杰原因;在10%的显著性水平下,公共教育投入占政府总投入的百分比是基尼指数的格兰杰原因,基尼指数是人均GDP的年增幅的格兰杰原因,而人均GDP与基尼指数两者之间存在双向格兰杰因果关系。同时,基尼指数不是公共教育投入占政府总投入的百分比的格兰杰原因,基尼指数也不是高等教育投入占公共教育总投入的百分比的格兰杰原因,人均GDP的年增幅还不是基尼指数的格兰杰原因。换言之,上述结果说明公共教育投入规模的变化、公共教育投入结构的调整和社会经济发展状态的改变均能够对国民收入差异产生作用,而国民间收入差异的改变也会倒逼社会经济发展的状态和社会经济发展的速度,但社会经济发展的速度无法对国民收入差异产生影响。从社会实

际来看，上述检验结论一方面验证了公共教育投入的各个方面都将对国民收入差异产生一定的影响；另一方面论证了经济状况仅有部分方面可以对国民收入差异产生作用，其中经济发展状况的整体改变可以影响国民收入差异，但经济发展速度的改变则无法对国民收入差异产生影响；与此同时，国民收入差异可以影响经济状况的各个方面。

## 第四节　公共教育投入与国民收入差异的向量自回归模型

由第三节基于计量统计的分析可知，公共教育投入规模、结构和社会的经济发展状态均是国民收入差异的格兰杰"因"，而社会的经济发展速度则不是。前文的研究主要基于数理统计的方法推导了公共教育投入和经济状况两个方面与国民收入差异在逻辑方面的关系，为了进一步剖析上述关系并对其予以具体的度量和直观的展示，建立上述变量之间的向量自回归（Vector Auto Regression，VAR）模型成为继续深入分析各变量之间联动关系的前提和基础。

### 一、VAR 模型的理论基础

鉴于以经济理论为基础的传统计量经济分析方法所构造变量之间互动模型的复杂性、模糊性、静态性以及理论与现实间的差异性，Sims 于 1980 年提出以内生变量的滞后值建立回归模型分析变量的动态变化趋势的构想，并将以上述方法构建的回归模型称为自回归模型（Auto Regressive Model，AR 模型），而当 Sims 进一步将被研究对象由初始的单变量扩展为多变量后，模型的构建也变成了将系统中的每个变量的滞后项都作为模型的内生变量进行模型构建，从而形成了由多元时间序列变量构成的"向量"自回归模型，即 Vector Auto Regression（VAR）。[1] VAR 模型的建立使变量间相互关系的测量成为可能，

---

[1] Evans L, Wells G. An Alternative Approach to Simulating VAR Models [J]. Economics Letters, 1983, 12 (1): 23-29.

具体而言，VAR 的一般数学形式为：

$$y_t = \alpha_1 y_{t-1} + \alpha_2 y_{t-2} + \cdots + \alpha_p y_{t-p} + bx_t + u_t \quad (t = 1,2,\cdots,n)$$
(5-5)

其中，$y_t$ 为 $k$ 维内生变量向量，$x_t$ 为外生变量的 $k$ 维列向量，$u_t$ 是 $k$ 维误差向量，$\alpha_1$，$\alpha_2$，$\cdots$，$\alpha_p$ 和 $b$ 分别为待估计的内生和外生变量的系数矩阵。

因此上述 VAR（$p$）的展开式为：

$$\begin{bmatrix} y_{1t} \\ y_{2t} \\ \vdots \\ y_{kt} \end{bmatrix} = \alpha_1 \begin{bmatrix} y_{1t-1} \\ y_{2t-1} \\ \vdots \\ y_{kt-1} \end{bmatrix} + \cdots + \alpha_p \begin{bmatrix} y_{1t-p} \\ y_{2t-p} \\ \vdots \\ y_{kt-p} \end{bmatrix} + b \begin{bmatrix} x_{1t} \\ x_{2t} \\ \vdots \\ x_{kt} \end{bmatrix} + \begin{bmatrix} u_{1t} \\ u_{2t} \\ \vdots \\ u_{kt} \end{bmatrix} \quad (5-6)$$

一般来说，VAR 模型中不包括外生变量，因而上述模型的等号右边也就仅包括内生变量的滞后项，由此保证了模型中不会产生变量间的共线性问题，从而使运用数理统计方法中的普通最小二乘法（OLS）对模型的系数进行估计成为可能，从而得出模型中各项变量的系数值。由上述对 VAR 模型的介绍可知，由于该模型的右边仅包括内生变量的滞后项，因而该模型可以表现出变量的最新动态和趋势；同时由于该模型放弃了传统经济学中以经济理论为基础建模的方法，而代之以内生变量的时间序列为基础，因此起到了简化经济计量方程的作用。

## 二、VAR 模型的建立

如需建立有效的 VAR 模型，模型滞后期数的选择至关重要。一方面，如果最大滞后阶数太小，将导致因变量没有被自变量所完全解释，从而使模型的残差存在自相关，最终导致模型参数估计的无效性；另一方面，过大的最大滞后阶数将导致 VAR 中待估参数过多，从而使做计量统计分析时的自由度降低，由此也将影响模型参数估计的有效性。因此，学者们分别建立了 LR 统计量、F 统计量、赤池信息准则（AIC）、Hannan – Quinn（HQ）信息准则和施瓦茨（SC）准则对 VAR 的最大滞后阶数进行判定。依据上述统计量和信息准则对公共教育投入与国民收入差异的关系中最大滞后阶数的判定如表 5 – 4 和表 5 – 5 所示。

表 5 – 4  公共教育投入规模对国民收入差异的 VAR 模型滞后阶数选择

| Lag | LogL | LR | FPE | AIC | SC | HQ |
| --- | --- | --- | --- | --- | --- | --- |
| 0 | – 6.181407 | NA | 0.012077 | 1.258678 | 1.345593 | 1.240813 |
| 1 | 1.778412 | 12.24588** | 0.006675 | 0.649475 | 0.910221 | 0.59588 |
| 2 | 7.074115 | 6.517788 | 0.005845** | 0.450136** | 0.884713** | 0.360811** |

注：** 为在 5% 的显著性水平上通过检验。

表 5 – 5  公共教育投入结构对国民收入差异的 VAR 模型滞后阶数选择

| Lag | LogL | LR | FPE | AIC | SC | HQ |
| --- | --- | --- | --- | --- | --- | --- |
| 0 | – 14.5753165 | NA | 0.043933 | 2.550049 | 2.636964 | 2.532184 |
| 1 | 2.279871482 | 1.47271 | 0.01222 | 1.187712 | 1.622289 | 1.098387 |
| 2 | 1.083294876 | 24.09017** | 0.007429** | 0.756416** | 1.017162** | 0.702821** |

注：** 为在 5% 的显著性水平上通过检验。

由表 5 – 4 和表 5 – 5 可知，公共教育投入规模对国民收入差异、公共教育投入结构对国民收入差异 VAR 模型的最佳滞后阶数均为 2。由此确立了上述与国民收入差异相关的两个变量构建 VAR 模型的最佳滞后阶数。

此外，由于 VAR 模型的数据基础为时间序列数据，因此除了需要如本章第二节所示对每个变量的时序序列数据分别进行平稳性检验，还需要对建立的 VAR 系统进行整体性的平稳性检验（见图 5 – 7 和图 5 – 8）。

由图 5 – 7 和图 5 – 8 可知，当用滞后 2 期构建公共教育投入规模与国民收入差异、公共教育投入结构与国民收入差异的 VAR 模型具备整体平稳性。由此我们可以得到国民收入差异与上述两个变量分别构建的 VAR 模型如下［见公式（5 – 7）和公式（5 – 8）］。

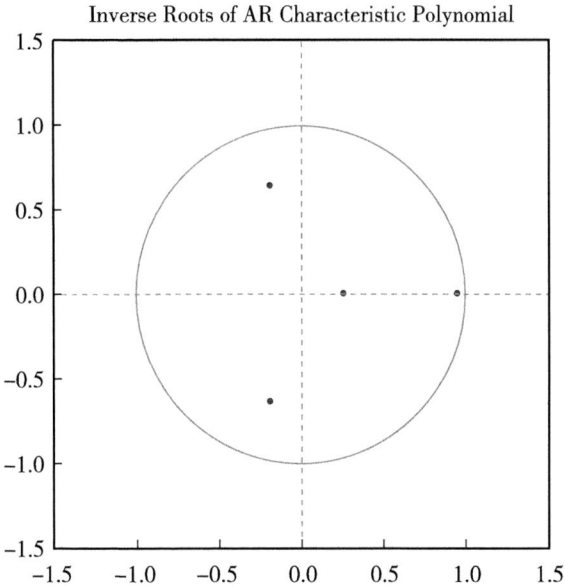

图5-7 公共教育投入规模对国民收入差异的VAR平稳性检验结果

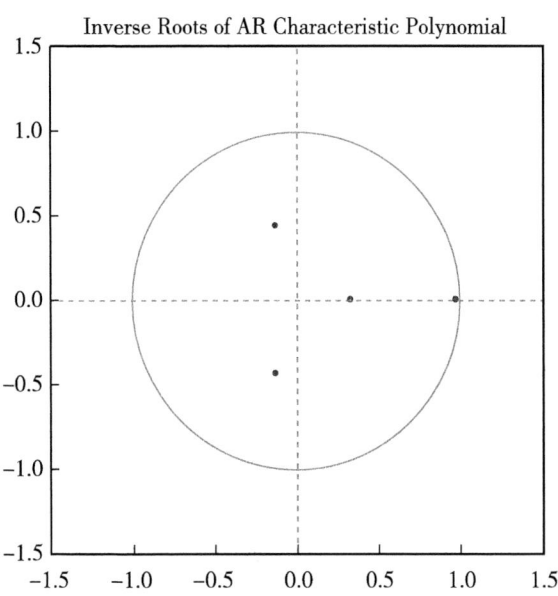

图5-8 公共教育投入结构对国民收入差异的VAR平稳性检验结果

①公共教育投入规模与国民收入差异的 VAR 模型：

$$\begin{cases} 公共教育投入占政府总投入的百分比 = -0.04132 \times 公共教育\\ 投入占政府总投入的百分比（-1）-0.08003 \times 公共教育\\ 投入占政府总投入的百分比（-2）+0.44361 \times 基尼指数（-1）-\\ 0.37718 \times 基尼指数（-2）+12.82828\\ 基尼指数 = -0.62095 \times 公共教育投入占政府总投入的百分比\\ （-1）+0.30718 \times 公共教育投入占政府总投入的百分比\\ （-2）+0.87658 \times 基尼指数（-1）+0.08389 \times 基尼指数\\ （-2）+5.49386 \end{cases} \quad (5-7)$$

②公共教育投入结构与国民收入差异的 VAR 模型：

$$\begin{cases} 高等教育投入占公共教育总投入的百分比 = 0.7519 \times 高等教\\ 育投入占公共教育总投入的百分比（-1）-0.0052 \times 高等\\ 教育投入占公共教育总投入的百分比（-2）-0.23294 \times 基\\ 尼指数（-1）-0.19527 \times 基尼指数（-2）+20.36074\\ 基尼指数 = -0.78134 \times 高等教育投入占公共教育总投入的\\ 百分比（-1）+0.3358 \times 高等教育投入占公共教育总投入\\ 的百分比（-2）+0.28926 \times 基尼指数（-1）-0.14954 \times\\ 基尼指数（-2）+39.20747 \end{cases} \quad (5-8)$$

## 第五节 公共教育投入与
## 国民收入差异脉冲响应函数

前文中所进行的时序样本稳定性检验和格兰杰因果关系检验说明了公共教育投入的规模与国民收入差异、公共教育投入的结构与国民收入差异、经济发展状态与国民收入差异在长期和短期均具有稳定的显著格兰杰因果关系，而经济发展速度与国民收入差异则具有稳定的均衡动态关系。上述检验一定程度上验证了变量之间所存在的影响，但还无法揭示这些影响的强度、方向和持续性。为了刻画时序变量相互之间动态冲击的传导结构机制，Sims 提出用脉冲函数揭示变量之间内在的动态关系。❶

---

❶ Sims C A. Macroeconomics and Reality [J]. Econometrica：Journal of the Econometric Society，1980：1-48.

## 一、脉冲响应函数的原理

如前所述，VAR 模型不是以传统经济理论模型为依据的，而是以经济变量在社会中的实际动态进行分析的，因而 VAR 模型的主要分析功能之一是分析当模型受到冲击时所产生的动态变化，这种冲击在数理分析上一般用扰动项的变化作为主要的分析对象，即：

$$Y_{t+s} = \beta_{t+s} + X_1\beta_{t+s-1} + X_2\beta_{t+s-2} + \cdots + X_s\beta_t \quad (t=1,2,3,\cdots,T)$$

(5-9)

将公式（5-9）两边取偏导即可得：

$$X_s = \frac{\partial Y_{t+s}}{\partial \beta_t}$$ (5-10)

上述分析方法被称为脉冲响应函数（Impulse Response Function, IRF）分析，其描述的是内生变量对由误差项变动（被称为"新息"）而产生的反应。[1] 其工作原理的理解可以前文 VAR 的通用模型即公式（5-5）为例：

$$y_t = \alpha_1 y_{t-1} + \alpha_2 y_{t-2} + \cdots + \alpha_p y_{t-p} + bx_t + u_t \quad (t=1,2,\cdots,n)$$

(5-5)

当在公式（5-5）中的残差 $u_t$ 里产生了一个标准差大小的冲击后，不仅如公式（5-5）所示将直接影响 $Y_t$，而且将通过 VAR 模型的动态传导结构将这一个冲击传导给内生变量 $X$ 的未来值 $X_{t+1}$，由此这一个传导过程在模型包含的所有内生变量的后续值中发生持续的作用，因此这一个冲击将对该模型中内生变量的当期值和未来值均产生影响，故而脉冲响应函数可以很好地识别当扰动发生时 VAR 模型中各变量间相互影响的关系。

## 二、脉冲响应函数分析结果

在对上一节中的所建立的公共教育投入规模与国民收入差异、公

---

[1] Lütkepohl H. Impulse Response Function [M] //Macroeconometrics and Time Series Analysis. New York: Palgrave Macmillan, 2010: 145–150.

共教育投入结构与国民收入差异两个 VAR 模型进行脉冲响应函数分析后，可得图 5-9 和图 5-10，图 5-9 和图 5-10 展现的是当变量受到一个正冲击后所发生的对应脉冲响应变化，其中横轴代表冲击作用的追溯期数（单位为年），纵轴代表被扰动变量对冲击响应的大小，图 5-9 和图 5-10 中实线为脉冲响应函数所测算的实际值，虚线部分为响应函数值加或减两倍标准差的置信区间。

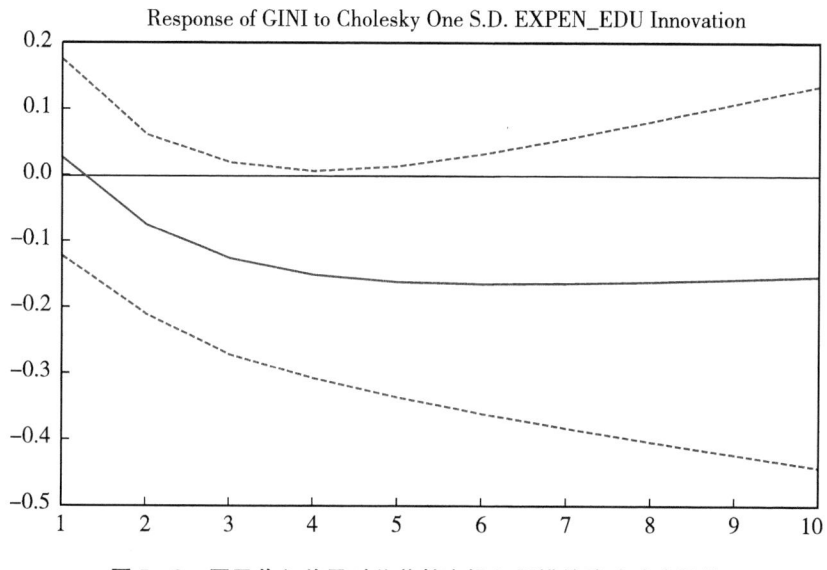

图 5-9　国民收入差异对公共教育投入规模的脉冲响应函数

图 5-9 反映的是国民收入差异受到公共教育投入规模冲击后的反应。根据图 5-9 可知，国民收入差异在受到公共教育投入规模一个单位正向的标准差冲击后，在短期内迅速产生了非常微弱的正向冲击作用，并且在第 1 期之内迅速变为负向冲击，并且负向冲击作用不断增大，直到第 4 期达到负最大值，而后这种冲击作用处于稳定并随着时间缓慢减弱的状态，直到第 10 期依然有 -0.12 左右的冲击效果。可见，公共教育投入规模对于国民收入差异的作用相对较为复杂。在现阶段使公共教育投入的规模上升一个单位的标准差，将使国民的收入差异首先处于扩大的状态，而后迅速缩小并小于未受到经济发展冲击时的数值，一直到第四期由于经济状态提升而使国民间收入差异缩小的效果最大，而后随着时间的推移，该冲击的效果逐渐减弱，但在

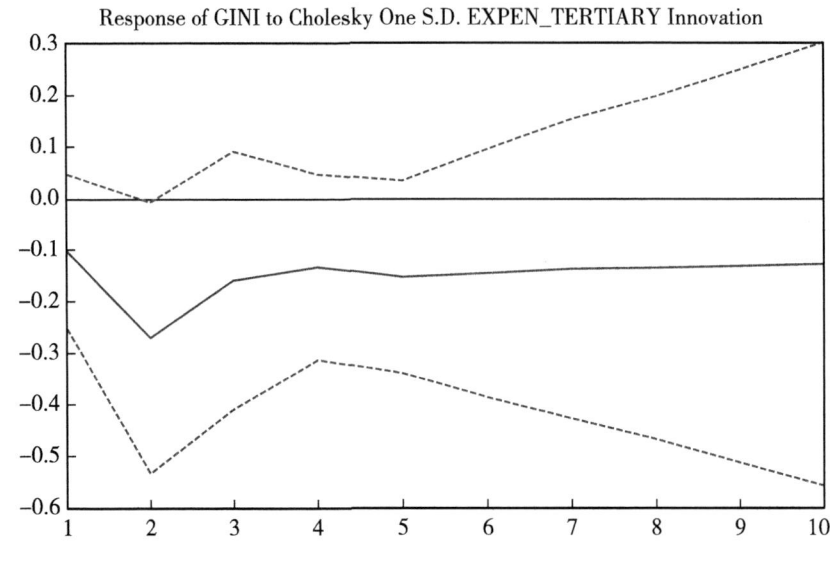

图 5-10　国民收入差异对公共教育投入结构的脉冲响应函数

考察期内边际递减趋势不明显，因而即使到第十期，由初始经济发展冲击产生的效果依然有重要作用和作用强度。

从图 5-10 可以看出，衡量国民收入差异的指数对于来自公共教育投入结构的正向冲击立即做出了负向响应，并且这种负向响应从第1期的大约 -0.1，迅速下降到第2期的约 -0.3，之后一直处于缓慢升高，并于第3期趋于平稳，并在后续的各期中一直处于相对平稳的负向状态。由图 5-10 可知，增加公共教育开支中的高等教育占比可以有效降低国民之间收入的差异，虽然国民收入降低的效果在第2期即开始处于缓慢减弱的状态之中，但一直到第10期的时候，在初始对公共教育开支中高等教育占比所增加的一个单位的正向冲击依然还是对有一定降低国民之间收入差异效果的。

综合图 5-9 和图 5-10 可知，国民收入差异对公共教育投入规模、公共教育投入结构两个因素的脉冲响应呈现差异化情势。其中，提高政府的教育投入在政府年度总开支的比例将在最初略微扩大国民的收入差异，而后这种影响迅速转变为显著并持久地缩小国民间收入差异的作用；而在提高政府教育投入中高等教育投入所占比例的时候，则将缩小国民收入差异。因而，在对国民收入差异影响显著的公共教育投入规模和公共教育投入结构两个因素中,虽然公共教育投入规模和公共教育投入结构对国民间收入差异的总体作用效果方向和强度相似,但上述两因素在细节上对国民收入差异的影响存在一定的差异性。

# 第六节 公共教育投入与国民收入差异方差分解分析

通过前文的脉冲响应函数的分析,我们探讨了公共教育投入规模和公共教育投入结构两个影响因素的冲击对国民收入差异的动态影响路径。而以向量自回归模型为基础通过方差分解分析则可以进一步揭示多方面的相关影响因素对国民收入差异所起作用的相对强度。

## 一、方差分解分析的原理

方差分解(Variance Decomposition)是研究向量自回归模型动态特征的重要方法之一。[1] 该方法的主要思想是将向量自回归模型中的预测变量误差的方差按其成因分解为各个内生变量误差方差的和,由此动态并定量地推导出在每个新息冲击中,各个内生变量对预测变量变化的贡献度,从而构建模型内各内生变量对在不同新息冲击中的相对重要程度。上述思路的数学表达式如下,见公式(5-11):

$$y_{it} = \sum_{j=1}^{k} (c_{ij}^{(0)} \varepsilon_{jt} + c_{ij}^{(1)} \varepsilon_{jt-1} + c_{ij}^{(2)} \varepsilon_{jt-2} + c_{ij}^{(3)} \varepsilon_{jt-3} + \cdots)$$

(5-11)

公式(5-11)各括号中的内容代表为第 $j$ 个扰动项 $\varepsilon_j$ 从当前时点到无限过去对 $y_j$ 所构成的总影响。接着求其方差可得:

$$E[(c_{ij}^{(0)} \varepsilon_{jt} + c_{ij}^{(1)} \varepsilon_{jt-1} + c_{ij}^{(2)} \varepsilon_{jt-2} + \cdots)^2] = \sum_{q=0}^{\infty} (c_{ij}^{(q)})^2 \sigma_{jj}$$

(5-12)

---

[1] Grömping U. Estimators of Relative Importance in Linear Regression Based on Variance Decomposition [J]. The American Statistician, 2007, 61 (2): 139-147.

公式（5-12）是以方差评价第 $j$ 个扰动项对第 $i$ 个变量从当前时点到无限过去的影响，由此可见 $y_i$ 的方差是上述方差的 $k$ 项相加的和：

$$\text{var}(y_{it}) = \sum_{j=1}^{k} \left\{ \sum_{q=0}^{\infty} (c_{ij}^{(q)})^2 \sigma_{jj} \right\} \quad (5-13)$$

由此可知相对方差贡献率（Relative Variance Contribution，RVC）为第 $j$ 个变量由于受到冲击所产生的方差对 $y_i$ 方差的总体变化的相对贡献度：

$$RVC_{j\to i}(\infty) = \frac{\sum_{q=0}^{\infty} (c_{ij}^{(q)})^2 \sigma_{jj}}{\text{var}(y_{it})} = \frac{\sum_{q=0}^{\infty} (c_{ij}^{(q)})^2 \sigma_{jj}}{\sum_{j=1}^{k} \left\{ \sum_{q=0}^{\infty} (c_{ij}^{(q)})^2 \sigma_{jj} \right\}}$$

$$(5-14)$$

## 二、方差分解分析的结果

对国民收入差异进行方差分解分析，分析结果如表5-6所示。

表5-6 国民收入差异、公共教育投入与经济状况的方差分解结果

| 期数（年） | 标准差 | 基尼指数 | 公共教育投入占政府总投入的百分比 | 高等教育投入占公共教育投入的百分比 | 人均GDP | 人均GDP的年增幅 |
|---|---|---|---|---|---|---|
| 1 | 0.261877 | 100 | 0 | 0 | 0 | 0 |
| 2 | 0.312685 | 88.57192 | 3.293051 | 4.613059 | 1.063014 | 2.458955 |
| 3 | 0.31361 | 80.51461 | 7.940612 | 4.654391 | 4.631922 | 2.258467 |
| 4 | 0.313679 | 75.20464 | 11.38307 | 5.152731 | 6.255842 | 2.003718 |
| 5 | 0.313697 | 69.20984 | 14.07056 | 5.448585 | 9.629489 | 1.641527 |
| 6 | 0.313744 | 64.83316 | 15.95284 | 5.676245 | 12.19595 | 1.341806 |
| 7 | 0.313837 | 61.43596 | 17.30142 | 5.807422 | 14.34188 | 1.113318 |
| 8 | 0.313959 | 58.86411 | 18.29919 | 5.905057 | 15.99604 | 0.935604 |
| 9 | 0.314108 | 56.84854 | 19.06318 | 5.976481 | 17.31496 | 0.796841 |
| 10 | 0.314281 | 55.25 | 19.66419 | 6.032258 | 18.36731 | 0.686252 |

由表 5-6 的方差分解检验结果可以发现：①国民收入差异在第 1 期受到自身波动冲击 100% 的影响，虽然在前 6 期下降迅速，但直到第 10 期来自国民收入差异前期的冲击依然可以解释约 55.25% 的国民收入差异当期的变动，可见国民收入差异前期的影响力一直对现期国民收入的差异发挥着主导作用；②长期来看，在影响基尼指数的公共教育投入占政府总投入的百分比、高等教育投入占公共教育总投入的百分比、人均 GDP 和人均 GDP 的年增幅四个因素中，人均 GDP 的年增幅的影响力到第 10 期依然仅 0.686% 为最弱，而高等教育投入占公共教育投入的百分比在第 10 期对基尼指数的影响力为 6.03% 因而稍强，公共教育投入占政府总投入的百分比和人均 GDP 对基尼指数在第 10 期对基尼指数的影响力分别为 19.664% 和 18.367%，故为最大，可见公共教育投入规模和经济发展状态对国民收入差异的影响最大，公共教育投入结构的影响力次之，经济发展速度对国民收入差异的影响力最弱；③基尼指数的四个影响因素随时间变化的趋势各有不同，其中，人均 GDP 的年增幅的影响力在第 2 期迅速达到最大值而后其影响基尼指数的强度一直随着时间的推进缓慢下降，高等教育投入占公共教育总投入的百分比的影响力则随着时间的推移缓慢均匀上升，公共教育投入占政府总投入的百分比对基尼指数的影响力则在前 5 期处于快速上升期，之后则进入缓慢均匀上升状态，而人均 GDP 对基尼指数的影响力则在前 6 期处于快速上升期，之后也同样处于缓慢均匀上升状态，可见总体而言经济发展速度与前期国民收入差异的影响模式一样，一直处于对现期国民收入差异的影响随着时期的延长其作用不断消退的状态，而公共教育投入的规模、公共教育投入的结构和经济发展状态对现期国民收入差异的影响力则不断上升，这说明上述三个影响因素对现期国民收入差异的影响效应具有明显的滞后效应和积累效应；④相对而言，前期的基尼指数、公共教育投入占政府总投入的百分比、高等教育投入占公共教育投入的百分比、人均 GDP 和人均 GDP 的年增幅五个因素对于现期基尼指数的影响程度变化都较为平稳，故而在以时间为维度进行度量时，前期国民收入差异、公共教育投入的规模、公共教育投入的结构、经济发展状态和经济发展速度均处于较为平稳的状态变化之中。

## 第七节 本章小结

为了确定公共教育投入对国民收入差异之间的具体时序影响，本章利用随机过程理论和数理统计学方法建立的统计模型考察了公共教育投入的规模和公共教育投入的结构两个方面对国民收入差异的具体影响情况。

在本章中，我们首先分别分析上述公共教育投入的规模和结构、经济发展的状态和速度及国民收入差异五个方面在1981—2012年的32年中变动的强度和趋势，由此可知，公共教育投入规模变动幅度不大，但总趋势是教育投入的比例在公共总投入的占比不断增大，同时该比例很容易受外部社会经济因素影响而出现短期的大幅波动；而在前述32年中各国在公共教育投入中的高等教育投入的比重一直在持续增加，其中虽然在1998—2001年、2005年和2011—2012年存在三次略微向下的波动，但其整体变化的波动幅度并不大，此外即使在2008年全球性的经济危机中，高等教育投入占公共教育总投入的比重也仍然处于不断增加之中；各国经济状况在这32年中持续改善的趋势一直未曾改变，其间即使经历了1997年和2008年全球性的经济危机，导致全球人均GDP在1998—1999年和2008年两次发生了轻微的震荡，但全球经济水平在经历了32年的迭代发展后最终获得了较大的整体变化；而全球经济发展速度虽然整体处于缓慢上升趋势，但该因素受外界经济环境的影响很大（如1987年和2008年的世界经济危机），同时在该因素的恢复速度相对而言较为缓慢；国民收入差异在经过32年的持续减小后，其累积减小幅度相对较大。由前文可知，关于公共教育投入的规模和结构、经济发展的状态和速度及国民收入差异五个方面在1981—2012年的32年中变动的强度和趋势不但各自不同，而且各有特点。

其次，通过格兰杰因果关系检验发现公共教育投入规模的变化、公共教育投入结构的调整和社会经济发展状态的改变均能对国民收入差异产生作用，而国民收入差异的改变也将倒逼社会经济发展的状态和社会经济发展的速度，但社会经济发展速度这一因素无法对国民收入差异产生影响。由此可知，公共教育投入的各个方面都将对国民收入差异产生一定的影响，在经济状况因素中则仅有经济发展状况可以对国民收入差异产生显著影响，而经济发展速度则无法对国民收入差异产生显著影响，同时国民收入差异的变化则可以影响社会经济状况的各个方面。

再次，通过脉冲响应函数可知，公共教育投入在公共总投入中占比的增加将首先扩大国民收入存在的差异，之后则会降低国民收入差异；而公共教育投入中高等教育投入占比的增加将持续缩小国民收入差异，虽然上述两种教育投入因素对国民收入差异的长期作用一致，但在细节上则各有特点，并且它们对国民收入差异的影响都随着时间的推移不断减弱，并且其影响长久并持续。

最后，本章通过方差分解法分析了前期国民收入差异、公共教育投入规模、公共教育投入结构、经济发展状态和经济发展速度五个因素对现期国民收入差异变动的相对影响力度。研究显示，国民收入差异前期的影响力一直对现期国民收入的差异发挥着主导作用，而在剩余的四个因素中，公共教育投入规模和经济发展状态对国民收入差异的影响最大，公共教育投入结构的影响力次之，经济发展速度对国民收入差异的影响力最弱。而且经济发展速度与前期国民收入差异两因素对现期国民收入差异的影响力处于随时间的流逝而不断消退之中，而公共投入中教育投入所占的百分比、公共教育投入中的高等教育投入所占的百分比和经济发展状态对现期国民收入差异的影响力则随着时间的推移而不断上升，由此可见，上述三个影响因素对现期国民收入差异的影响效应具有明显的滞后性和积累性。并且通过方差分解可知，当以时间为维度进行度量时，前期国民收入差异、公共教育投入的规模、公共教育投入的结构、经济发展状态和经济发展速度均处于较为平稳的状态变化之中。

# 第六章　公共教育投入对国民收入差异的综合影响

尽管从20世纪90年代后期以来，全球基于地理因素划分的六大洲之间的公共教育投入、经济状况和国民收入差异等各个方面因素的差异均趋于缩小，但当以文化价值观为标准进行分类后，发现各文化价值观类别之间的差异日趋凸显，故而文化价值观逐渐成为越来越显著的划分标准和影响因素。此外，国民收入差异除了在欧洲各国相对较小以外，在其他各大洲和各文化价值观类别中均较大。由此可见，一方面，公共教育投入对具有不同文化价值观国家的国民收入差异的影响日趋凸显且更为重要；另一方面，在教育、经济和国民收入等诸多方面，国民收入差异已经越来越成为必须重视的社会问题之一。

准确地测量文化价值观、公共教育投入、经济状况和国民收入差异及分析其发展趋势，是透视世界多元化成因和把握未来演变趋势的前提，而分析在不同文化价值观和经济状况因素作用下公共教育投入对国民收入差异的影响及其贡献是关乎世界可持续发展的关键问题，以此为基础探索通过公共教育投入的经济手段调节国民间收入差异路径是社会和谐、稳定的出发和立足点。国民收入差异的形成是一个受时空诸多方面因素影响的复杂过程，因此在社会的不同发展阶段，影响国民收入差异的主要因素和次要因素之间也有可能发生变化。由前文可知，公共教育投入对国民收入差异的变化一直存在着重要的影响。本章在前文的基础上，基于面板数据模型对1998—2012年全世界43个国家进行一般性数据分析、模型检验和选择及面板回归模型分析，明确在差异化文化价值观和经济状况等各因素的作用下公共教育投入对国民收入差异的影响，以揭示公共教育投入在文化价值观和经济状况等不同影响因素下所能发挥作用的差异,从而理解在各种因素的综合作用下国民收入差异演变的深层次原因。

## 第一节　数据一般性分析

世界43个国家的文化价值观、公共教育投入规模和结构、经济发展水平和速度、国民收入差异的数据一般性统计描述如表6-1所示。

表6-1　基于生存与自我实现价值观和传统与
世俗理性价值观分类的面板数据特征描述

|  |  | 个案数 | 最小值 | 最大值 | 平均值 | 标准差 |
|---|---|---|---|---|---|---|
| 合计 | 公共教育投入占政府总投入的百分比(%) | 645 | 6.703 | 28.39 | 13.38 | 3.485 |
|  | 高等教育投入占公共教育投入的百分比(%) | 645 | 8.066 | 36.97 | 21.74 | 5.555 |
|  | 人均GDP（美元） | 645 | 364.4 | 69095 | 18990 | 16833 |
|  | 人均GDP的年增幅（%） | 645 | -14.56 | 12.95 | 2.439 | 3.630 |
|  | 基尼指数 | 645 | 21 | 57.30 | 34.35 | 8.277 |
| 生存价值观 | 公共教育投入占政府总投入的百分比(%) | 246 | 6.703 | 28.39 | 13.10 | 3.893 |
|  | 高等教育投入占公共教育投入的百分比(%) | 246 | 8.066 | 36.97 | 20.86 | 6.087 |
|  | 人均GDP（美元） | 246 | 364.4 | 24852 | 6334 | 5474 |
|  | 人均GDP的年增幅（%） | 246 | -14.56 | 12.95 | 3.381 | 4.397 |
|  | 基尼指数 | 246 | 23 | 57 | 36.65 | 7.150 |
| 自我实现价值观 | 公共教育投入占政府总投入的百分比(%) | 399 | 7 | 28.39 | 13.56 | 3.200 |
|  | 高等教育投入占公共教育投入的百分比(%) | 399 | 10.42 | 36.08 | 22.29 | 5.133 |
|  | 人均GDP（美元） | 399 | 445.7 | 69095 | 26793 | 16733 |
|  | 人均GDP的年增幅（%） | 399 | -11.88 | 9.520 | 1.858 | 2.922 |
|  | 基尼指数 | 399 | 21 | 57.30 | 32.94 | 8.609 |

续表

|  |  | 个案数 | 最小值 | 最大值 | 平均值 | 标准差 |
|---|---|---|---|---|---|---|
| 传统价值观 | 公共教育投入占政府总投入的百分比（%） | 289 | 7 | 28.39 | 14.71 | 3.629 |
|  | 高等教育投入占公共教育投入的百分比（%） | 289 | 10.42 | 36.97 | 20.33 | 5.466 |
|  | 人均GDP（美元） | 289 | 364.4 | 53918 | 11375 | 13613 |
|  | 人均GDP的年增幅（%） | 289 | -11.88 | 10.28 | 2.439 | 3.350 |
|  | 基尼指数 | 289 | 26.30 | 57.30 | 39.88 | 7.970 |
| 世俗理性价值观 | 公共教育投入占政府总投入的百分比（%） | 356 | 6.703 | 28.39 | 12.31 | 2.959 |
|  | 高等教育投入占公共教育投入的百分比（%） | 356 | 8.066 | 36.08 | 22.89 | 5.366 |
|  | 人均GDP（美元） | 356 | 1010 | 69095 | 25171 | 16678 |
|  | 人均GDP的年增幅（%） | 356 | -14.56 | 12.95 | 2.439 | 3.848 |
|  | 基尼指数 | 356 | 21 | 49.10 | 29.86 | 5.255 |

由表6-1可知，根据对主流价值观的分类方法，笔者将43个国家分别划分为生存价值观与自我实现价值观两类和传统价值观与世俗理性价值观两类。其中：公共教育投入占政府总投入的百分比均值的最小值和最大值都在生存价值观类别，最大平均值在传统价值观类别而最小平均值在世俗理性价值观类别，最大标准差在生存价值观类别而最小标准差在世俗理性价值观类别；高等教育投入占公共教育总投入的百分比的最小值和最大值都在生存价值观类别，最大平均值在世俗理性价值观类别而最小平均值在传统价值观类别，最大标准差在生存价值观类别而最小标准差在自我实现价值观类别；人均GDP的最小值在生存价值观类别而最大值在自我实现价值观类别，最大平均值在自我实现价值观类别而最小平均值在生存价值观类别，最大标准差在自我实现价值观类别而最小标准差在生存价值观类别；人均GDP的年增幅的最小值和最大值均在生存价值观类别，最大平均值在生存

价值观类别而最小平均值在自我实现价值观类别，最大标准差在生存价值观类别而最小标准差在自我实现价值观类别；基尼指数的最小值和最大值均在自我实现价值观类别，最大平均值在传统价值观类别而最小平均值在世俗理性价值观类别，最大标准差在自我实现价值观类别而最小标准差在世俗理性价值观类别。换言之，在以生存价值观作为社会主流价值观的国家中，拥有公共教育投入规模和结构及经济发展速度的极端值，经济发展状况的最小值，差异程度最大的公共教育投入规模和结构及经济发展速度，差异程度最小的经济发展状况；在以自我实现价值观作为社会主流价值观的国家中拥有差异程度最小的公共教育投入结构，最大值和最大平均值的经济发展状况，差异程度最大的经济发展状况，最小平均值的经济发展速度，最小差异程度的经济发展速度，国民收入差异的极值和最大差异程度；在以传统价值观作为社会主流价值观的国家中拥有公共教育投入规模的最大平均值，公共教育投入结构的最小平均值，国民收入差异的最大平均值；在以世俗理性价值观作为社会主流价值观的国家中拥有公共教育投入规模的最小平均值和最小差异程度，公共教育投入结构的最大平均值，国民收入差异的最小平均值和最小差异程度。

因此，在以生存价值观为主的国家中，同时拥有最大和最小的公共教育投入占政府总投入的百分比、最大和最小的高等教育投入占公共教育投入的百分比及最快和最慢的经济发展速度，并且在生存价值观为主的各国中经济发展状况的差异化程度最小，公共教育投入占政府总投入百分比、高等教育投入占公共教育投入百分比及经济发展速度的差异化程度最大，同时经济发展状况的差异化程度最小；在以自我实现价值观为主的国家中拥有最高、平均值最大及差异化程度最大的经济发展状况，平均值和差异化程度均最小的经济发展速度，最大、最小及差异化程度最大的国民收入差异；在以传统价值观为主的国家中拥有平均值最大的公共教育投入规模，平均值最小的公共教育投入结构及平均值最大的国民收入差异；在以世俗理性价值观为主的国家中拥有平均值最小和差异化程度最小的公共教育投入规模，平均值最大的公共教育投入结构，平均值和差异化程度均最小的国民收入差异。

## 第二节　面板数据模型

面板数据（Panel Data），也被称为纵列数据（Longitudinal Data）、平行数据或时间序列—横截面数据（Time Series – Cross Section），它指的是在一段时期内对同一组研究对象进行观察和测量所获得的数据集，因此面板数据中包含每个被观测个体在不同时间点的观测值。[1] 与只有一个维度、呈线性排列的时间序列数据和横截面数据不同的是，面板数据集内的数据可以同时按照横截面和时间两个维度进行排列，由此可形成一个类似面板的平面数据集合。

由 $K$ 个解释变量组成的面板数据模型的一般表达式为：

$$y_{it} = \alpha + x_{it}\beta_i + u_{it} \quad i = 1,\cdots,N, \quad t = 1,2,\cdots,T \tag{6-1}$$

其中 $i$ 表示被观测个体的数量维度，$t$ 表示被观测时间段的时间维度，$N$ 和 $T$ 分别表示被观测个体和被测量时间的最大数值，$\alpha$ 代表模型的常数项，$x_{it}$ 是 $1 \times K$ 的向量矩阵，它指代的是 $K$ 个解释变量对第 $i$ 个观测对象在第 $t$ 期的观测值，而 $x_{it}$ 的系数 $\beta$ 则是 $K \times 1$ 的向量矩阵。

按面板数据集两个组成维度的数值进行划分，面板数据可被划分为"短面板"（short panel）和"长面板"（long panel）两类。其中，短面板数据指的是所观察的时间维度小于所测量对象数量的维度，与之相对，长面板数据指的是所观察的时间维度大于所测量对象数量的维度。按组成面板数据集每个观察值的具体情况可将面板数据分为平衡面板数据（balanced panel）和非平衡面板数据（unbalanced panel）。[2] 平衡面板数据指的是在数据集内的每个时间点所观测并记录的被观测样本个体都完全一致，被观察样本个体没有任何缺失或被其他

---

[1] Beck N, Katz J N. What to Do (and not to Do) with Time – Series Cross – Section Data [J]. American Political Science Review, 1995, 89 (3): 634 – 647.

[2] Judson R A, Owen A L. Estimating Dynamic Panel Data Models: A Guide for Macroeconomists [J]. Economics Letters, 1999, 65 (1): 9 – 15.

个体所替换的情况发生;与之相反,非平衡面板数据指的则是被观测对象在某些时间点上的被观测值有所缺失的情况。❶

在研究分析中面板数据主要有以下优点:

①扩大了样本容量:由于面板数据同时从时间和截面两个维度记录被观测个体的测量值,因此使面板数据的总数据量相较于一维的时间或截面数据的数据量成倍增加,由此可以提高数理统计分析中的效度和信度。

②可分析个体与时间的异质性:得益于面板数据同时拥有时间和截面两个维度,学者可将这两种维度交互使用,从而找出个体与时间异质性的统计规律。具体而言,既可基于其时间维度考量个体的异质性,也可基于其截面维度考察时间对同一组被测对象的作用,从而通过统计分析获得之前一维数据无法测量的个体不随时间推移而改变的差异和不同时间点不随个体改变而变化的差异。

③可分析多个体的时间动态过程:横截面数据无法分析同一组个体在不同时间点的动态过程,而时间序列数据又无法分析多个被研究对象的特质,同时具有时间和截面两个维度的面板数据可以弥补上述一维数据的不足,从而使分析多个体的动态过程成为可能。

与此同时,面板数据本身的特质也对后续的统计分析存在一些弊端:

①样本的相关性与异质性增加:由于面板数据同时包括时序数据和截面数据,因此在进行统计分析时,不但需要考察时序数据所带来的相关性问题,还需要考察截面数据导致的异方差问题。

②样本数据的可得性问题显著:由于面板数据收集的是同一组被研究对象在一段时间内的测量值,因此为了保证数据的完整性,需要在时间和空间同时保障数据的可获得性,而由于维度的增加,导致数据可得性和被观测对象可达性难度的加大。

---

❶ Ahn S C, Schmidt P. Efficient Estimation of Models for Dynamic Panel Data [J]. Journal of Econometrics,1995,68(1):5-27.

## 第三节　前验性面板模型检验与选择

基于时间和截面两个维度的面板数据呈几何级数地扩大了传统时间数据、截面数据等一维数据的容量，与此同时，面板数据两个维度的同时存在也导致该类数据同时拥有时间和截面数据的特质，因此为了保障使用面板数据进行计量统计分析的有效性和统计分析结果的可信度，在使用该类数据进行统计分析之前需要同时对数据集中的上述两种维度因素可能导致的无效分析和伪分析进行判定和修正。

### 一、面板数据平稳性检验

由本书第五章可知，时间序列数据不平稳意味着存在无法被解释变量所解释的显著并永久性的变异因素在被观测的时间段内对被研究对象进行干扰，使其无法保持一个恒定的状态。基于这种不平稳数据进行的数理统计分析将由于数据的不平稳性而产生异方差和自相关，由此导致虚假回归或伪回归（spurious regression）的发生，从而无法得到符合事物实际情况的真实计量统计结论。[1] 由于面板数据中包含了时间的维度，因此使用面板数据之前同样需要进行平稳性检验。与时间序列数据相似，单位根检验也是对面板数据的平稳性进行检验的最有效途径。但与时间序列数据主要用 ADF 检验法判别数据集的平稳性不同，单位根对于面板数据的检验主要有 Levin、Lin 和 Chu 法（LLC 检验）（1992、1993、2002），Im、Pesaran 和 Shin 法（IPS 检验）（1995、1997），Maddala 和 Wu 法（MW 检验）（1999），等等。其中比较有代表性的是同质面板单位根检验（LLC 检验）和异质面板单位根检验（IPS 检验）。

LLC 检验可被视为 ADF 检验方法的针对面板数据的改进版本，

---

[1] Kao C. Spurious Regression and Residual – Based Tests for Cointegration in Panel Data [J]. Journal of Econometrics, 1999, 90 (1): 1 – 44.

LLC 检验仍基于本书第五章中所介绍的 ADF 检验方法作为基础，同时以 $\Delta y_{it}$ 和 $y_{it}$ 剔除自相关和确定项的影响，并在对其标准化后形成代理变量，由该代理变量作为被检验数据集是否存在单位根的检测对象。其具体数学表达式如下：

$\Delta y_{it}$ 与 $\sum_{L=1}^{p_i} \theta_{iL} \Delta y_{it-L}$，$\alpha_{mi} d_{mt}$ 的残差为 $\hat{\delta} = \Delta y_{it} - \sum_{L=1}^{p_i} \hat{\theta}_{iL} \Delta y_{it-L} - \hat{\alpha}_{mi} d_{mt}$

而 $y_{it-1}$ 与 $\sum_{L=1}^{p_i} \theta_{iL} \Delta y_{it-L}$，$\alpha_{mi} d_{mt}$ 的残差为 $\hat{\nu}_{it-1} = \Delta y_{it-1} - \sum_{L=1}^{p_i} \hat{\theta}_{iL} \Delta y_{it-L} - \hat{\alpha}_{mi} d_{mt}$

再用 $\varepsilon_{it}$ 的标准差 $\hat{\sigma}_{\varepsilon_{it}}$ 标准化 $\hat{\delta}_{it}$，$\hat{\nu}_{it-1}$ 可得：

$$\bar{\delta}_{it} = \frac{\hat{\delta}_{it}}{\hat{\sigma}_{\varepsilon_{it}}}, \bar{\nu}_{it} = \frac{\hat{\nu}_{it-1}}{\hat{\sigma}_{\varepsilon_{it}}}.$$

据此可建立基于 $\bar{\delta}_{it}$ 和 $\bar{\nu}_{it-1}$ 的回归方程 $\bar{\delta}_{it} = \alpha \bar{\nu}_{it-1} + \bar{\varepsilon}_{it}$，再由此验证原数据集是否存在单位根。

而 IPS 检验法则是在 LLC 检验法的基础上进一步区分序列无关和序列相关的情况，当数据为序列无关时，采用 DF 检验法对单位根进行检验；而当序列相关时，则采用 ADF 检验法对其进行单位根检验。由此可见，面板数据最常用的 LLC 和 IPS 单位根检验法都基于时序序列数据 ADF 单位根检验法的改进。

面板数据单位根检验共有仅含截距项，同时包含趋势和截距项以及上述两种因素都不存在的三种情况。由于单位根检验的原假设 $H_0$ 为数据集中存在单位根，因此在进行面板单位根检验时，上述三种情况中的只要一种拒绝原假设 $H_0$ 即可认为该数据集所指代的变量为平稳的。对公共教育投入规模和结构、经济发展状况和速度，以及国民收入差异的平稳性检测如表 6-2 所示。

由表 6-2 可知，公共教育投入占政府总投入的百分比、高等教育投入占公共教育投入的百分比、人均 GDP、人均 GDP 的年增幅、生存与自我实现价值观、传统与世俗理性价值观及基尼指数七个因素的面板数据集在同质面板单位根 LLC 检验中均拒绝了存在单位根过程

表6-2 教育经济和国民收入差异的单位根检验结果

| 变量名称 | 同质面板单位根 LLC 检验（t-star 统计量） | | | 异质面板单位根 IPS 检验（t-bar 统计量） | | |
|---|---|---|---|---|---|---|
| | 只有截距项 | 含趋势、截距项 | 以上都无 | 只有截距项 | 含趋势、截距项 | Nodemean |
| 公共教育投入占政府总投入的百分比 | -4.68495*** | -5.43941*** | -1.23170 | -1.764** | -2.622** | -1.754 |
| 高等教育投入占公共教育投入的百分比 | -4.45594*** | -6.71470*** | -4.41925*** | -1.904** | -2.353 | -1.670 |
| 人均GDP | -3.33171*** | -4.50304*** | 1.58177 | -1.599 | -1.774 | -1.061 |
| 人均GDP的年增幅 | -6.00710*** | -7.17021*** | -9.25151 | -2.327*** | -2.745*** | -2.440*** |
| 生存与自我实现价值观 | -4.109 | -13.184*** | -1.030 | -0.604 | -1.730 | — |
| 传统与世俗理性价值观 | -4.209 | -13.382*** | -0.030 | -0.611 | -1.752 | — |
| 基尼指数 | -2.71310*** | -7.12987*** | -5.62282*** | -1.493 | -2.307 | -1.489 |

注：①此面板单位根检验的原假设 $H_0$ 为：存在单位根过程；备择假设 $H_1$ 为：不存在单位根过程。

②***表示在1%的显著性水平上通过检验，**表示在5%的显著性水平上通过检验。

的原假设,接受了不存在单位根过程的备择假设;而在异质面板单位根 IPS 检验中仅有人均 GDP、生存与自我实现价值观、传统与世俗理性价值观三个因素通过了存在单位根过程的原假设,其余公共教育投入占政府总投入的百分比、高等教育投入占公共教育总投入的百分比、人均 GDP 的年增幅和基尼指数四个因素的面板数据集均拒绝了存在单位根过程的原假设,接受了不存在单位根过程的备择假设。综合 LLC 检验和 IPS 检验的分析结果可知,上述七个影响因素的数据集均为不存在单位根的过程,因而它们都是平稳的。

## 二、多重共线性检验

在数理统计的回归分析中,当解释变量之间存在一定的线性相关关系即被称为解释变量之间存在多重共线性关系。多重共线性关系又可分为完全多重共线性关系和近似多重共线性关系,其中完全多重共线性关系为在一列系数 $a_0$,$a_1$,$\cdots$,$a_p$ 中至少存在一个不为 0 系数 $a_i$,使得

$$a_0 + a_1 x_{i1} + a_2 x_{i2} + \cdots + a_p x_{ip} = 0, i = 1,2,\cdots,p \quad (6-2)$$

成立,即可称自变量 $x_{i1}$,$x_{i2}$,$\cdots$,$x_{ip}$ 之间存在完全多重共线性关系。

而近似多重共线性关系为在一列系数 $b_0$,$b_1$,$\cdots$,$b_p$ 中至少存在一个不为 0 系数 $b_i$,使得

$$b_0 + b_1 y_{i1} + b_2 y_{i2} + \cdots + b_p y_{ip} \approx 0, i = 1,2,\cdots,p \quad (6-3)$$

成立,即可称自变量 $y_{i1}$,$y_{i2}$,$\cdots$,$y_{ip}$ 之间存在近似多重共线性关系。

多种原因可导致多重共线性的产生,其中较为常见的原因有外部因素的影响,使多个解释变量存在着共同的变化趋势和解释变量之间存在着本质的内在联系。由上述两个导致多重共线性产生的常见原因可知,时间序列数据和截面数据均存在着产生多重共线性问题的可能,因此作为这两类数据结合体的面板数据的变量之间更大概率存在着多重共线性问题。

当解释变量之间存在完全多重共线性关系时,回归分析的系数无法确定,回归模型为:

$$Y_i = \beta_1 + \beta_2 X_{2i} + \beta_3 X_{3i} + \mu_i \qquad (6-4)$$

当解释变量 $X_2$ 和 $X_3$ 不存在多重共线性之时,该两个变量之间的相关系数为:

$$\gamma_{X_2 X_3} = \frac{\sum X_{2i} X_{3i}}{\sqrt{\sum X_{2i}^2 \sum X_{3i}^2}} = 0 \qquad (6-5)$$

由此可知 $\sum X_{2i} X_{3i} = 0$。

因而上述两个不存在多重共线性的解释变量的回归系数分别为

$$\hat{\beta}_2 = \frac{(\sum Y_i X_{2i})(\sum X_{3i}^2) - (\sum Y_i X_{3i})(\sum X_{2i} X_{3i})}{(\sum X_{2i}^2)(\sum X_{3i}^2) - (\sum X_{2i} X_{3i})^2} = \frac{\sum X_{2i} Y_i}{\sum X_{2i}^2}$$

$$\hat{\beta}_3 = \frac{(\sum Y_i X_{3i})(\sum X_{2i}^2) - (\sum Y_i X_{2i})(\sum X_{2i} X_{3i})}{(\sum X_{2i}^2)(\sum X_{3i}^2) - (\sum X_{2i} X_{3i})^2} = \frac{\sum X_{3i} Y_i}{\sum X_{2i}^2}$$

而当解释变量之间存在完全多重共线性关系时,上述两解释变量之间的关系可表述为 $X_{3i} = \alpha X_{2i}$,此时解释变量 $X_2$ 和 $X_3$ 的回归系数则分别为:

$$\hat{\beta}_2 = \frac{(\sum Y_i X_{2i})[\sum (\alpha X_{2i})^2] - [\sum Y_i (\alpha X_{2i})][\sum X_{2i}(\alpha X_{2i})]}{(\sum X_{2i}^2)[\sum (\alpha X_{2i})^2] - [\sum X_{2i}(\alpha X_{2i})]^2} = \frac{0}{0}$$

$$\hat{\beta}_3 = \frac{(\sum Y_i (\alpha X_{2i}))(\sum X_{2i}^2) - (\sum Y_i X_{2i})(\sum X_{2i}(\alpha X_{2i}))}{(\sum X_{2i}^2)[\sum (\alpha X_{2i})^2] - [\sum X_{2i}(\alpha X_{2i})]^2} = \frac{0}{0}$$

由此可知,当解释变量之间存在完全多重共线性关系时,无法估计它们的回归系数。同理可知当解释变量之间存在不完全多重共线性关系时,虽然解释变量的回归系数可以通过计量方法得到,但所估计系数的方差会随着变量间共线性程度的增加而增大,由此导致所得回归系数的不精确性,当解释变量间的多重共线性严重时,甚至会出现所估计的回归系数符号与真实状况相反、解释变量估计系数置信区间增大,以及假设检验的错误判断概率增大等情形,由此导致没有信度和效度的统计分析结果。因此,有必要在对其进行进一步分析之前检测各因素之间的多重共线性问题。多重共线性的检验主要有如下五种判断法：

①基于解释变量之间的相关系数进行判断，但须注意变量间的相关系数仅为多重共线性的充分条件而并不是必要条件，因而有时相关系数较低的解释变量也可能存在严重的多重共线性。

②直观判断法，又称为经验法，即当下述情况出现时意味着变量间可能存在着较为严重的多重共线性。

一是当在回归方程中增加或减少一个解释变量将会引发变量回归系数较大变化之时；

二是当一些在社会现实中被认为是对被解释变量非常重要的解释变量在回归分析中其回归系数反而无法通过显著性检验之时；

三是解释变量的回归系数正负号与社会常识相违背之时；

四是回归方程的解释系数 $R^2$ 很高，同时 F 检验也显著，但偏回归系数的 t 检验不显著之时。

③辅助回归判断法：逐个将每一个解释变量作为被解释变量对其他解释变量进行回归，如果回归方程的 F 检验显著，则可认为该变量与其他变量可能存在较严重的多重共线性，反之则变量之间不存在影响回归结果的多重共线性。

④基于方差扩大因子（VIF）判断法。

⑤逐步回归检测法：逐个将解释变量引入回归模型，同时观察回归模型整体的可决系数 $R^2$ 和解释变量回归系数的显著性变化，当引入新变量后回归模型整体可决系数 $R^2$ 得到显著改变，与此同时原有解释变量回归系数的显著性不发生变化即可证明新引入的变量对于已有解释变量是独立的，反之则存在多重共线性关系。

本章所使用的变量已经通过基本处理以避免多重共线性，在本节中将对其进行先验性变量间多重共线性关系的判断，因而使用判断法①进行相关关系的判定，本章中所涉及的各解释变量之间的相关关系如表6–3所示。

表6-3 教育经济与国民收入差异衡量指标的相关系数矩阵

| | 公共教育投入占政府总投入的百分比 | 高等教育投入占公共教育投入的百分比 | 人均GDP | 人均GDP的年增幅 | 生存与自我实现价值观 | 传统与世俗理性价值观 |
|---|---|---|---|---|---|---|
| 公共教育投入占政府总投入的百分比 | 1 | — | — | — | — | — |
| 高等教育投入占公共教育投入的百分比 | -0.0145 | 1 | — | — | — | — |
| 人均GDP | -0.0694 | 0.411 | 1 | — | — | — |
| 人均GDP的年增幅 | -0.0273 | -0.0652 | -0.229 | 1 | — | — |
| 生存与自我实现价值观 | 0.140 | 0.288 | 0.768 | -0.253 | 1 | — |
| 传统与世俗理性价值观 | -0.297 | 0.277 | 0.456 | 0.0145 | 0.124 | 1 |

一般而言，当两个变量之间的相关系数的绝对值小于0.5时，称为变量间存在弱相关关系，当两个变量之间的相关系数的绝对值介于0.5~0.8时，称为变量间存在中度相关关系，而当两个变量之间的相关系数的绝对值大于0.8时，称为变量间存在强相关关系。从表6-3可见，本章所研究的大多数与教育经济相关的解释变量间的两两相关系数都低于0.5，因而为弱相关关系；而仅变量生存与自我实现价值观和变量人均GDP之间的相关系数超过0.5为中度相关。由此可知，社会的经济发展状况和生存与自我实现价值观之间存在着非常强的相关关系。因此，为了避免因为变量间的多重共线性而导致回归模型估算值出现偏误，在本章的后续研究中将避免变量生存与自我实现价值观和变量人均GDP同时出现在同一个回归模型情况的发生。

### 三、面板回归模型的选择

如前文所述，基于面板数据的回归模型主要优势之一是可分析个体与时间维度的异质性,由此使对于面板数据的回归模型包含混合效应模型、固定效应模型和随机效应模型三大类。其中在混合效应模型中被研究的变量特质不随个体和时间的变化而变化,相当于将所有时间段内都同质的个体堆积在一起作为被研究样本,因此该类模型中所有被研究样本数学表达式的截距项 α 和解释变量系数 β 均相同,故而面板数据模型的一般表达式即公式(6-1)在面板混合效应模型中可表示为公式(6-6):

$$y_{it} = \alpha + x_{it}\beta + \mu_{it} \quad i = 1,\cdots,N, \quad t = 1,2,\cdots,T \quad (6-6)$$

固定效应模型所针对是对不同的个体或个体在不同的时间点其所具备的特质出现差异,并且由这些差异引起的模型误差与模型中的解释变量相关。因此,在对该类面板数据进行研究的模型中,不同的被研究样本数学表达式的截距项 α 和解释变量系数 β 均有可能不同。故而固定效应模型又细分为个体固定效应模型、时间固定效应模型及时间个体固定效应模型三种。其中个体固定效应模型是不同被研究个体有着不同特质的模型,个体固定效应模型的变截距模型可表示为公式(6-7):

$$\begin{cases} y_{1t} = \gamma_1 + \beta_1 x_{1t} + \varepsilon_{1t}, & i=1(对于第1个个体,或时间序列),t=1,2,\cdots,T \\ y_{2t} = \gamma_2 + \beta_1 x_{2t} + \varepsilon_{2t}, & i=2(对于第2个个体,或时间序列),t=1,2,\cdots,T \\ \cdots \\ y_{Nt} = \gamma_N + \beta_1 x_{Nt} + \varepsilon_{Nt}, & i=N(对于第N个个体,或时间序列),t=1,2,\cdots,T \end{cases}$$

$$(6-7)$$

时间固定效应模型是不同被研究时间点导致环境的变化而使回归模型发生变化,时间固定效应模型的变截距模型可表示为公式(6-8):

$$\begin{cases} y_{i1} = \alpha_1 + \beta_1 x_{i1} + \varepsilon_{i1}, & t=1,(对于第1个截面),i=1,2,\cdots,N \\ y_{i2} = (\alpha_1 + \alpha_2) + \beta_1 x_{i2} + \varepsilon_{i2}, & t=2,(对于第2个截面),i=1,2,\cdots,N \\ \cdots \\ y_{iT} = (\alpha_1 + \alpha_T) + \beta_1 x_{iT} + \varepsilon_{iT}, & t=T,(对于第T个截面),i=1,2,\cdots,N \end{cases}$$

$$(6-8)$$

时间个体固定效应模型则是上述两种效应的叠加,因而其变截距模型可表示为公式(6-9):

$$\begin{cases} y_{11} = \alpha_1 + \gamma_1 + \beta_1 x_{11} + \varepsilon_{11}, & t=1, i=1 \text{（对于第 1 个截面、第 1 个个体）} \\ y_{21} = \alpha_1 + \gamma_2 + \beta_1 x_{21} + \varepsilon_{21}, & t=1, i=2 \text{（对于第 1 个截面、第 2 个个体）} \\ \dots \\ y_{N1} = \alpha_1 + \gamma_N + \beta_1 x_{N1} + \varepsilon_{N1}, & t=1, i=N \text{（对于第 1 个截面、第 } N \text{ 个个体）} \end{cases}$$

$$\begin{cases} y_{12} = (\alpha_1 + \alpha_2) + \gamma_1 + \beta_1 x_{12} + \varepsilon_{12}, & t=2, i=1 \text{（对于第 2 个截面、第 1 个个体）} \\ y_{22} = (\alpha_1 + \alpha_2) + \gamma_2 + \beta_1 x_{22} + \varepsilon_{22}, & t=2, i=2 \text{（对于第 2 个截面、第 2 个个体）} \\ \dots \\ y_{N2} = (\alpha_1 + \alpha_2) + \gamma_N + \beta_1 x_{N2} + \varepsilon_{N2}, & t=2, i=N \text{（对于第 2 个截面、第 } N \text{ 个个体）} \end{cases}$$

$$\dots$$

$$\begin{cases} y_{1T} = (\alpha_1 + \alpha_T) + \gamma_1 + \beta_1 x_{12} + \varepsilon_{1T}, & t=T, i=1 \text{（对于第 } T \text{ 个截面、第 1 个个体）} \\ y_{2T} = (\alpha_1 + \alpha_T) + \gamma_2 + \beta_1 x_{22} + \varepsilon_{2T}, & t=T, i=2 \text{（对于第 } T \text{ 个截面、第 2 个个体）} \\ \dots \\ y_{NT} = (\alpha_1 + \alpha_T) + \gamma_N + \beta_1 x_{NT} + \varepsilon_{NT}, & t=T, i=N \text{（对于第 } T \text{ 个截面、第 } N \text{ 个个体）} \end{cases}$$

(6-9)

而与固定效应模型相对应，拥有不随时间变化并与模型中解释变量相关的非观测效应因素的随机效应模型也可细分为个体随机效应模型、时间随机效应模型和个体时间随机效应模型三种，出于拥有相近的原理，这三种随机模型与上述三种固定效应模型成一一对应关系。

为了准确测量文化价值观、公共教育投入和经济状况对国民收入差异的影响，保障所获得的估计结果与社会实际相接近，在建立面板数据分析模型时，需要根据具体的面板数据情况从上述数据模型中进行选择，以避免解释变量系数偏差的发生。面板数据回归模型的抉择可以依据 F 统计量检验和豪斯曼（Hausman）检验法的结果做出。其中 F 统计量检验可以判定对于当前面板数据而言，混合效应模型和固定效应模型的优劣。F 统计量检验检验的原假设 $H_0$ 为不同个体和时间点的模型截距项相同，备择假设 $H_1$ 为不同个体和不同时间点的模型截距项存在差异。用做检验的 F 统计量的数学表达式为：

$$F = \frac{(SSE_r - SSE_u)/[(NT-2)-(NT-N-T)]}{SSE_u/(NT-N-T)}$$

$$= \frac{(SSE_r - SSE_u)/(N+T-2)}{SSE_u/(NT-N-T)} \quad (6-10)$$

其中 $SSE_r$,$SSE_u$ 分别表示所估计的混合效应模型和固定效应模型的残差平方和，$N$ 为个体个数，$T$ 为时间点数。

由此，基于 F 统计量的显著与否可以用于判定对当前面板数据而言混合效应模型与固定效应模型之间的优劣。当 $F$ 值显著时，固定效应模型优于混合效应模型；而当 $F$ 值不显著时，则表明混合效应模型优于固定效应模型。

豪斯曼（Hausman）检验的基本思想是从固定效应模型和随机效应模型的差异出发，在固定效应模型中不可由解释变量所解释的效应因素与解释变量无关，而在随机效应模型中不可由解释变量所解释的效应因素则与解释变量有关，由此为基础对被检测面板数据分别建立固定效应模型和随机效应模型，检验的原假设 $H_0$ 为所建立的固定效应模型和随机效应模型的参数无显著差别，备择假设 $H_1$ 为所建立的固定效应模型和随机效应模型的参数存在显著差别。因此，豪斯曼检验的数学表达式为：

$$t_\beta = \frac{\hat{\beta}^{FE} - \hat{\beta}^{RE}}{\text{Var}(\text{Diff})} \sim_{(a)} N(0,1) \qquad (6-11)$$

其中，$\hat{\beta}^{FE}$ 和 $\hat{\beta}^{RE}$ 分别为固定效应模型和随机效应模型的估计参数。

由此可知，当豪斯曼检验显著时，固定效应模型优于随机效应模型；而当豪斯曼检验不显著时，随机效应模型则优于固定效应模型。

基于上述面板回归模型的选择原理和方法，对于公共教育投入对国民收入差异在不同价值观国家中的影响模型进行检测，结果如表 6-4 所示。

由表 6-4 可知，在文化价值观和教育经济对基尼指数的所有影响模型中，所有模型的 F 值均显著，表明拒绝 F 检验原假设为 $H_0$：不同个体和时间点的模型截距项相同，因而固定效应模型优于混合效应模型。而在豪斯曼检验中，所有模型的检验结果 $P$ 值均显著，表明拒绝原假设 $H_0$：所建立的固定效应模型和随机效应模型的参数无显著差别，因此在本章中固定效应模型优于随机效应模型。

公共教育投入对国民收入影响的差异性

表6-4 教育经济因素对国民收入差异的固定效应模型估计结果

因变量：基尼指数

| 自变量 | 模型 A1 | 模型 A2 | 模型 A3 | 模型 A4 | 模型 A5 |
|---|---|---|---|---|---|
| 传统与世俗理性价值观 | — | -1.528328*** | — | -1.650976*** | -1.551105*** |
| 生存与自我实现价值观 | — | — | -1.208744*** | -1.203851*** | -1.184152*** |
| 公共教育投入占政府总投入的百分比 | -0.253941*** | -0.2557479*** | -0.2485521*** | -0.2482607*** | -0.2464895*** |
| 高等教育投入占公共教育投入的百分比 | -0.0410762 | -0.0329722 | -0.0451361 | -0.0299703 | -0.025519 |
| 人均GDP | -0.0000814* | -0.0000442 | — | — | -0.0000344 |
| 人均GDP的年增幅 | -0.0098784 | -0.0073729 | -0.0047181 | -0.0045728 | -0.0067729 |
| 常数项 | 40.21285*** | 39.36879*** | 38.94912*** | 38.63641*** | 39.16866*** |
| $R^2$ | 0.0409 | 0.0545 | 0.0506 | 0.0676 | 0.0685 |
| F test | 128.07*** | 101.10*** | 162.24*** | 109.98*** | 102.65*** |
| Hausman test | 35.25*** | 74.59*** | 623.85*** | 9.75* | 70.77*** |

注：***表示在1%的显著性水平上通过检验，*表示在10%的显著性水平上通过检验。

## 四、内生性检验

内生性问题是所有回归分析中都需要引起重视的问题，内生性检验可保证本章所建教育经济与国民收入差异关系面板回归模型的无偏性和所估计变量系数的有效性，因而是进一步进行数理统计分析的重要前提。回归模型存在内生性一般表现为模型的解释变量与随机误差项之间存在某种程度的相关性。即对公式（6-1）中存在 $\text{Cov}(x_{jt}, u_{jt}) \neq 0$，其中 $x_{jt}$ 即为内生变量。因此，由具有内生性问题的回归模型所估变量的系数与不存在内生性问题的回归模型所估计的系数的差值为：

$$\hat{\beta}_1 - \beta_1 = \frac{\sum_{j=1}^{t}\sum_{i=1}^{n}(X_i - \overline{X})u_{ij}}{\sum_{j=1}^{t}\sum_{i=1}^{n}(X_{ij} - \overline{X})^2}$$

$$= \frac{n^{-2}\sum_{j=1}^{t}\sum_{i=1}^{n}(X_i - \overline{X})u_{ij}}{n^{-2}\sum_{j=1}^{t}\sum_{i=1}^{n}(X_{ij} - \overline{X})^2} \rightarrow \frac{\text{Cov}(X,u)}{\text{Var}(X)} \neq 0$$

内生性问题发生的最主要原因是模型设定错误，模型设定错误包括遗漏重要的相关变量、在模型中引入与被解释变量不相干的变量及错误的函数形式，此外测量错误也可导致内生性问题的发生。针对不同的回归模型存在不同的内生性检验方法，面板数据回归模型内生性问题主要的检验方法有 Davidson 和 MacKinnon 于 1993 年共同提出的麦金农内生性检验法，该检验法通过同时建立普通最小二乘回归模型（Ordinary Least Square，OLS）和工具变量回归模型，进而对上述两个模型的差异进行比较，该检验的原假设 $H_0$ 为上述所建立的普通最小二乘回归模型与工具变量回归模型的估计结果差异不显著，备择假设 $H_1$ 为上述所建立的普通最小二乘回归模型与工具变量回归模型的估计结果差异显著。当检验结果满足原假设 $H_0$ 时即可判定原回归模型中不存在内生性问题，反之则存在内生性问题。对本章的教育经济对国民收入差异影响的回归模型进行麦金农内生性检验，结果如表 6-5 所示。

表 6-5 麦金农（Davidson-MacKinnon）内生性检验结果

|  | 模型 A1 | 模型 A2 | 模型 A3 | 模型 A4 | 模型 A5 |
|---|---|---|---|---|---|
| 麦金农内生性检验法 | 3.795549* | 3.619808* | 0.0934852 | 0.4745957 | — |

注：*表示在10%的显著性水平上通过检验。

由表 6-5 所示，麦金农（Davidson-MacKinnon）内生性检验结果可见模型 A3 和模型 A4 接受原假设而模型 A1 和模型 A2 在 10% 的显著性上拒绝原假设而选择备择假设，即在 A3 和 A4 两模型中的估计结果差异不显著而在模型 A1 和 A2 中差异显著，故而由上述检验结果可知 A3 和 A4 两模型不存在内生性问题，而去掉了一些解释变量的模型 A1 和 A2 则存在一定程度的内生性问题。

## 五、异方差检验

异方差（heteroscedasticy）也是进行回归分析之前必须进行的重要检验之一。多种因素可导致异方差的产生，其中最常见使异方差产生的原因有：回归模型中重要变量的缺失，回归模型的不恰当设定，收集数据时的测量误差，由不同个体和时间导致被观测对象和环境的系统化差异等。异方差的实质是随机扰动的方差随解释变量 $X$ 的变化而改变，其对公式（6-1）的数学表达式为：

$$\mathrm{Var}(\mu_{it}|X_{it}) = \sigma_{it}^2 \neq \quad (i=1,2,3,\cdots,n)$$

异方差的存在将不但使基于普通最小二乘法进行估计所得回归模型中的解释变量的估计系数不再具备最小方差，同时使解释变量的显著性检验失效，而且将降低预测精度和模糊预测区间。异方差的检验方法有图示法、斯皮尔曼等级（秩）相关（Spearman rank correlation）检验、帕克（Park）检验、戈里瑟（Goldfeld-Quandt）检验、怀特（White）检验、布殊-帕甘（Breusch-Pagan）检验等，其中怀特检验法运用最广。怀特检验法的原理是通过对所构建的模型运用普通最小二乘法进行估计得到模型的残差 $\varepsilon_{it}$ 和残差的平方 $\varepsilon_{it}^2$，接着用残差的平方 $\varepsilon_{it}^2$ 与解释变量 $X_{it}$ 一起构建辅助回归方程，基于该辅助回归方

程计算统计量 $nR^2$，其中 $n$ 为样本容量，$R^2$ 为辅助回归函数中的决定系数。当所被检验模型没有异方差存在时，统计量 $nR^2$ 服从 $X^2$ 分布，比较 $nR^2$ 与 $X^2$ 的值，当 $nR^2$ 大于 $X^2$ 时，则表明被检验模型中存在异方差。对上文所构建模型进行异方差检验结果，如表 6-6 所示。

表 6-6 异方差检验结果

| | 模型 A1 | 模型 A2 | 模型 A3 | 模型 A4 | 模型 A5 |
|---|---|---|---|---|---|
| 异方差检验 $P$ 值 | 3805.23*** | 3151.42*** | 4008.97*** | 4178.03*** | 3907.76*** |

注：***表示在1%的显著性水平上通过检验。

由表 6-6 可知，模型 A1 到模型 A5 五个模型都拒绝了原假设 $H_0$：$Sigma(i)^2 = Sigma^2$ for all i 的原假设，因而采用备择假设 $H_1$ 回归模型的随机误差项满足异方差性。故而上述五个模型均包含异方差，为了保证统计回归结论的有效性，本章在基础面板数据回归模型的基础上，对每个回归模型都进行了稳健性估计，以消除因异方差为估计值带来的干扰。

## 第四节 公共教育投入对国民收入差异的回归分析

回归分析是基于观测数据，对变量之间关系进行定量分析的数理统计分析方法。通过回归分析，可以定量的确定两种或两种以上变量相互影响的相关关系。因而本章可在前文定性分析的基础上，通过回归分析定量的确定教育经济、文化价值观对国民收入差异的影响，获得各个变量之间相互影响的内在规律，从而作为预测和控制的依据。

### 一、回归模型的构建

本章考察的是教育经济和文化价值观对国民收入差异的影响，从前文的多重共线性检验可知，社会的经济发展状况和生存与自我实现价值观之间存在着非常强的相关关系，为了避免多重共线性造成所估计的模型产生偏误，本章将社会的经济发展状况和生存与自我实现价值观两个解释变量分别置于不同的模型中，以分别考察它们对于国民收入差异的影响。

模型 C：

$$Gini = \alpha_1 + \beta_{11}edu + \beta_{12}tertiary + \beta_{13}gdp\_growth + \beta_{14}gdp + \beta_{15}tradsecu + \mu_1 \qquad (6-12)$$

模型 D：

$$Gini = \alpha_2 + \beta_{21}edu + \beta_{22}tertiary + \beta_{23}gdp\_growth + \beta_{24}survself + \beta_{25}tradsecu + \mu_2 \qquad (6-13)$$

在上述两模型中被解释变量 Gini 为各国的基尼指数，在本章中是国民收入差异的测量指标；在解释变量中：edu 是教育投入占政府总投入的百分比，在本章中是公共教育投入规模的测量指标；tertiary 是高等教育投入占政府教育总投入的百分比，在本章中是公共教育投入结构的测量指标；gdp_growth 是每年人均 GDP 增长幅度，在本章中是经济发展速度的测量指标；gdp 是人均 GDP，在本章中是经济发展状态的测量指标；survself 是对生存与自我实现价值观的赋值，在本章中是各国在生存与自我实现价值观这一衡量维度上的测量指标；tradsecu 是对传统与世俗理性价值观的赋值，在本章中是各国在传统与世俗理性价值观这一衡量维度上的测量指标；$\alpha_1$ 和 $\alpha_2$ 是截距项，$\beta_{11}$、$\beta_{12}$、$\beta_{13}$、$\beta_{14}$、$\beta_{15}$、$\beta_{21}$、$\beta_{22}$、$\beta_{23}$、$\beta_{24}$ 和 $\beta_{25}$ 为解释变量的回归系数，$\mu_1$ 和 $\mu_2$ 为随机扰动项。

## 二、回归结果分析

以公共教育投入规模和公共教育投入结构为自变量，以经济因素和文化价值观为控制变量，上述各影响变量对国民收入差异的回归结果见表 6-7、表 6-8 和表 6-9。在 B 系列模型中，我们主要是考察各个自变量独自对国民收入差异的影响；在 C 系列模型和 D 系列模型中，主要考察的是在控制了不同影响因素的前提下，教育投入规模和教育投入结构对国民收入差异的相对影响。由此我们为 B、C 和 D 系列分别各建立了 5 个子模型。

表 6-7　经济与文化价值观对国民收入差异解释模型的回归结果

| 自变量 | 模型 B1 | 模型 B2 | 模型 B3 | 模型 B4 | 模型 B5 |
|---|---|---|---|---|---|
| 传统与世俗理性价值观 | — | — | -1.714679*** (-3.39) | — | -1.563** (-2.01) |
| 生存与自我实现价值观 | — | — | — | -1.342965*** (-3.34) | — |
| 公共教育投入占政府总投入的百分比 | — | — | — | — | -0.252*** (-4.51) |
| 高等教育投入占公共教育投入的百分比 | — | — | — | — | -0.02571* (-0.68) |
| 人均 GDP | -0.9589435** (-2.11) | — | — | — | -0.361** (-1.31) |
| 人均 GDP 的年增幅 | — | -0.0054862 (-0.23) | — | — | -0.00682 (-0.31) |
| 常数项 | 36.17279*** (41.63) | 34.36516*** (338.74) | 34.37504*** (420.26) | 34.66077*** (281.10) | 39.31*** (29.82) |
| $R^2$ | 0.0573 | 0.0501 | 0.0688 | 0.0682 | 0.3672 |
| F test | 4.43** | 0.05 | 11.48*** | 11.16*** | 7.26*** |

注：***表示在 1% 的显著性水平上通过检验，**表示在 5% 的显著性水平上通过检验，*表示在 10% 的显著性水平上通过检验。

表 6-8　公共教育投入规模对国民收入差异解释模型的回归结果

| 自变量 | 模型 C1 | 模型 C2 | 模型 C3 | 模型 C4 | 模型 C5 |
|---|---|---|---|---|---|
| 传统与世俗理性价值观 | — | -1.732505*** (-3.48) | -1.708783*** (-3.46) | -1.586045*** (-3.08) | -1.587382*** (-3.07) |
| 生存与自我实现价值观 | — | — | -1.232896*** (-3.13) | -1.205557*** (-3.05) | — |

续表

| 自变量 | 模型 C1 | 模型 C2 | 模型 C3 | 模型 C4 | 模型 C5 |
|---|---|---|---|---|---|
| 公共教育投入占政府总投入的百分比 | -0.2523694***<br>(-4.45) | -0.2539152***<br>(-4.52) | -0.244777***<br>(-4.39) | -0.2435434***<br>(-4.36) | -0.2438143***<br>(-4.37) |
| 人均GDP | — | — | — | -0.3883879<br>(-0.84) | -0.4252049***<br>(-0.87) |
| 人均GDP的年增幅 | — | — | — | — | -0.0071798<br>(-0.27) |
| 常数项 | 37.72928***<br>(49.48) | 37.77347***<br>(49.98) | 37.93451***<br>(50.45) | 38.64758***<br>(34.03) | 38.68938***<br>(36.21) |
| $R^2$ | 0.0820 | 0.1511 | 0.2164 | 0.2675 | 0.2417 |
| F test | 19.84*** | 16.16*** | 14.20*** | 10.82*** | 11.71*** |

注：***表示在1%的显著性水平上通过检验。

表6-9 公共教育投入结构对国民收入差异解释模型的回归结果

| 自变量 | 模型 D1 | 模型 D2 | 模型 D3 | 模型 D4 | 模型 D5 |
|---|---|---|---|---|---|
| 传统与世俗理性价值观 | — | -1.661083***<br>(-3.25) | -1.654724***<br>(-3.27) | -1.654456***<br>(-3.26) | -1.607141***<br>(-3.27) |
| 生存与自我实现价值观 | — | — | -1.306164***<br>(-3.26) | -1.306071***<br>(-3.26) | — |
| 高等教育投入占公共教育投入的百分比 | -0.0424864**<br>(-1.22) | -0.0272156**<br>(-0.78) | -0.0180284**<br>(-0.52) | -0.018481*<br>(-0.53) | -0.018612*<br>(-0.52) |
| 人均GDP | — | — | — | — | -0.316412**<br>(-0.92) |
| 人均GDP的年增幅 | — | — | — | -0.0066781<br>(-0.28) | -0.0095312<br>(-0.32) |
| 常数项 | 35.27549***<br>(46.28) | 34.96602***<br>(45.87) | 35.06671***<br>(46.34) | 35.09282***<br>(45.98) | 35.53061***<br>(45.81) |
| $R^2$ | 0.0525 | 0.1197 | 0.1969 | 0.2470 | 0.2491 |
| F test | 1.49 | 6.04*** | 7.64*** | 5.74*** | 5.68*** |

注：***表示在1%的显著性水平上通过检验，**表示在5%的显著性水平上通过检验，*表示在10%的显著性水平上通过检验。

基于以上回归结果，具体分析如下：

①综合模型 B1、B2、B3、B4、C1 和 D1 的回归结果可知，在传统与世俗理性价值观、生存与自我实现价值观、公共教育投入占政府总投入的百分比、高等教育投入占公共教育投入的百分比、人均 GDP 和人均 GDP 的年增幅六个影响因素中，公共教育投入占政府总投入的百分比对基尼指数的解释力度为 0.082，是六个影响因素中最大的，并且在 1% 的显著性水平上存在着统计显著；传统与世俗理性价值观虽然同样在 1% 的显著性水平上存在着统计显著，但对基尼指数的影响力度为 0.0688，相较公共教育投入占政府总投入的百分比为弱；而生存与自我实现价值观对于基尼指数的影响力度为 0.0682，仅略低于传统与世俗理性价值观，同时生存与自我实现价值观在 1% 的显著性水平上存在着统计显著；人均 GDP 对基尼指数的影响力为 0.0573，不但影响力更弱，而且仅在 5% 的显著性水平上存在着统计显著；而高等教育投入占公共教育投入的百分比不但仅在 10% 的显著性水平上存在着统计显著，而且其对基尼指数的影响力度也仅为 0.0525，较人均 GDP 为弱；而人均 GDP 的年增幅不但对基尼指数的解释力度仅 0.0501，是本书所考察的基尼指数的六个影响因素中最弱的，而且不存在统计显著。由此可知，教育投入两个方面因素对国民收入差异的平均影响大于表征经济因素的两个方面对国民收入差异的影响。但教育投入的不同方面对国民收入差异的影响力度存在着较大差异，其中教育投入规模在所有影响因素中对于国民收入差异的影响最大，而教育投入结构则在所有影响因素中对国民收入差异的影响较小。文化价值观对于国民收入差异的影响相对较大，而经济因素对国民收入差异的影响则相对较小。

②整体来看，国民收入差异的所有六个影响因素（包括传统与世俗理性价值观、生存与自我实现价值观、公共教育投入占政府总投入的百分比、高等教育投入占公共教育总投入的百分比、人均 GDP 和人均 GDP 的年增幅）的回归系数均为负表明，长期来看上述六个影响因素中任何一个数值的变大都将使社会中国民收入差异变小。具体而言，从模型 C1 到模型 C5、模型 D1 到模型 D5，无论是以教育投入

规模为解释变量的 C 系列模型，还是以教育投入结构为解释变量的 D 系列模型，每加入一个控制变量，模型的整体解释力均不断上升。由此可知，每个控制变量均可一定程度地解释国民收入差异的变化。此外，在模型 C5 中传统与世俗理性价值观、生存与自我实现价值观两个控制变量，以及公共教育投入占政府总投入的百分比一个解释变量均在 1% 的显著性水平上存在着统计显著，而人均 GDP 和人均 GDP 的年增幅两个控制变量均不存在统计显著性；在模型 D5 中传统与世俗理性价值观、生存与自我实现价值观两个控制变量在 1% 的显著性水平上存在着统计显著，解释变量高等教育投入占公共教育投入的百分比在 10% 的显著性水平上存在着统计显著，而人均 GDP 和人均 GDP 的年增幅两个控制变量均不存在统计显著性。可知，在文化价值观、经济状况和教育投入三个方面的影响下，文化价值观对国民收入差异的影响最显著，教育投入次之，经济状况对国民收入差异的影响最不显著。

③对比模型 B3 和 B4 可知，拥有传统与世俗理性价值观的国家和拥有生存与自我实现价值观的国家的回归系数分别约为 －1.715 和 －1.343，意味着在现实生活之中，在经济文化等各种因素的影响之下，拥有传统价值观与世俗理性价值观国家之间国民收入差异的幅度大于拥有生存价值观与自我实现价值观国家之间的差异，而在将教育和经济因素分离出来后，模型 C5 和模型 D5 的拥有传统与世俗理性价值观国家和拥有生存与自我实现价值观国家的回归系数分别为 －1.581 和 －1.528、－1.205 和 －1.280，并且依然在 1% 的显著性水平上存在着统计显著，意味着在排除经济发展状况和教育投入状况的区别后，拥有传统价值观与世俗理性价值观国家之间国民收入差异的幅度依然与拥有生存价值观与自我实现价值观国家之间存在着较大的差异。故而对拥有不同文化价值观的国家，当其经济发展状态达到相似的水平后，各国的教育投入水平也依然因为文化价值观水平的差异而有所不同。

④模型 C1 的教育投入规模的回归系数和模型 D1 的教育投入结构的回归系数分别为 －0.252 和 －0.0425，而在模型 C5 和模型 D5 中该

两项变量对应的回归系数分别为 -0.243 和 -0.0130，可见在将不同地区的经济和文化价值观因素分离出来后，模型 C5 中教育投入规模的回归系数相对于模型 C1 中相应变量的回归系数变化了 4.5%，而模型 D5 中教育投入结构的回归系数相对于模型 D5 中相应变量的回归系数变化了 70%，可见经济和文化价值观对于教育投入结构的影响大于它们对教育投入规模的影响。而在模型 C1 和模型 C5 中教育投入规模的回归系数均在 1% 的显著性水平上存在着统计显著，而在模型 D1 和模型 D5 中教育投入结构的回归系数则分别在 5% 和 10% 的显著性水平上存在着统计显著，教育投入规模和教育投入结构两个因素在模型 C1 和 C5 中、模型 D1 和 D5 中统计显著情况的变化同样体现了在排除经济和文化价值观等外部影响因素后教育投入规模和教育投入结构之间存在着统计显著的差异。

## 第五节 公共教育投入对国民收入差异的面板门限分析

在第四节中，我们基于固定效应面板模型，分析了在文化价值观和经济状况等因素的作用下，公共教育投入对国民收入差异的影响。由前文的分析可知，从整体长期来看，公共教育投入和经济状况等因素的增长可减小国民收入的差异。但随着社会环境的变化，各种影响因素对国民收入差异的影响是否一直恒定不变呢？随着各种外部因素的增长，对于国民收入差异减小的效应会否变化呢？需要对上述问题予以确认，就涉及对面板回归模型中的门限效应的探究。回归模型中所存在的门限效应指的是由于突变点的存在，而使变量之间的关系呈现非线性的特质，其中的突变点即为模型的门限值。基于模型中门限值的个数门限回归模型又被分为单一门限模型和多重门限模型，其中单一门限模型是最基础的门限回归模型，多重门限模型则是在单一门限模型基础上的扩张。单一门限模型的数学表达式为：

$$y_{it} = \alpha + x_{it}\beta_i \cdot I(q_{it} \leq \gamma) + x_{it}\beta_j \cdot I(q_{it} \geq \gamma) + \mu_{it}$$

(6-14)

其中 $i$、$j$ 表示被观测个体的数量维度，$t$ 表示被观测时间段的时间维度，$q_{it}$ 即为门限值，$N$ 和 $T$ 分别表示被观测个体和被测量时间的最大数值，代表模型的常数项，$x_{it}$ 是 $1 \times K$ 的向量矩阵，它指代的是 $K$ 个解释变量对第 $i$ 个观测对象在第 $t$ 期的观测值，而 $x_{it}$ 的系数则是 $K \times 1$ 向量矩阵。

由公式 6-14 可知，在所拥有的观察值样本中存在门限值 $\gamma$，当 $q_{it}$ 在门限值 $\gamma$ 左右时，将使解释变量 $x_{it}$ 对被解释变量 $y_{it}$ 所起到的影响存在着一定的差异。门限回归模型在计量上可以更客观、精细地体现变量间的关系，从而避免了研究者基于传统主观方法所构建统计模型的所带来的偏误。门限分析的具体原理如下文所述。

## 一、门限分析的原理

由前文可知，回归模型中存在门限值意味着变量之间存在着非线性关系。为此，我们首先需要检验模型中的变量间是否存在门限效应，当模型中的门限效应为显著时，再根据门限估计值的渐进分布特征进一步对所存在的模型门限值进行确定，最后根据门限值估测模型中各变量系数估计值的渐进分布特征测算出各变量的系数。门限分析的具体步骤如下所述。

### （一）门限效应的检验

$$y_{it} = \alpha + x_{it}\beta_i \cdot I(q_{it} \leq \gamma) + x_{it}\beta_j \cdot I(q_{it} \geq \gamma) + \mu_{it} \tag{6-14}$$

公式 6-14 可等价于：

$$y_{it} = \alpha + x'_{it}(\gamma)\beta + \mu_{it} \tag{6-15}$$

其中 $\beta = (\beta'_1 \beta'_2)'$，由此可知门限模型对变量在不同区间的差异具体体现在回归系数 $\beta_1$ 和 $\beta_2$ 的不同上，为了保证能对不同区间的回归系数 $\beta_1$ 和 $\beta_2$ 进行识别，不但在门限模型的变量 $x_{it}$ 中不能包含不随时间改变的虚拟变量，也假定门限值 $\gamma$ 不随时间改变，并且如所有回归模型一样残差 $\mu_{it}$ 的均值为 0，并且其方差 $\delta^2_\mu$ 有限独立并且同分布。

为了去除数据中所包含的个体效应，对公式（6-15）中各变量的数据进行组内平均可得：

$$\overline{y_i} = \alpha + \overline{x_i}(\gamma) + \overline{\mu_i} \qquad (6-16)$$

其中，$\overline{y_i} = \frac{1}{T}\sum_{t=1}^{T} y_{it}$，$\overline{x_i} = \frac{1}{T}\sum_{t=1}^{T} x_{it}$，$\overline{\mu_i} = \frac{1}{T}\sum_{t=1}^{T} \mu_{it}$

将公式（6-15）减去公式（6-16）可得：

$$Y^* = X^*(\gamma)\beta + \mu^* \qquad (6-17)$$

其中，$Y^* = y_{it} - \overline{y_i}$，$X^* = x_{it} - \overline{x_i}$，$\mu^* = \mu_{it} - \overline{\mu_i}$。

门限效应检验的原假设为不存在门限效应，即 $H_0: \beta_1 = \beta_2$；备择假设为模型存在门限效应，即 $H_1: \beta_1 \neq \beta_2$。

最大似然比（LR test）检验如公式（6-18）所示：

$$F_1 = \frac{S_0 - S_1(\hat{\gamma})}{\hat{\delta}_\mu^2} = \frac{S_0 - S_1(\hat{\gamma})}{S_1(\hat{\gamma})/n(T-1)} \qquad (6-18)$$

其中 S 为公式（6-17）的残差平方和 $\tilde{e}_{it}^{*'}\tilde{e}_{it}^{*}$。

当计算所得的 P 值小于临界值时，就拒绝原假设，选择备择假设，认为模型存在门限效应；而当计算所得的 P 值大于临界值时，就接受原假设，即认为模型不存在门限效应。

### （二）门限值的确定

门限值的确定包括对门限值置信区间和门限值的估算。对于门限值的置信区间的估算可以基于确定门限效应存在的前提下，利用似然比统计量：

$$LR_1(\gamma) = \frac{S_1(\gamma) - S_1(\hat{\gamma})}{\hat{\delta}^2} \qquad (6-19)$$

该统计量的原假设为 $H_0\gamma = \gamma_0$，当上述似然统计量足够大时，即拒绝原假设，由此构建一个"非拒绝域"，从而构成门限值有效渐进的置信区间。

进一步，基于公式 6-19 可推导出求取门限值的函数：

$$c(\alpha) = -2\ln(1 - \sqrt{1-\alpha}) \qquad (6-20)$$

在确认变量间存在门限效应并进一步推导出门限值的置信区间和门限值后，即可据此构造门限面板回归模型，由此可精确估算出在门限变量发生改变时对被解释变量的具体影响。而将上述对单一门限模型的分析原理进行扩展，即可得到多重门限模型。

## 二、公共教育投入对国民收入差异的门限分析

门限效应检验是对变量间关系进一步精细分析的前提。变量间门限效应的存在与否，决定着计量统计分析模型的构建，因而门限效应检验是求解门限回归模型的关键。对本章而言，通过前文的回归分析可知教育投入的规模和结构、经济发展状况和速度均对国民收入差异存在着长期的负相关关系，但对于不同的解释变量，这种关系是否一直恒定？并一直与被解释变量国民收入差异保持着线性关系？上述涉及回归模型构建的问题取决于变量之间是否存在门限效应。为了精准地构建回归模型，不但需要确认门限效应的存在与否，还需要确定门限值（突变点）的个数。在门限效应存在的前提下，根据所确定门限值的个数，面板门限回归模型可分为单门限回归模型、双门限回归模型及三门限回归模型。运用前文所述门限效应检验原理对教育经济因素与国民收入差异间的门限效应检验结果如表6-10所示。

由表6-10可知，在进行门限效应检验的四个因素中，公共教育投入占政府总投入的百分比的单门限检验值F1和双门限检验值F2均在5%的显著性水平通过检验；高等教育投入占公共教育总开支的百分比的单门限检验值F1在10%的显著性水平通过检验，而双门限检验值F2则在5%的显著性水平通过检验；人均GDP的单门限检验值F1在1%的显著性水平通过检验，而双门限检验值F2则在5%的显著性水平通过检验；最后人均GDP的年增幅则仅有单门限检验值F1在1%的显著性水平通过检验。由此可知，公共教育投入占政府总投入的百分比、高等教育投入占公共教育投入的百分比和人均GDP三个因素均对国民收入差异存在双门限效应，而人均GDP的年增幅则对国民收入差异存在单门限效应。换言之，公共教育投入占政府总投入的百分比、高等教育投入占公共教育投入的百分比、人均GDP、人均GDP的年增幅四个影响因素均对基尼指数存在突变点，上述各变量的具体门限估计值如表6-11所示。

表6-10 教育、经济因素对国民收入差异的门限效应检验

| 检验形式 | | 公共教育投入占政府总开支的百分比 | 高等教育投入占公共教育投入的百分比 | 人均GDP | 人均GDP的年增幅 |
|---|---|---|---|---|---|
| 单门限检验 | F1 | 13.060** | 8.316* | 30.595*** | 28.421*** |
| | Bootstrap P-value | 0.05 | 0.10 | 0.000 | 0.000 |
| | (1%, 5%, 10%)临界值 | 17.340, 13.717, 9.668 | 23.087, 19.307, 11.052 | 15.674, 15.190, 11.257 | 6.852, 5.916, 3.889 |
| 双门限检验 | F2 | 7.775** | 8.456** | 11.875** | 2.812 |
| | Bootstrap P-value | 0.05 | 0.05 | 0.05 | 0.350 |
| | (1%, 5%, 10%)临界值 | 9.966, 7.803, 4.391 | 10.760, 9.601, 7.896 | 14.195, 9.356, 4.163 | 10.892, 9.917, 7.788 |
| 三门限检验 | F3 | 5.038 | 3.293 | 16.058 | 2.258 |
| | Bootstrap P-value | 0.2 | 0.150 | 0.100 | 0.050 |
| | (1%, 5%, 10%)临界值 | 8.801, 7.991, 6.709 | 5.818, 5.098, 3.923 | 24.674, 22.123, 16.160 | 2.716, 2.556, 2.323 |

注：***表示在1%的显著性水平上通过检验，**表示在5%的显著性水平上通过检验，*表示在10%的显著性水平上通过检验。

表6-11 教育、经济因素对国民收入差异的门限值

| 门限变量 | 代码 | 门限估计值 | 95%水平置信区间 |
|---|---|---|---|
| 公共教育投入占政府总投入的百分比 | Ra1 | 13.058 | [12.691, 18.298] |
|  | Ra3 | 16.500 | [15.250, 18.435] |
| 高等教育投入占公共教育投入的百分比 | Rb1 | 24.927 | [15.063, 26.113] |
|  | Rb3 | 27.904 | [16.441, 31.362] |
| 人均GDP | Rc1 | 0.253 | [0.233, 0.261] |
|  | Rc3 | 4.431 | [0.391, 4.477] |
| 人均GDP的年增幅 | Rd2 | 7.320 | [7.136, 7.320] |

由表6-11可知，公共教育投入占政府总投入的百分比的双门限值分别为13.058和16.5，高等教育投入占公共教育投入的百分比的双门限值分别为24.927和27.904，人均GDP的双门限值分别为0.253和4.431，而人均GDP的年增幅的单门限值则为7.32。由表6-11可知，上述四个影响因素的门限值均位于95%水平的置信区间之内，它们的图形表示如图6-1~图6-4所示。

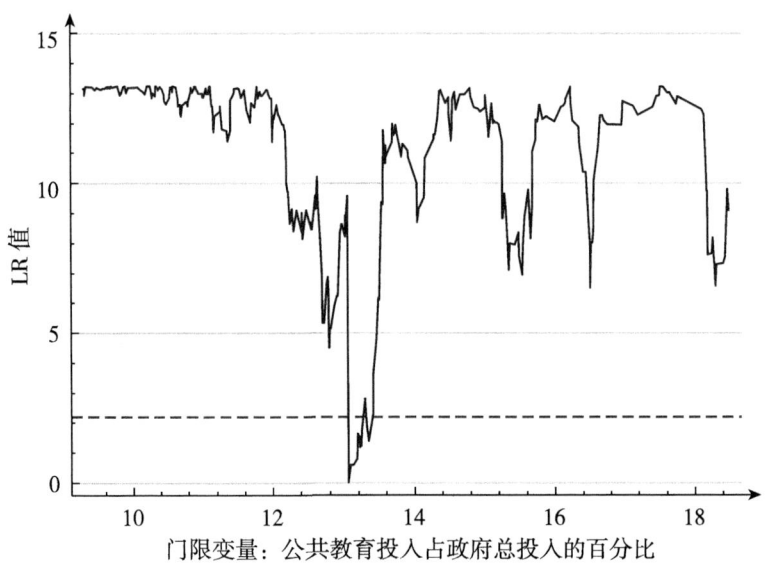

图6-1 门限变量为公共教育投入占政府总投入百分比的似然比函数

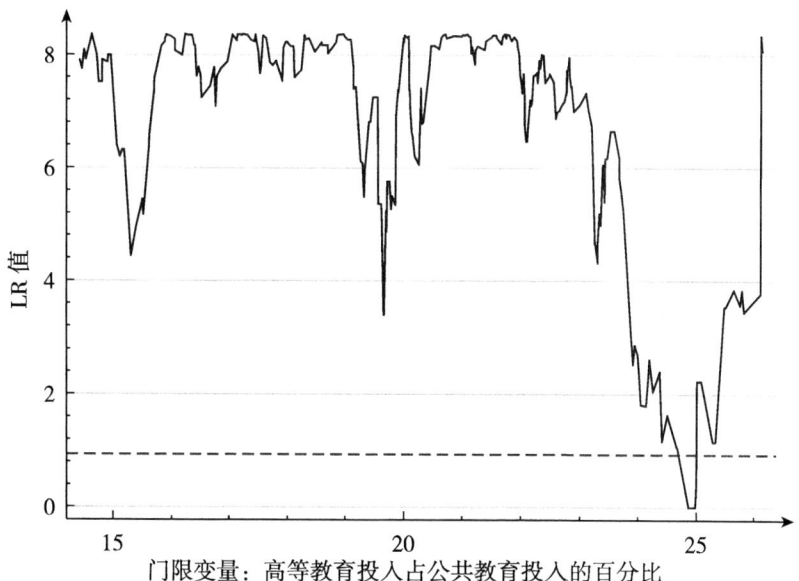

图6-2 门限变量为高等教育投入占公共教育投入百分比的似然比函数

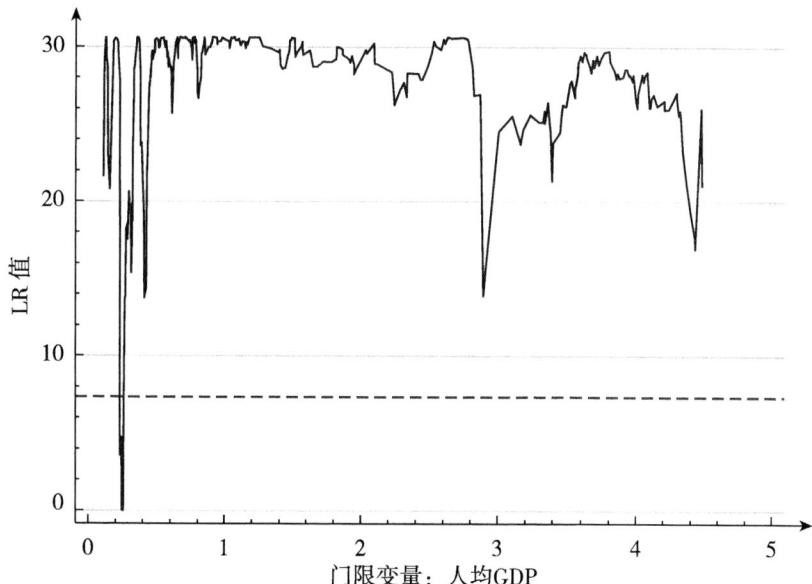

图6-3 门限变量为人均GDP的似然比函数

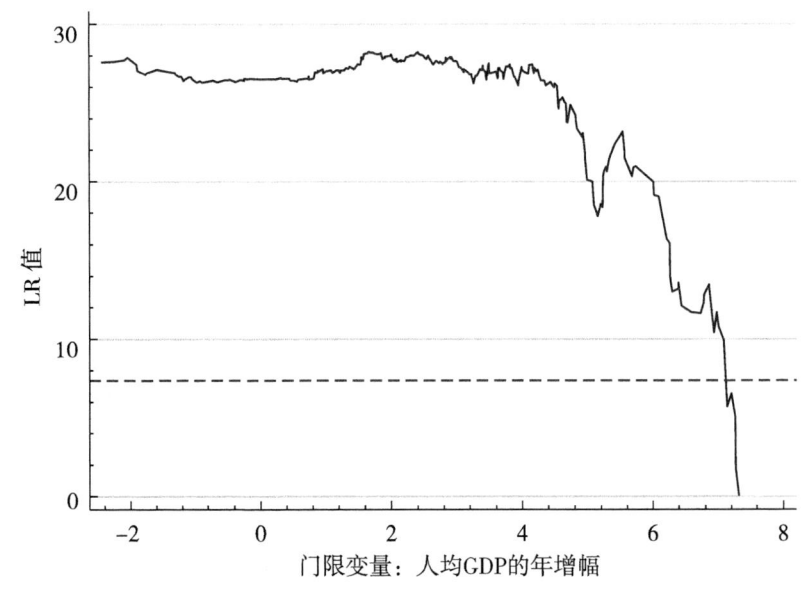

**图 6-4　门限变量为人均 GDP 的年增幅的似然比函数**

以前文所进行的门限效应检验和所得各变量的门限值为基础，对原始模型进行面板门限回归分析，回归结果如表 6-12 所示。

**表 6-12　教育、经济因素对国民收入差异的面板门限回归结果**

| 自变量 | 模型 E1<br>双门限变量：<br>公共教育投入<br>占政府总投入<br>的百分比 | 模型 E2<br>双门限变量：<br>高等教育投入<br>占公共教育<br>投入的百分比 | 模型 E3<br>双门限变量：<br>人均 GDP | 模型 E4<br>单门限变量：<br>人均 GDP<br>的年增幅 |
|---|---|---|---|---|
| 传统与世俗<br>理性价值观 | -1.462**<br>(-2.86) | -1.617**<br>(-3.14) | -1.333**<br>(-2.64) | -1.590**<br>(-3.14) |
| 生存与自我<br>实现价值观 | -1.040**<br>(-2.66) | -1.219**<br>(-3.11) | -1.120**<br>(-2.91) | -1.241**<br>(-3.20) |
| 公共教育投入占政府<br>总投入的百分比 | -0.0446<br>(-0.60) | -0.251***<br>(-4.52) | -0.266***<br>(-4.87) | -0.260***<br>(-4.73) |

续表

| 自变量 | 模型 E1<br>双门限变量：<br>公共教育投入<br>占政府总投入<br>的百分比 | 模型 E2<br>双门限变量：<br>高等教育投入<br>占公共教育<br>投入的百分比 | 模型 E3<br>双门限变量：<br>人均 GDP | 模型 E4<br>单门限变量：<br>人均 GDP<br>的年增幅 |
|---|---|---|---|---|
| 高等教育投入占公共教育投入的百分比 | -0.0211*<br>(-0.61) | 0.0148*<br>(0.39) | -0.0290*<br>(-0.84) | -0.0326*<br>(-0.95) |
| 人均 GDP | -0.429<br>(-0.91) | -0.140<br>(-0.29) | -1.007<br>(-1.93) | -0.265<br>(-0.57) |
| 人均 GDP 的<br>年增幅≤7.320 | -0.0128<br>(-0.55) | -0.0120<br>(-0.51) | 0.00714<br>(0.31) | -0.0748**<br>(-2.82) |
| 公共教育投入占政府<br>总投入的百分比<br>1＜13.058 | 0.111***<br>(3.85) | — | — | — |
| 公共教育投入占政府<br>总投入的百分比<br>3＞16.500 | -0.0691**<br>(-2.96) | — | — | — |
| 高等教育投入占公共<br>教育投入的百分比<br>1＜24.927 | — | -0.0470**<br>(-2.79) | — | — |
| 高等教育投入占公共<br>教育投入的百分比<br>3＞27.904 | — | -0.0511***<br>(-3.40) | — | — |
| 人均 GDP<br>1＜0.253 | — | — | 16.29***<br>(5.24) | — |
| 人均 GDP<br>3＞4.431 | — | — | 0.471***<br>(3.40) | — |
| 人均 GDP<br>的年增幅2＞7.320 | — | — | — | 0.229***<br>(5.31) |
| 常数项 | 36.10***<br>(24.46) | 38.89***<br>(29.06) | 40.27***<br>(30.84) | 39.37***<br>(30.45) |
| $R^2$ | 公共教育<br>投入规模：<br>上下下 | 高等教育<br>投入占比：<br>下上上 | 经济发展状<br>况：上下下 | 经济发展<br>速度：下上 |

注：\*\*\* 表示在1%的显著性水平上通过检验，\*\* 表示在5%的显著性水平上通过检验，\* 表示在10%的显著性水平上通过检验。

由表6-12的回归结果可知,在控制了文化价值观及其他教育经济因素后,前期公共教育投入占政府总投入百分比增大1%将使基尼指数同步增大0.0664,而当公共教育投入占政府总投入百分比的数值跨过第一个门限值13.058%后,公共教育投入占政府总投入百分比增大1%反而将使基尼指数同步减小0.0446,当公共教育投入占政府总投入百分比的数值跨过第二个门限值16.5%后,公共教育投入占政府总投入百分比增大1%对基尼指数减小的作用将进一步扩大到0.1137;高等教育投入占公共教育投入的百分比对基尼指数的作用则与之存在较大差异,当高等教育投入占公共教育投入的百分比小于第一个门限值24.927%时,高等教育投入占公共教育投入的百分比每增加1%,基尼指数将同步减小0.0322,而当高等教育投入占公共教育投入的百分比处于第一个门限值24.927%和第二个门限值27.904%之间时,高等教育投入占公共教育投入的百分比每增加1%,基尼指数将同步增大0.0148,而再当高等教育投入占公共教育投入的百分比大于第二个门限值27.904%之时,高等教育投入占公共教育投入的百分比每增加1%,基尼指数又将同步减小0.0363;人均GDP对基尼指数的作用与公共教育投入占政府总投入的百分比对基尼指数的作用相似,当人均GDP小于第一个门限值0.253万元/年时,人均GDP每增加1万元/年,基尼指数将同步增大15.283,而当人均GDP处于第一个门限值0.253万元/年和第二个门限值4.431万元/年之间时,人均GDP每增加1万元/年,基尼指数将同步减小1.007,当人均GDP大于第二个门限值4.431万元/年之时,人均GDP每增加1万元对基尼指数减小的作用将缩小至0.229;而人均GDP的年增幅仅有单门限值,所以它对基尼指数作用强度的变化相对简单,当人均GDP的年增幅小于7.32%时,人均GDP的年增幅每增加1%,基尼指数将同步减小0.0748,而当人均GDP的年增幅大于7.32%时,人均GDP的年增幅每增加1%,基尼指数则将同步扩大0.229。

由上述门限回归结果可知,虽然在前文确定门限值之时运用统计回归分析检验出公共教育投入占政府总投入的百分比、高等教育投入占公共教育投入的百分比和人均GDP三个因素均对国民收入差异存在双门限效应，但从表6-12所示的门限回归分析结果可知，上述三个因素门限值的门限效应各有不同。其中，公共教育投入占政府总投入的百分比和人均GDP两个因素对国民收入差异的门限效应主要发生在它们的第一个门限值13.058%和0.253万元/年之时。当公共教育投入占政府总投入的百分比小于13.058%和人均GDP小于0.253万元/年时，公共教育投入占政府总投入的百分比每增加1%和人均GDP每增加1万元/年基尼指数将分别增大0.0664和15.283，而当公共教育投入占政府总投入的百分比和人均GDP的值超过第一个门限值后，这两个因素数值的增加均将使基尼指数的数值整体减小，而此两个因素被估计出的第二个门限值所改变的仅仅是各因素对于基尼指数改变的幅度，并没有翻转它们对于基尼指数影响的整体趋势。但此两因素的数值超过基尼指数后的幅度改变各有不同，其中公共教育投入占政府总投入的百分比的数值在超过第二个门限值16.5%后公共教育投入占政府总投入的百分比对基尼指数的缩小作用进一步扩大，而人均GDP在超过第二个门限值4.431万元/年后人均GDP对基尼指数的缩小作用则被减弱。由此可见，公共教育投入占政府总投入的百分比和人均GDP两个因素对基尼指数翻转型的门限效应仅发生于第一个门限值上，它们的第二个门限值虽然也导致了上述两个因素对基尼指数影响的斜率改变，但并不能被视为严格意义上的门限值。再进一步对照表6-1所示各影响因素在现实世界中的样本分布可知：公共教育投入占政府总投入百分比的样本最大值为28.39%，最小值为6.703%，平均值为13.38%，标准差为3.485；而人均GDP的样本最大值为6.9095万元/年，最小值为0.03644万元/年，平均值为1.899万元/年，标准差为1.6833。对比前文所得两因素的第一个门限值分别为13.058%和0.253万元/年可知，公共教育投入占政府总投入百分比的翻转性突变门限值13.058%为稍微小于所考察样本的平均值，而人均GDP的翻转性突变门限值0.253万元/年则为稍微大于所考察样本的最小值，远远小于该影响因素平均值的数值。可见，公共教育投入占政府总投入百分比的翻转性突变门限值对基尼指数所发挥的影响相对大于人均GDP的翻转性突变门限值对基尼指数的影响。

而相较于上述两个影响因素对基尼指数所起作用，高等教育投入占公共教育投入百分比的门限值对基尼指数的影响则呈现较大差异。该影响因素的增加将使基尼指数的数值减小，并且这一影响趋势一直未曾改变，仅当该因素的数值处于第一个门限值 24.927% 和第二个门限值 27.904% 之间时这种关系发生翻转性的突变，而两门限值之间的样本宽度为 2.977%。而对照表 6-1 所示高等教育投入占公共教育投入的百分比在现实世界中的样本分布，可知其样本的最大值为 36.97%、最小值为 8.066%、平均值为 21.74% 和标准差为 5.555，因而其最大值和最小值之间的样本宽度为 28.904%，同时参考 5.555 的标准差值，及高等教育投入占公共教育投入的百分比在不同门限值区间内对基尼指数所存在的分别为 -0.0322、0.0148 和 -0.0363 的影响可知，长远而言，高等教育投入占公共教育投入的百分比对基尼指数的整体影响为负相关关系。

对人均 GDP 的年增幅的样本最大值 12.95%、最小值 -14.56%、平均值 2.439% 和标准差为 3.63 而言，该影响因素的翻转性突变门限值为 7.32%，该数值在人均 GDP 的年增幅的整个样本中处于接近最大值的较高位置，在所有 645 个观察值中仅有 51 个高于该临界值，因而 7.32% 确实是人均 GDP 的年增幅的翻转性门限值。

## 第六节　本章小结

为了确定文化价值观、公共教育投入和经济发展状况对国民收入差异的长远影响，本章使用面板数据回归分析和面板门限分析考察了传统与世俗理性文化价值观、生存与自我实现价值观、公共教育投入的规模、公共教育投入的结构、经济发展现状和经济发展速度六个方面与国民收入差异的长期互动关系。

第一，在本章中我们基于世界上 43 个国家 1998—2012 年的数据检验了各变量之间的相关关系，经相关检验发现生存与自我实现价值观与经济发展现状存在着中度相关关系。

第二，本章构建了上述各因素对国民收入差异影响的面板回归模型 B1 – B5、C1 – C5 和 D1 – D5，通过各个因素独自对国民收入差异影响的模型 B1 – B4、C1 和 D1，可知从长期效应而言上述各因素的增加都将减小各国国民收入的差异，其中：公共教育投入规模的变化对国民收入差异的影响力最大且显著，传统与世俗理性文化价值观次之，生存与自我实现价值观的影响力位列第三，而经济发展现状的影响力则为第四，公共教育投入结构排在第五，经济发展速度的影响力最小并且其对国民收入差异的影响不再显著。而再对比上述各个影响因素在模型 B5 中的回归系数结果可知，当同时考虑各因素对国民收入差异影响之时，公共教育投入的规模对国民收入差异的影响最为显著，各类文化价值观次之，公共教育投入的结构仅在 10% 的显著性水平上存在统计显著，而经济发展状况（包括经济发展现状和经济发展速度）对国民收入差异的影响则在此模型不再显著。由此可知，除了与生存与自我实现价值观存在中度相关关系的经济发展现状由原来的在 5% 的显著性水平上存在统计显著发生较大改变成了不再显著，其他各类文化价值观和公共教育投入规模的显著性仅因为其他影响变量的加入而发生了轻微改变，而各因素对国民收入差异的综合影响与各自独立对国民收入差异的影响效应基本一致，因而可证明本回归分析模型为稳健模型。

第三，从模型 C1 – C5 和模型 D1 – D5 可知，在 C 和 D 这两个系列的模型中，随着控制变量的不断增加，各模型的整体解释力均不断上升，由此可知本章所考察的文化价值观和经济发展状况各方面因素均对国民收入差异的变化存在着一定的影响。此外，在模型 C5 和模型 D5 中，各种文化价值观和公共教育投入规模在两模型中均在 1% 的显著性水平上存在统计显著，说明这三个影响因素对国民收入差异的影响最为显著；而公共教育投入结构在 10% 的显著性水平上存在统计显著，说明该因素对国民收入差异存在一定的影响力；而经济发展状况在这两个模型中均不再显著，说明在控制了文化价值观和公共教育投入后，经济发展状况对国民收入差异的影响下降为可予以忽略的状态。

第四，进一步对比各种文化价值观对国民收入差异的影响可知，在任何模型中拥有生存与自我实现价值观的国家回归系数均大于拥有传统与世俗理性价值观的国家回归系数。由此可知，不但在任何因素的影响之下，传统与世俗理性价值观对国民收入差异的影响要大于生存与自我实现价值观对其的影响，而且与此相对应，拥有不同文化价值观的国家，当其经济发展状态达到相似的水平后，各国的教育投入水平也依然依据文化价值观水平的差异而有所不同。

第五，除了公共教育投入结构这一个影响因素对国民收入差异不存在门限效应外，其他公共教育投入的规模、经济发展现状和经济发展速度三个方面对国民收入差异的影响均存在门限效应。其中，当公共教育投入规模超过 13.058%、经济发展现状超过 0.253 万元/年之后，上述两因素增加对国民收入差异的影响将由扩大变为减小；而在经济发展速度超过每年 7.32% 之后，其对国民收入差异的影响将由原本的减小转变为扩大。

# 第七章 理论阐释和回应

本书的实证研究发现完全支持了第一章所提出的四个研究假设中的假设 1，否定了假设 2，部分支持了假设 3 和假设 4。以下逐一论述各个假设所蕴含的理论，以及实证研究结果所展示的对这些理论的阐释和回应。

## 第一节 对假设 1 的回应和讨论

本书的实证研究发现支持了第一章所提出的假设 1：教育价值观的差异是引致国家之间教育投入和国民收入差异的重要因素。

本书通过对 43 个国家 1998 年和 2012 年这两个时间节点的公共教育投入、经济和国民收入差异等因素进行定量分析后发现：当以教育价值观作为维度对各国进行分类时，在具有不同教育价值观的类别中，1998 年和 2012 年这两个时间节点上的公共教育投入、经济、国民收入差异三类因素均存在统计显著差异；而当以地理区位作为维度对各国进行分类时，在不同地理区位的类别中，1998 年的公共教育投入、经济、国民收入差异三类因素均存在统计显著差异，而在 2012 年存在统计显著差异的因素就只有公共教育投入和国民收入差异。由此可见，上述实证研究支持假设 1 所述，无论以什么维度对各国进行分类，在 1998 年和 2012 年两个时间节点上公共教育投入和国民收入差异两类因素均存在着统计显著差异，因而上述两类因素即为当今世界所需面对的主要问题。

一方面，在教育价值观和地理区位两种维度的类别中，在 1998 年和 2012 年两个时间点上，公共教育投入和国民收入差异在不同类别中均存在统计显著，说明公共教育投入和国民收入差异确实是为确保当今世界同步和谐发展的最主要问题之一。首先，由人力资本理论可知，在物质资本之外，最重要的是人力资本。而随着知识经济的到来，人力资本在社会生产的过程中起着越来越重要的作用。在现代社会中，人力资本积累的最主要手段就是学校教育，因此，学校教育是备受政府和公民所重视和认可的教育体制，这一点从全世界的年轻人将他们的大多数时间都花在了学校可得到证明，而且他们用于学校教育的时间还随着社会中人均受教育水平的不断提高，处于不断增加之中。故此，各国政府在其GDP中都有一定比例的资金用于公共教育投入，一般而言，各国用于教育的投入是其GDP的2%~8%❶。当今，学校教育经常被视为可以解决一切问题的万用灵丹，更多和更好的教育被各国视为对一般性问题最好的解决办法。那些研究人力资本的经济学家们提出，提高受教育程度不仅对个人有利，也有利于一个国家的整体繁荣。其中一些经济学家甚至测算出每增加一年的人均受教育水平，将增加3%~6%的经济总产出。❷虽然也曾有部分学者质疑教育的功用，并由此提出教育的作用仅仅在于将合适的人安排到合适位置的"定位理论"或"筛选理论"，❸但此类声音始终无法撼动主流民众从功能性的角度对学校教育有利于人力资本的定论。可见，公共教育投入确实成为越来越主要的社会问题。其次，由社会流动理论可知，当国民收入差异过大（或极化）时，社会流动将停滞，而当国民收入差异过小（或均等）时，社会前行的动力将消失，上述两种情况都将影响社会的和谐稳定。联合国认为当前各个国家（地区）国民收入差异过大是由三大因素引发的：①资本产生的收入在总收入中的比重越来越大；②大范围的国民收入不平等处于不断扩大之中；③区域性收入不平等的增加。该机构的研究人员认为引致上述收入不

---

❶ Word Bank Group. World Development Report 2016：Digital Dividends [M]. Washington：World Bank Publicatcens，2016：56-61.

❷ Indicators, OECD. Education at a Glance 2007 [EB/OL]. (2007-06-25) [2017-06-12] Table B1.1b, www.oecd.org/dataoecd/36/4/40701218.pdf, 2007：187.

❸ Bowles S, Gintis H. Schooling in capitalist America [M]. New York：Basic Books, 1976：27-30.

平等的主要原因有传统和新因素两类，其中传统因素包括土地的集中度、城乡差异、富集的矿藏和教育的平等情况，而新因素则主要由新自由主义改革所致。❶ 无论上述原因多么有理，不可否认的是，差异因素在两种维度分类中一直存在着统计差异显著，这意味着世界各国政府并未对其国内的国民收入差异予以有效调节，从而导致国民收入差异成为另一个需要重视的重要社会问题。

另一方面，在以地理区位为标准所进行的类别划分中，不同类别之间的经济因素由1998年存在的统计显著差异变为2012年的不再存在统计显著差异，说明以地理区位作为标准的类别之间经过15年的发展，不同类别间的经济差距越来越小了。自1945年第二次世界大战结束以来，由于在战火中除了美国以外的世界各国均遭受了巨大的经济损失。因此，无论是作为曾经战场的欧、亚、非各国，还是直接参与了战争的美、澳等国，都将国家的主要战略放在经济上面，各国提出一系列振兴经济的相关措施。其中最著名、影响范围最广的就是由当时经济实力最强的美国主导的欧洲复兴计划（又称马歇尔计划）。借助美国援助的东风，世界各国都致力于发展本国经济，由此创造了一个又一个的经济复兴奇迹，如日本经济奇迹、欧洲经济奇迹等。而在半个世纪持续对经济发展的重视之后，各国学者逐渐开始认识到经济的不均衡对社会和谐稳定的影响在逐渐减小，而其他因素的发展则逐渐成为对社会和谐稳定的主要影响因素。Dreze和Sen教授就此提出应该基于更"广泛"的视角（如人类福祉和社会机会）对社会的发展进行分析，而非之前的仅用几个数量有限的"狭隘"经济指标对社会发展进行衡量。他们在细致分析了印度社会当前的情况后，认为印度迄今仍未能达成持续稳定发展的主要原因在于，当地政府未能给予公众足够的基础教育、医疗保健和社会保障等服务所引致，因而社会的整体发展并不仅仅由快速的经济增长所决定，而政府为公众提供

---

❶ Cornia G A. Inequality, Growth and Poverty in An Era of Liberalization and Globalization [M]. Oxford: Oxford University Press on Demand, 2004: 12-25.

基本必要的社会服务也至为关键❶。Narayan 进一步指出，由于国家经济的发展是嵌套在它的社会组织形态之内的，因此为了达到社会整体提升的目的，更应对社会整体进行改革，而非仅仅针对经济发展这一个狭隘的方面❷。但社会现象包括了社会生活的方方面面，因此不但对它进行定义是非常困难的，而且将社会的各个方面都纳入分析框架中进行系统性考虑则是更加困难的，如死亡率、怀孕率、性别歧视、受教育程度、教育投入水平等各个方面都会影响社会的和谐发展❸。因此，对公共教育投入和国民收入差异进行重点考虑至为必要。

公共教育投入和国民收入差异对社会发展的重要性包含以下三个方面。

①从世界发展的均衡性而言，各国出于对本国社会和谐稳定的考虑，公共教育投入和国民收入差异存在的显著差异将导致"马太效应"的产生，从而导致世界各国陷入公共教育投入和国民收入差异极化的循环之中。各国差异性的扩大增加了世界社会不稳定的因素。❹

②从公共财政政策而言，政府对社会调节的主要手段就是公共政策，而公共财政政策又是以政府的有限收入作为代价的公共政策，而公共教育投入的对象又还是当今知识经济中的最重要因素——人力资本。因此，公共和免费教育经常被视为在种族和社会阶层产生平等和机会的重要社会机制。

③从社会流动而言，国民收入差异决定了社会的和谐稳定，社会处于完全平等的状态将使社会流动停止，从而导致处在其中的个体没有进取之心，而当社会处于极度不平等之时，社会流动也将停滞，并激化不同社会层级民众之间的矛盾。

---

❶ Dreze J, Sen A. India: Economic Development and Social Opportunity [M]. Oxford: OUP Catalogue, 1999: 201 - 223.

❷ Narayan D. Bonds and Bridges: Social Capital and Poverty [M] //Social capital and economic development: well - being in developing countries. Northampton: Edward Elgar, 2002: 58 - 81.

❸ Dreze J, Murthi M. Fertility, Education and Development: Evidence from India [J]. Population and Development Review, 2001, 27 (1): 33 - 63.

❹ Nafziger E W, Auvinen J. Economic Development, Inequality, War and State Violence [J]. World Development, 2002, 30 (2): 153 - 163.

当然，公共教育投入和国民收入差异能充分发挥其作用，或者它们能够发挥作用的大小，还有赖于一些前提条件，比如上述两因素所处的外在环境、民众的教育价值观、国家的经济发展阶段、教育制度等。迄今，我们所掌握的数据显示公共教育投入占政府总投入的百分比为 6.703% ~ 28.389%、高等教育投入占公共教育投入的百分比为 8.066% ~ 36.968%、基尼指数为 21 ~ 57.3。上述这些数值区间都处于变量因素的可控范围之内，这可能是世界经济仍处于稳步发展的部分原因。但随着社会的快速发展，民众所拥有的财富将越来越多，不同民众之间的收入因其所拥有的财富数量的不同将越来越不均衡；而随着全球化的进一步扩大，民众之间的差异化程度也越来越大，从而导致收入差距的扩大；另外，由于城乡环境差异的加大，将进一步导致民间收入差距扩大。因此对公共教育投入和国民收入差异的重视可为社会的未来发展做一定准备。

对教育价值观的差异是否是引致国家之间公共教育投入和国民收入差异的问题，本章通过对比以地理区位作为标准进行分类的类别和以教育价值观作为标准进行分类的类别，经实证研究发现在以教育价值观作为分类依据进行分类的各类别中，公共教育投入、经济因素和国民收入差异之间的差距更大。详细而言，在1998年以地理区位对各国进行类别划分时，各类别之间的差异远远大于以价值观进行类别划分时类别之间的差距，而在2012年当以地理区位进行类别划分时，类别之间的差异则仅略微大于以价值观进行类别划分时类别之间的差距。经具体深入分析可知，在过去的15年间各因素在以不同教育价值观进行分类的不同类别之间的差异逐渐增大，而与此同时，各大洲之间各种因素的差异则在逐渐减小，直到2012年以教育价值观作为维度的类别之间的差距几乎与以地理区位作为维度的类别之间的差距相当。我们可以从以下四个方面提出对该实证研究发现较为合理的解释。

①从价值观的本质来说，任何能够被人欣赏和渴望的东西都是有价值的，价值是用于满足动机的对象、质量和条件。由此可知，价值观是明晰的或内敛的，可以影响个人或群体行为的特质和偏好，可以

成为人们在选择他们自己行为方式时的标准。❶ Ever 和 Lakomski 提出的自然黏合主义理论（a theory of naturalistic coherentism）认为对同一事物具有同样的认识和情感可以使不同的人对具有同样价值的事物有着同样的黏度，由此可在不同的人之间形成情感的共性。❷ 而人们所拥有的各种理论纵横交错，构建起了一种信仰的网络，在这种网络的正中心即是个体和群体的价值观。价值观在信仰网络中的地位如同事实在人类认知神经网络中的景况，支配和决定着其整个网络的各个方面。本章通过对比不同年份的真实数据，基于实证研究手段，发现以教育价值观分类时，不同类别中的公共教育投入和国民收入差异两因素的差异较之地理区位类别之间的差异更大。而由于价值观是人们人类努力的指南和社会行动的指导。因此，不同价值观类别之间公共教育投入和国民收入差异的这种差异情况可认为是由价值观所引致的。

②从历史的角度来看，随着历史进程的不断前行，地区的价值观越来越多元化，而地理区位所造成的差异则越来越小。随着技术的革新、科技的进步，越来越多的先进交通、运输和通信工具大大加强了世界各地的交流，将全世界变为了一个地球村，如汽车和飞机的发明和普及使原本人们需要几天甚至几个月才能到达的距离仅几个小时就可抵达，而这种历史的进步一方面不断地弱化着各地区因地理区位而产生的差异；另一方面原本因地理因素而互相独立，没有交流的区域和人群，利用不断迭代更新的交通和交流工具引进了原本闻所未闻的物种、产品和价值观，从而实现了区域物品和文化的多样化。如前文所述，在所有多样化中最重要，并对人的行为起决定性作用的就是价值观的多元化。通过价值观的多元化发展和全球化扩张，原本局限一隅的价值观得以盛行全球，原本信众极少的价值观得以获得更多民众的支持。本研究结果与历史的发展进程一致，均证明了价值观发挥着越来越重要的作用，而地理区位则对包括公共教育投入和国民收入差

---

❶ Rescher N. Introduction to Value Theory [M]. Eaglewood Cliffs: Prentice – hall Inc., 1969: 229 – 236.

❷ Evers Colin W, Lakomki Gabriele. Justifying Educational Administration [J]. Educational Management & Administration, 1993, 21 (3): 140 – 152.

异在内的社会各个方面的影响越来越弱。

③从社会的发展规律而言,价值观多元化是社会发展的必由之路。多元化不但是贯穿人类整个发展史的一个重要事实,而且是现代社会的重要特色。现代社会的重要特质是形成具有正义和自由的社会体系,价值观的多元化使人们不但可以通过价值观同质化进行群体和国家整合,还可通过对异质价值观的对比来明确和强化其自身所具备的价值观。❶ Dalberg - Acton 认为自由引致并保护了价值观的多样性,而多样性又通过组织手段保护着自由的权利。❷ 在现代社会中,同质性与多元化之间既相互对立,又相辅相成。从政治权利的角度而言,价值观和文化的多元化可以避免国家和组织内部权力的过度集中,多元化的团体和政治实体可以保障社会稳定发展。除了上述这些多元化的主要功能之外,Parekh 还提出了针对价值观多元化的几个相互关联的重要原因:一是没有任何一种单一价值观可以涵盖人类社会所有的价值定位和人类的所有可能;二是价值观的多元化为人类提供了对自身价值观从外部进行观察和剖析,深入分析其利弊的多元化视角;三是多元化价值观为不同的价值观之间创造了互惠互利的沟通途径。❸ 由此可见,价值观多元化是现代社会发展的必然趋势。

④多元价值观对公共产品的投入有着一定影响。一方面,学者们经过研究发现多元化价值观与公共产品的投入存在着某种关联。大多数研究表明多元化将使所生产的公共产品数量减少;❹ 另一方面,越来越多的研究显示多元化将使民众对于政府的公共职能更加关注,由此产生与之前研究结论相反的结果。其中,Rugh 和 Trounstine 发现多元化价值观的出现将使更多的民众倾向于依靠公共产品,因而导致政

---

❶ Rawls J. The Law of Peoples:with the Idea of Public Reason Revisited [M]. Cambridge:Harvard University Press,2001:11 - 12.

❷ Dalberg - Acton,John E E. The History of Freedom and Other Essays [M]. London:Cosimo Inc.,1987:289 - 291.

❸ Parekh B. Rethinking Multiculturalism:Cultural Diversity and Political Theory [J]. Ethnicities,2001 (11):109 - 115.

❹ Habyarimana J,Humphreys M,Posner D N,Weinstein J M. Why Does Ethnic Diversity Undermine Public Goods Provision? [J]. American Political Science Review,2007:101 (4):709 - 725.

府提供比同质化社会多得多的公共产品。❶ 此外，Hopkins 通过研究发现区域人口的组成和价值观的变化都将对公共产品的需求产生负面的影响。❷

由上述分析可见，多元化教育价值观对世界各国公共教育投入、经济发展和社会均衡发展起着越来越重要的作用，该研究结论与国内学者王坤庆所提及的教育实践中所秉持的教育价值观是所有教育活动最重要的影响因素相一致。❸ 他认为，正是由于教育价值观对人们教育认知活动有着重要的导向作用，因而使人们认识到教育对自身的积极意义时，才会积极地从事教育认识活动。而教育价值观在教育实践活动中具有的动力作用使人们意识到理想和现实的差距，进而形成基于教育价值观对社会进行改革的意识，才促使人们做出改变教育现状的努力。因此，教育价值观问题是诸多教育问题中最根本的问题。从宏观角度来看，一个国家教育政策的制定、教育方针的确立、教育投资额和比例的确定以及教育目的的选择都是政府在教育价值观支配下所做出的选择。总之，公共教育投入和国民收入差异是当今世界所需面对的主要问题，将教育价值观设为重要控制变量的根本原因就在于教育价值观的差异是引致国家之间教育投入和国民收入差异的重要因素。

## 第二节 对假设 2 的回应和讨论

对于假设 2，以多年的跨国别真实数据为基础，通过实证研究发现该假设部分的成立。即从统计学而言，公共教育投入是国民收入差异的格兰杰"因"，但国民收入差异不是公共教育投入的格兰杰"因"。

总体上看，国内研究呈现三个特点：一是在研究内容上有待深入，在质量上有待提高，该类研究的匮乏说明在国内该领域的研究重

---

❶ Rugh J S, Trounstine J L. The Provision of Local Public Goods in Diverse Communities: Analyzing Municipal Bond Elections [J]. The Journal of Politics, 2011, 73 (4): 1038 – 1050.

❷ Hopkins D J. The Limited Local Impacts of Ethnic and Racial Diversity [J]. American Politics Research, 2011, 39 (2): 344 – 379.

❸ 王卫东. 现代化进程中的教育价值观 [M]. 北京: 中国社会科学出版社, 2002: 182 – 217.

视程度不够；二是在少数研究公共教育投入对国民收入差异影响的论文中，往往缺少公共教育投入对国民收入差异影响的逻辑关系，更未区分公共教育投入的规模和结构，且在相关的实证检验中，结果也并不理想；三是综述型的文章较多、从定量实证角度挖掘的较少，且大多研究停留在理论剖析与阐释层面，没有从方法上提供形式有效的建议和对策，因此没有太多的现实指导价值。与过往研究估计的公共教育投入与国民收入差异互为因果相比，本书的研究仅单向的支持公共教育投入为国民收入差异的格兰杰"因"，但却认为反之不成立。上述结论与 Gerhard 和 Ravikumar，巩真等人的研究结果一致。Gerhard 和 Ravikumar 通过对公共教育投入与国民收入差异之间关系详细的数理模型分析后发现，公共教育投入的加大有利于国民收入差异的减小。[1] 巩真在分析了 1990—1999 年样本职工的收入情况后提出公共教育投入的不均是造成国民收入不均的一个重要因素。[2] 由此可见，上述学者都支持公共教育投入对国民收入差异的影响。另外，陆铭、陈钊和万广华则认为国民收入差异对教育存在较弱但始终为正的影响。[3] 该研究结果与本书的研究结果相反，本书的研究通过分析 15 个国家 32 年的经验数据证实国民收入差异对公共教育投入不存在影响。形成研究结果的这种差异的原因有多种，最主要的应是样本和数据的区别。相较而言，陆铭、陈钊和万广华在研究中使用的是中国 15 年 34 个省级行政区的数据，虽然他们研究的数据样本数相对较多，但由于中国省级行政区之间的同质性，导致该数据反映的仅是中国一个国家的情况。而本书所使用的跨国数据由于容纳了 15 个相对更加异质的国家，因而样本更为多元和数据更加充分。故相对而言，本书的研究结果具有更高的信度和效度。与当今世界国民收入差距增大的潮流相反，南美洲近年来国民收入差异在持续变小。南美洲的学者在仔细研

---

[1] Gerhard G, Ravikumar B. Public Versus Private Investment in Human Capital：Endogenous Growth and Income Inequality［J］. Journal of Political Economy，1992，100（4）：818 – 834.

[2] 巩真. 教育均等化政策对收入差异影响的国际比较：美、韩经验借鉴和中国问题分析［J］. 陕西师范大学学报（哲学社会科学版），2006（2）：117 – 123.

[3] 陆铭，陈钊，万广华. 因患寡，而患不均：中国的收入差距、投资、教育和增长的相互影响［J］. 经济研究，2005（12）：4 – 14，101.

究了这一现象产生的原因后指出，南美洲国民收入差异能够变小主要得益于政府的公共政策和强劲的经济增长，其中又以公共政策中的高等教育投入是最为重要的国民收入差异缩小的驱动因素。[1] 由此可见，南美洲的案例也证明了公共财政政策对国民收入的影响。而与本书的研究角度不同，Blankenau 和 Youderian 则更关注个人教育投入与代际间收入差异，在进行了深入研究后，他们发现个人教育投入的多寡受个人收入因素的影响，但个人收入的均衡与否对公共教育投入并没有直接的影响。[2] 可见，该研究从个体角度也验证了本书的研究结论。由以上论述可知，尽管不同研究者在分析的角度、使用的调查数据、具体分析的样本群体以及统计口径存在些许的差异，但本书所获得的研究结果仍被大多数研究所支持。由表 7-1 可知，通过研究我们发现，一方面公共教育（高等教育）投入规模和公共教育（高等教育）投入结构都将显著地影响国民收入差异的状况；另一方面国民收入差异并不能显著地影响任何公共教育投入因素，可见上述两类因素之间所存在的关系为单向关系。形成上述这一实证结果可能存在以下三个主要方面的原因。

表 7-1　公共教育投入与国民收入差异之间的格兰杰因果关系检验

| 原假设 | 自由度 | $F$ 值 | $P$ 值 | 结论 |
| --- | --- | --- | --- | --- |
| 公共教育投入占政府总投入不是基尼指数的格兰杰因 | 29 | 3.92235 | 0.0877 | 拒绝 |
| 基尼指数不是公共教育投入占政府总投入的格兰杰因 | 29 | 1.44798 | 0.334 | 接受 |
| 高等教育投入占公共教育投入不是基尼指数的格兰杰因 | 31 | 6.88601 | 0.0237 | 拒绝 |
| 基尼指数不是高等教育投入占公共教育投入的格兰杰因 | 31 | 1.58044 | 0.2347 | 接受 |

---

[1] Tsounta M E, Osueke A. What is behind Latin America's Declining Income Inequality? [M]. Washingten: International Monetary Fund, 2014: 25 - 40.
[2] Blankenau William, Youderian Xiaoyan. Early Childhood Education Expenditures and the Intergenerational Persistence of Income [J]. Review of Economic Dynamics, 2015, 18 (2): 334 - 349.

①处理国民收入差异问题时对公共教育财政所具备的功能重视不够。

社会民众对公共教育所具备的促进经济发展的功能是支持和认同的，但公共教育作为调节社会平等和社会流动的有力工具，却没有得到其所应有的重视。对社会平等的渴望一直是有史以来民众不懈追求的目标，但在涉及公共教育投入对国民收入差异调节的可行性时，其中所存在的教育平等问题又常常会引起人们的担心。例如，公共教育投入的首要原则就是实现其公共效益的最大化，但任何资源的投入，都会涉及公平和效率两个方面的问题。那么到底公平是公共效益的关注点呢？还是教育资源的使用效率是公众的关注点呢？首先，当人们更关注公共教育投入的效率之时，对公共教育投入公平的关注将相应减少；其次，就公平的实质而言，世界上本就"没有绝对的公平，只有相对的公平"，公平本身就是一个多维度的相对概念，无法绝对化，因此在一定意义上绝对平等永远无法实现；再次，由于人力资本的流动性导致作为公共产品之一的公共教育财政具有外部性，公共教育投入的受益者会因其流动而产生外部化，从而导致区域公共教育投入对本区域内民众所施加的作用受到一定程度的影响，公共教育财政政策中所包含的对社会层级和社会流动的调节作用无法完全达成；最后，由于各地区经济发展状况和教育价值观的差异而使各地区公共教育投入不均衡，故而无法实现各地区人均所获教育相等的情况。综合上述各方面原因，使各国社会处理国民收入差异问题时，对公共教育财政所具备的功能重视不够。

②以公共教育财政政策处理国民收入差异的有效性尚待提高。

从公共教育的历史而言，公共教育出现的时间相对较晚。在工业化时代以前，教育一直以私人或家族的方式为小众年轻人提供知识的传承和创新功能。而随着工业化时代的到来和知识经济的出现，人们从事社会生产所需的知识量越来越大，仅靠小众教育已经无法满足社会大生产所需的人力资源了，人力资源总量的稀缺阻碍了社会的可持续发展。虽然人力资本的本质具有一定的私人性，并且人力资本对个人的边际效应是逐步递减的，但各地政府还是从教育的公共性出发，不断增强对公共教育事业的支持和扶助，通过提高社会的人均受教育程度增加社会人力资本的总量，最终实现社会平均生产效率的提高。由此可见，公共教育投入是一种兼具经济和社会价值的公共财政政策，该政策直接关系到社会的经济状况和社会的整体结构状况。如果没有公共教育投入对教育系统的支持，很多弱势的个体在试图接受教育时就会受到自身所拥有经济和社会资源的制约，对个体自身而言，将导致其先天天赋无法得到最大的发挥，而对社会整体而言，社会的人力总资源也无法得到有效的积累。而公共教育投入不但拥有提高社会整体人力资本存量的功能，也具备充分发挥每个人先天天赋的公平性作用，可见公共教育投入需要保证不同地区和不同阶层的受教育者充分获得平等教育资源的权利。虽然学界对公共教育财政政策之于经济增长和人力资本积累影响的研究时有所闻，但对公共教育财政政策对国民收入差异的研究却甚少与闻。但从上述分析可知，在社会生活实践中公共教育财政政策与国民收入差异密切相关，因而对公共教育财政政策与国民收入差异的内在联系还有待更深入的理论探究和实证检验。

③以公共教育财政政策处理国民收入差异的精确性仍然欠缺。

虽然现有的实证研究大多以跨国数据为基础，试图对公共教育财政政策之于国民收入差异和国民收入分配关系进行深入探讨，但相关研究的精确性仍然欠缺。就研究进展而言，公共教育财政政策与国民收入差异的关系仍然是实证分析中有待进一步研究的主题。尤其是教育不平等对收入不平等的影响是否因为国家教育价值观的不同而呈现差异化情况，而使教育不平等对收入不平等的影响会因为国家（地区）的差异出现不同的关系，这些问题都需要后续的研究进一步证明。但遗憾的是，要对上述两因素的关系进行精细分析，还需获得更多经验数据的支撑，而当前无论是从可获取数据的宽度还是长度来说，又或者是从数据的质量来看，对上述两因素关系的精确分析仍有待提高，这可以作为未来进一步进行深入研究的基础和方向。

综上所述，假设2仅获得了本实证研究部分的支持。

## 第三节　对假设 3 的回应和讨论

本书的研究描述了公共教育投入对国民收入差异的影响，并初步探讨了公共教育投入因素与经济因素对国民收入差异的时序和综合影响。借助世界银行数据库、世界收入不平等数据库和世界价值观调查数据库相对完备并具有一定公信力的数据，同时能从时间角度和效应强度角度来探究上述两类因素对国民收入差异的具体影响，从而本书的研究得以提供公共教育投入和经济因素对国民收入差异影响更全面、更准确的描述。综合所有研究结论，部分地支持假设 3，具体的研究结论如下所述。

首先，在时序分析中，与其他因素相较，公共教育投入是否对国民收入差异发挥着最主要的影响？人力资本理论和早期研究教育制度的文献都曾提及公共教育投入的重要性，如陈斌开、张鹏飞和杨汝岱以 2002 年的城镇和农村住户及个人调查数据为基础，分析发现教育水平的差异是中国城乡收入差距最重要影响因素；陆铭、陈钊和万广华基于他们所建立的联立方程模型和分布滞后模型提出经济因素对国民收入差异的作用超过了教育。而本书的研究基于时序数据发现，公共教育投入并不是国民收入差异最主要的动因，而是前期的国民收入差异为现期国民收入差异状况最主要的影响因素，而后依照公共教育投入规模因素、经济发展状态因素、公共教育投入结构因素和经济发展速度因素的次序依次减弱。由此可见，不能简单地说教育类因素对国民收入差异的影响就弱于经济因素，通过实证分析可知，在时序分析中，公共教育投入结构对国民收入差异的影响确实弱于经济发展状态因素，但它却强于经济发展速度因素对国民收入差异的影响；此外，公共教育投入规模对国民收入差异的影响既大于经济发展状态因素，也大于经济发展速度因素对国民收入差异的影响。本书透过时序计量模型分析公共教育投入、经济因素对国民收入差异的时序影响。我们看到，国民收入差异与公共教育投入关系密切，也与经济因素有关。这些发现对人力资本理论在时序中的应用有所回应和补充。在教育价值观和社会流动的视角下，公共教育投入的决策是政府对于民众对公共服务所需和政府所拥有资源进行比较做出的，而后来的新自由经济学虽然强调了个人和家庭对教育收益和支出的权利和义务，但该理论也无法否认教育所具备的公共产品属性。我们的研究一方面是以国家为考核单位，认为国民收入差异仍然是公共教育投入的结果；另一方面在不否定由社会流动决定公共教育投入作用的前提下，我们对比了经济发展因素对国民收入差异的时序影响。

其次，在面板数据分析中，与经济变量相比，公共教育投入是否对国民收入差异影响显著并且是最主要的影响因素？通过面板数据分析，本书证实了公共教育投入对国民收入差异具有显著的影响，却不是最重要的影响因素。教育是人力资本积累的极其重要的方法和手段，国外学者在阐释有关人力资本理论的概念和模型中都间接指出了公共教育投入对国民收入差异的重要作用。但无论在理论阐释上，还是在定性与定量结合的研究中，公共教育投入对国民收入差异影响的指向性并不清楚，具体方向性也尚未厘清。学界部分学者也尝试从定量角度为二者的关系提供相关的数据支持，但是不同的采样数据也导致了众说纷纭、莫衷一是的结论，因此明确二者之间的具体关系需要更多实证研究的加入。近年来，我国在国民收入分配方面的研究成果以2000年为分界线，李实和李文彬、赖德胜、杨宜勇等人都是利用2000年之前的数据对我国国民收入分配的情况进行评估，而2000年之后的相关研究则为数甚少；另外，前人都是利用截面数据对"公共教育投入对国民收入差异"这一问题进行分析，且大都是从微观的角度来讨论公共教育投入对国民收入差异的影响；而将时间序列数据、面板数据运用到研究中的则寥寥无几。本书的面板数据分析，从宏观角度来分析教育制度和公共教育投入差距状况对各国居民收入差距的影响。而目前教育投入规模和比重在国民收入差异的问题上起何作用？作用多大？且是如何起作用的？很明显，这一系列问题的解决与收入分配政策和社会流动的调整互动息息相关。究其深层次原因，可以看到，如果从公共教育投入的公平性而言，世界公共教育发展处于不平衡的发展状态之中，其具体表现为地区之间、国家之间、城乡之间、校际之间教育投入的差距。这些教育不平等现象的存在必定会导致现有社会分层的固化和极化、社会流动性的降低，并由此形成穷者越穷、富者越富的"马太效应"。由此可以理解由于所拥有的公共教育体系和教育价值观的差别，不同地区之中公共教育投入对国民收入差异的影响出现不同甚至互相冲突的结果。例如，对于存在教育不公平现象的一些地区而言，公共教育体系已经成为强化社会层级、降低社会流动的工具；而在追求结果平等的地区，公共教育体系则可以促进民众在社会层级结构间的流动。由此可见，公共教育投入既可促进社会流动，也可强化社会层级，而公共教育体系在不同社会中具体能发挥什么作用，则有赖于该社会系统所秉持的由教育价值观所衍生的教育平等原则。具体而言，秉持结果平等教育价值观的公共教育投入体系应体现以下四个原则。

①均衡配置资源，即拥有公共资源支配权的政府应按辖区内的学生人数进行教育拨款，并且忽略其阶层和出生，以保证每个学生都可获得相同的公共教育投入经费的资助。

②教育财政中立，即在为地方提供的公共教育投入中，应克服地区财政能力的差异，保障每个学生获得同等的教育资源。

③补偿弱势，即对贫困生和来自弱势阶层的学生给予更多的财政支持，为他们创造与其他学生平等的受教育机会。

④以富济贫，即社会中弱势群体所获的教育资源应超过其所缴纳的税收，而强势群体所获得的教育资源应少于其所缴纳的税收。

通过上述原则，秉持结果平等原则的政府可利用公共教育投入对国民收入差异进行有效调节。由此可见，对上述问题的分析不仅具有较大的理论意义，也具有较强的现实意义。本书基于面板数据的实证研究发现，教育价值观对公共教育投入规模和公共教育投入结构对国民收入差异具有显著影响，但其影响不是最大的，各因素对国民收入差异的影响程度从大到小依次为经济发展状况、公共教育投入规模、公共教育投入结构、经济发展速度。依据以上研究结果，根据所秉持的教育价值观，本书的研究可成为各地政府用公共教育投入对国民收入差异进行有效调节的基本依据。

# 第四节　对假设4的回应和讨论

本书的假设4是公共教育投入对国民收入差异的影响存在变异点，在本书中即是论证公共教育投入规模和公共教育投入结构是否都存在倒U形态。其中，公共教育投入规模和公共教育投入结构被教育价值观所决定，故而可将公共教育投入规模和公共教育投入结构对国民收入差异的影响等同为教育价值观对国民收入差异的影响。经实证分析显示，公共教育投入规模的变化对国民收入差异的影响存在倒U形态，而公共教育投入的结构变化则不存在倒U形态。因而本书部分支持假设4。通过本书的研究发现，公共教育投入对国民收入差异的影响并不是以简单的线性关系体现，这也是对先前研究结果的拓展与补充。从先前研究可以看出，在经济发展的不同阶段，公共教育投入对国民收入差异的影响是不相同的。Leipziger 和 Lewis 以 500 美元以上的欠发达国家为样本，发现在收入基尼指数与成人识字率、初等教育在校生数三个变量之间，存在着明显的负相关关系。[1] 而在人均 GDP 在 500 美元以下的 19 个国家的样本中，收入基尼指数与成人识字率这两个变量之间则有着正相关关系，收入基尼指数与初等教育在校生数之间两变量却有着负相关关系。在此基础上，Ram 的研究也发现，在中等收入的欠发达国家中，初等教育在校生数、成人识字率与收入最低40%的人口所分享的收入有着正相关的关系；而在 9 个低收入的欠发达国家中，初等教育在校生数、成人识字率与收入最低的40%人口所分享的收入有着负相关的关系。上述研究显示，公共教育投入对国民收入差异的影响取决于经济发展水平的门槛，当经济发展水平低于这个门槛时，公共教育投入将恶化国民收入差异，而在经济发展水平高于这个门槛时，公共教育投入将会改善国民收入差异。[2]

---

[1] Leipziger Danny M, Lewis Maureen A. Social Indicators, Growth and Distribution [J]. World Development, 1980, 8 (4): 299 – 302.

[2] Ram Rati. Exports and Economic Growth: Some Additional Evidence [J]. Economic Development and Cultural Change, 1985, 33 (2): 415 – 425.

这些研究表明，在经济发展的初期，公共教育的投入会加剧国民收入差异的扩大，但一段时间后，即经济发展达到一定水平时，公共教育投入将会缩小国民收入差异。教育投入与国民收入差异之间呈现出类似于库兹涅茨假设的倒 U 形关系。笔者认为，公共教育投入规模加大，前期将会加大国民收入差异，过了变异点就会减小国民收入差异；公共教育投入中高等教育比重的加大，将一直降低国民收入差异，而不存在变异点。因此，公共教育投入与国民收入差异之间的面板数据部分的呈现倒 U 形态。所以，笔者认为，不论是认为公共教育投入有利于减少国民收入差异的观点，还是认为公共教育投入不利于减少国民收入差异的观点，都是片面的。

再者，从本书数据可以得知，认为公共教育投入不利于国民收入差异的观点大多都是以经济欠发达的发展中国家为例，这些国家的大学生粗入学率较低，因此他们都还处于教育倒 U 形曲线的左侧，所以随着公共教育投入的加大，国民收入差异必然呈扩大趋势。在理论研究层面，Mincer 从静态和微观角度进行了深入研究后发现，美国 1959 年国民收入差异中的 33% 可被个体的不同教育和工作经历加以解释；[1] 而 Psacharopoulos 对 60 多个国家的研究发现发展中国家低层级教育的收益率一般情况下均高于 15%，该数值远高于这些国家中的物质资本收益率；[2] Lemieux 在对美国 1973—2005 年的教育收益率进行深入研究后发现，国民收入的差异主要源自他们所接受教育的异质性。[3] 而更多的学者则从动态和宏观角度对相关问题进行分析，但由于他们所得结论各异，故而对公共教育投入与国民收入差异的具体关系尚未有定论，主要的观点大致有 3 种：其中以 Thurow 和 Todaro 为

---

[1] Mincer J. Schooling, Experience and Earnings [M]. New York: National Bureau of Economic Research, 1974: 126 – 138.

[2] Psacharopoulos G. Return to Education: A Further International Update and Implication [J]. Journal of Human Resources, 1977, 20 (4): 583 – 604.

[3] Lemieux T. Post – Secondary Education and Increasing Wage Inequality [J]. The American Economic Review, 2005 (96): 195 – 199.

代表的学者认为公共教育投入将扩大国民收入的差异;❶❷ 而舒尔茨和 Ahluwalia 为代表的学者则认为公共教育投入将缩小国民收入的差异,并且进而可以通过对影响国民收入不平等的基本因素进行调节而从根本上解决国民收入的差异;❸❹ 但以 Ram 为代表的部分学者则认为公共教育投入对国民收入差异所起的作用并不清晰。❺ 上述对教育之于国民收入差异影响的各种观点都得到了来自生活经验的多方面数据的支持,出现结论上差异的主要原因在于学者们研究角度的不同。其中,早期的研究主要关注不同阶层和地区民众教育存量(受教育水平)的情况,并以此为切入点,对国民收入差异进行分析;而后期的研究则更关注在教育存量相同的前提条件下教育投入导致的个体国民收入差异的情况。在诸多关注教育资源分配的研究中,Londono 和 Kuznetsi 首先提出教育资源的分配与教育存量之间存在着一种库兹涅茨式的倒 U 形关系,具体而言就是区域的教育不平等程度与国民受教育水平的关系处于单向上升状态,到达峰值后,则反向逐渐降低。❻ 而 Ram 以 94 个国家的经验数据为基础,利用计量统计方法测算出平均受教育年限 7 年为倒 U 形曲线的变异点。❼ 但当 Thomas、Wang 和 Fan 对 140 个国家(地区)1990 年的经验数据进行分析后发现,普遍而言,区域受教育年限与国民收入差异不存在倒 U 形关系,但基于 15 岁以上人口受教育年限测算出的受教育年限与国民收入差异之间却存在着倒 U 形关系,且变异点为平均受教育水平在 6~7 年,该结果

---

❶ Thurow L C. Education and Economic Inequality [J]. The Public Interest,1972 (4): 66 – 81.

❷ Todaro M P. Economic Development in the Third World [M]. New York: White Plains, 1989: 387 – 397.

❸ 舒尔茨. 论人力资本投资 [M]. 北京: 北京经济学院出版社,1990: 187 – 210.

❹ AhLuwaLia M S. Income Distribution and Development: Some Stylized Facts [J]. American Economic Review,1976 (61): 128 – 135.

❺ Ram R. Educational Expansion and Schooling Inequality: International Evidence and Some Implications [J]. The Review of Economics and Statistics,1990,72 (2): 266 – 274.

❻ Londono J L,Kuznetsi L. An Tales with Attention to Human Capital [C] //Paper presented at the Third Inter – American Seminar in Economics. Brasilia: Rio de Janeiro,1990: 2 – 10.

❼ Ram R. Level of Development and Rates of Return to Schooling: Some Estimates from Multicountry data [J]. Economic Development and Cultural Change,1996,44 (4): 839 – 857.

与上述 Ram 所获得的研究结果基本一致。❶ 此后，上述学者又基于 140 个国家 1960—2000 年的面板数据进行了深入研究，该研究也证实受教育年限与国民收入差异之间的倒 U 形关系确实存在。Gregorio 和 Lee 对 100 个国家数据的考察也验证了平均受教育水平与国民收入差异之间倒 U 形关系的存在，但他们所测算的变异点在平均受教育年限为 4.2 年。❷ 由上述描述可见，既有研究对教育不平等与收入分配的关系做了一定的统计探究，但他们对教育不平等的情况所使用的指标大多数是以教育存量为基点进行的。在本书中关注的则是公共教育投入导致的个体国民收入差异的情况。随着公共教育投入这一更真实、客观指标的构建和使用，使得对教育不平等与国民收入分配问题的研究进一步深化。如果仅选择教育投入水平较高的国家作为研究样本，则很容易出现公共教育投入对国民收入差异影响不显著的结论。另外，由于各国在教育资源投入、教育价值观、教育资源配置和教育风土人情都存在着各自不同的情况，因而分国别研究将导致各个国家所出现的变异点各不相同。

因此在本书的研究中，我们将世界上处于不同经济发展状态、拥有不同教育价值观和不同风俗习惯的各国 15 年内的情况都纳入本研究的考察范围之内，在控制各种变化因素的情况下，对公共教育投入对国民收入差异的变异点进行考察。研究发现，在控制了经济和价值观因素后，公共教育投入规模对国民收入差异存在变异点，而公共教育投入结构则对国民收入差异不存在着变异点。本结论是在上述利浦泽格和刘易斯（Leipziger and Lewis）、兰姆（Ram）和赖德胜等人研究之上的升华，对公共教育投入之于国民收入差异的影响进行了更精细的探究。

---

❶ Thomas V, Wang Y, Fan X. Measuring Education Inequality: Gini Coefficients of Education [M]. Washington, DC.: World Bank Publications, 2001.
❷ Gregorio J D, Lee J W. An Education Income Distribution: New Evidence from Cross-Country Data [J]. Review of Income and Wealth, 2002 (4): 395-416.

# 第八章 结论、政策建议及研究展望

基于前文章节中的理论分析与实证研究,本章将对全书的主要研究结论进行概括和总结,并在此基础上提出相应的建议,在本章的最后部分,将以前述研究为基础,对与本书主题相关的后续研究进行可行性展望。

## 第一节 研究结论

本书综合已有文献的相关研究成果,系统地采用教育经济学、教育管理学、国际关系学、国际经济学、计量经济学和统计学等相关学科的理论知识,以公共教育投入与各国国民收入差异的关系为研究主轴,使用多国别跨时段的统计数据,从多个角度利用最新的计量经济学方法,从人力资本、教育价值观和社会流动的理论基础出发,基于公共教育投入、经济发展状况、文化价值观和国民收入差异的变迁趋势和联动关系,以及公共教育投入对国民收入差异影响的深入研究,得出相关的结论,具体内容如下。

### 一、公共教育投入与国民收入差异的关系体现了人力的资本性

首先,人力资本的概念最早在亚当·斯密《国富论》中被提出,同时亚当·斯密确认教育可以通过提升人力资本而提高社会生产效率。而后,欧文·费雪将教育开支与生产效率紧密地联系在一起,并确认了教育投入是一种社会效益和个人自身效益并存的投入,而1992年的诺贝尔经济学奖获得者加里·贝克尔论证了不同种族民众对以教

育为主的人力资本投入的差异是不同种族民众收入差异形成的最主要原因。而后，另一些学者的研究显示，公共教育投入的增加将扩大发展中国家国民收入的不平等，由此学者们提出关于教育投入的生产功能主义理论，该理论所关注的核心问题在于确定各教育资源配比，从而获得最优结果。之后一系列相关研究发现，基于不同的研究方法、不同的研究时段和不同的被研究群体，对个体教育投入和社会教育投入之间、初级教育投入和高级教育投入之间投入效率的研究结果各有不同。虽然有一部分学者对教育成果与社会人力需求之间的关系依然存在着一定的质疑，但以人力资本理论为基础，出于对人力资源资本性的肯定，各国政府依然一直以公共教育投入作为其对社会结构和社会关系治理的重要手段之一。

其次，学者们也发现不平等的受教育机会将阻碍维持社会正常发展和运行所必需的一定程度的社会流动。教育机会的被剥夺，不但将对已有的社会阶层固化，甚至将会极化之，由此引致社会的动荡。基于研究视角的差异，对社会流动的研究可分为针对社会关系（结构）的宏观和针对个体动态（反转）的微观两种模式。在微观模式中，社会学家们认为对个体而言，历史和地理位置、与他人的社会关系、个体的控制及时间的变化均可影响个体的社会流动。基于此，形成了关注地理区位和历史因素对个体生活影响的历史人口研究法，注重研究社会体制与个体生活态度、生活模式关系的年龄社会学研究法，关注个体如何应对社会的局限与机会的生活史研究法，主张个体生活中的事件需要与年龄、环境相适应的纵向调查法四种对个体动态（反转）微观模式的研究方法；另外，学者们也从宏观的角度对社会关系的宏观模式进行界定，即社会关系是由法律法规、劳资双方谈判和教育所决定的社会经济秩序的结果。而对于社会关系的具体体现"社会阶层"，虽然社会学家马克斯·韦伯所提出的相关理论是以市场关系为基础，而心理学家卡尔·马克思则更强调社会结构中的对立性，但他们对于"社会阶层"这一概念拥有一致的定义，即以人们所拥有的社会资源进行划分的群体。由此，社会整体资源的多寡成为决定社会整体流动的环境因素。接着，学者们从宏观和微观因素之间的相互作用机制剖析了个体需求和社会结构之间的关系。其中,从微观层面的个体需求和个体行为选择作为起点的研究加深了对宏观层面的社会分层固化甚至极化、教育不平等的加剧等一系列社会现象的理解;同时,透过教育机会增加、教育不平等现实加剧和社会上升通道闭塞所导致的社会流动系统失灵等现象的研究则反映了上述因素对个体生活的影响。随着全世界范围内高等教育系统规模的急速扩张,导致在受过高等教育的个体中阶级和人种背景弱化,学者们认为由此社会流动的调节功能得到充分发挥。与此同时,随着知识经济的发展,所有工作岗位上技术成分的不断增加导致民众所获得的知识技能发挥着越来越重要的作用,由此使教育成为越来越重要的调节社会流动的杠杆。

而当某个个体认为其他个体拥有与自己相似的身份、特征和社会资源之时,在社会中拥有共同"社会认同"的群体即开始逐步形成,而当这些群体将自身的地位和声望与其他群体进行对比之后,将进一步强化个体之间的群体意识,上述过程即社会认同的产生过程,同时也是社会认同理论的来源。当社会中形成了以不同标准构建的群体(民族族群、社会阶层和同一地域居民等)之后,一方面个体将由于其成为群体的一员而去个性化,另一方面将被其所属群体的共性所强化,由此学者们发现不同族群的民众对教育的重视程度和所愿意为教育所花费的投入各有不同。加里·贝克尔在他的人力资本著作中指出,不同种族民众对教育投入的意愿程度各有差异,他认为很多种群(如日本人、华人、犹太人和古巴人)比墨西哥人、波多黎各人和黑人可以给予家庭中每个孩子更多的教育投入,他还指出古巴人比黑人更重视经济的流动性,因此古巴人对人力资本投入更多。[1] Harkin 和 Heidemann 认为来自不同背景家庭的学生拥有差异化的受教育机会和获得理想职业的机会,那些拥有较少资源的个人将获得有限的教育支持,从而接受较少教育,进而从事地位较低、收入较少的职业,这些不同族群和阶层群体由于其各自传统、所处环境和所拥有的资源形成

---

[1] Becker G S. Investment in Human Capital: A Theoretical Analysis [J]. Journal of Political Economy, 1962, 70 (5): 9-49.

了不同的文化价值观，这些价值观在不同群体之间形成了代际间社会状态的循环传递，由此将导致社会流动的停滞和社会阶层的固化，进而极化各个群体的特质。❶

本书对公共教育投入与国民收入差异之间的关系展开了一系列相关研究，首先确认了公共教育投入的提高对社会经济发展的影响，而后又以社会流动理论和社会认同理论为基础，从不同角度验证了公共教育投入的提高对国民收入差异的具体作用。由此，本书通过上述一系列研究成果确认了人力资源的资本属性。

## 二、公共教育投入与国民收入差异的变化趋势反映了影响因素的兴替

本书分别以生存和自我实现价值观、传统和世俗理性价值观及地理区位三个衡量维度对43个国家在1998—2012年的15年中的教育、经济、文化价值观和国民收入差异的变化程度进行方差齐性检验、独立样本T检验、单因子方差检验及最小显著差异法等统计分析后，发现：在15年中，国民收入差异在上述三个衡量维度中都一直为差异显著，公共教育投入规模于15年中在传统和世俗理性价值观及地理区位两个衡量维度中都存在差异显著，公共教育投入结构则仅于2012年在传统和世俗理性价值观的衡量维度上存在差异显著，经济发展状况15年中仅在传统和世俗理性价值观这个衡量维度中存在差异显著，而经济发展速度则仅于1998年在地理区位这个衡量维度中存在差异显著。由此可知，在所有被考察的因素中国民收入差异的差异性最为显著，公共教育投入规模次之，经济发展状况再次之，公共教育投入结构由差异不显著变为显著，而经济发展速度则由原来的差异显著变为不显著。可见，公共教育投入和国民收入差异是当今世界平衡发展的主要问题，而经济发展状况因素亦存在一定程度的影响，但各国之间经济发展速度的差异在不断缩小。

---

❶ Harkin J. In Defence of the Modernist Project in Education [J]. British Journal of Educational Studies, 1998, 46 (4): 428–439.

而后，通过对比各个因素在1998年和2012年的综合空间定位图可知：在1998年时，地理区位分类之间的差异远远大于以价值观为划分标准的分类，同时以自我实现为主要价值观的国家及位于大洋洲的国家中国民收入差异相对其他类别较小；而到2012年时，地理区位分类之间的差异变为了仅略微大于以价值观为划分标准的分类，同时以自我实现为主要价值观的国家和大洋洲国家的国民收入差异扩大，而欧洲国家国民收入差异则变小了。

由此可见，在本书所研究的样本中，拥有不同文化价值观的国家之间各种因素的差异在逐渐扩大，而各大洲之间各因素的差异则在减小，到2012年，以文化价值观进行分类的类别中各种因素的差异与以地理区位为划分维度的类别之间所存在的差异几乎相当。此外，从国民收入相对较为平等的类别在1998年还有以自我实现价值观为主的国家和大洋洲国家，但在2012年则变为仅剩欧洲国家。由此可知，不但在世界各国内部国民收入差异越来越不平等，同时世界范围内以不同衡量维度划分的类别之间的国民收入差异也一直存在统计显著。综上所述，全球各国间由地理区位进行分类时，各个因素之间的差异越来越小，而按文化价值观进行分类时各个因素之间的差异则越来越大；与此同时，公共教育投入规模和经济发展状况也在一些类别中一直存在统计显著的差异。故而，在当今这个国民收入差异越来越显著的世界之中，文化价值观逐步取代了地理区位因素，成为体现各国差异的主要类别标准和原因；另外，虽然在不同分类方法中教育经济因素的整体差异在不同分类之中有所变化，但其中公共教育投入规模和经济发展状态在一些类别中一直存在显著差异；还有，公共教育投入结构也于2012年在传统和世俗理性价值观的衡量维度上存在显著差异。因而，国民收入差异和文化价值观在世界的社会生活中愈加重要，而公共教育投入与国民收入差异等因素的变化趋势反映了社会认同理论的兴替。

## 三、公共教育投入与国民收入差异的交互关系得以确认

通过对由 15 个国家在公共教育投入、经济状况和国民收入差异等社会教育经济等各个方面因素在 1981—2012 年的 32 年中的平均值构建的时序序列数据进行平稳性检验，进而构建向量自回归（VAR）模型，再以其为基础进行格兰杰因果关系检验、脉冲响应函数分析和方差分解分析。其中根据格兰杰因果关系检验发现公共教育投入规模和公共教育投入结构都是国民收入差异的格兰杰"因"，经济发展状态和国民收入差异互为对方的格兰杰"因"，而国民收入差异是经济发展速度的格兰杰"因"，故而可以认为上述因素之间存在以实际生活中的时序序列数据为基础，并以计量统计原理为论证手段的具有统计意义的因果关系。进而，以脉冲响应函数分析考察了具有格兰杰因果关系的公共教育投入规模和结构与国民收入差异之间的脉冲效应。通过研究发现，在 10 年这个时间区间内：公共教育投入规模的增加首先将在 1.5 年内增大国民收入差异，而后则将缩小这种差异，而公共教育投入结构中高等教育投入部分的增加将持续缩小国民收入差异。

通过以向量自回归模型为基础的方差分解分析发现，在前期国民收入差异、公共教育投入规模、公共教育投入结构、经济发展状态和经济发展速度五个因素中，国民收入差异前期对现期国民收入差异的影响力最大，公共教育投入规模和经济发展状态的影响力次之，而公共教育投入结构的影响力排在上述因素之后，经济发展速度对国民收入差异的影响力则为最弱。此外，随着时间的流逝，经济发展速度与前期国民收入差异两因素对现期国民间收入差异的影响力处于不断消退之中，而政府总投入中的公共教育投入所占的百分比、公共教育投入中的高等教育投入所占的百分比和经济发展状态对现期国民收入差异的影响力则随着时间的推移而不断增强，可见上述三个影响因素对现期国民收入差异的影响效应具有明显的滞后性和积累性。再有，通过比较国民收入差异对现期经济发展状态和现期经济发展速度的影响力差异可知，国民收入差异对现期经济发展速度的影响力大于对现期经济发展状态的影响力，而在被考察的 10 个滞后期之内国民收入差

异和前期经济发展状态两个因素对现期经济发展状态和现期经济发展速度的影响变化趋势相反，而仅前期经济发展速度这一因素对现期经济发展状态和现期经济发展速度的影响变化趋势一致。

## 四、公共教育投入对国民收入差异的具体影响被进一步量化

在对43个国家在1998—2012年的15年中的数据进行平稳性、多重共线性、内生性和异方差等一系列数理统计前置条件检验后，本书建立稳健的固定效应面板回归模型，作为在综合考虑经济状况和文化价值观等因素的作用下分析公共教育投入对国民收入差异影响的分析工具。由回归分析可知，公共教育投入、经济状况和文化价值观均与国民收入差异呈负相关关系，即随着上述影响因素数值的上升国民收入差异将减小。而当单独分析每个影响因素对国民收入差异的作用时，则可发现上述四个影响因素对国民收入差异的整体影响力依公共教育投入规模、经济发展状态、公共教育投入结构、经济发展速度逐步递减，而当加入传统与世俗理性价值观和生存与自我实现价值观这两类价值观影响因素后发现，文化价值观对国民收入差异的整体影响力仅低于公共教育投入规模，但高于经济发展状态，因而文化价值观对国民收入差异的整体影响力也相对较高。此外，无论是在考察公共教育投入规模对国民收入差异的回归模型中，还是在考察公共教育投入结构对国民收入差异的回归模型中，文化价值观对国民收入差异的作用都是具备最高统计显著性的，因而文化价值观已经成为对国民收入差异影响最大的因素。虽然整体而言，各个影响因素与国民收入差异均呈负相关关系，但每个影响因素的具体情况又各有不同，其中：当公共教育投入规模超过13.058%、经济发展现状超过0.253万元/年之后，上述两因素增加对国民收入差异的影响将由扩大变为减小；在经济发展速度超过每年7.32%之后，其对国民收入差异的影响则将由原本的减小转变为扩大；而民众越倾向于世俗理性价值观和自我实现价值观、公共教育投入结构中高等教育投入比例越增加，都将减小国民收入差异。

## 第二节 政策建议

本书的理论和实证研究不但厘清了公共教育投入与国民收入差异两方面因素之间的演变历史及未来发展趋势，同时还检视了在经济状况和文化价值观等因素的影响下，公共教育投入与国民收入差异之间的关系和这两因素相互间的影响，为各国政府对国民收入差异的调节制度和政策的制定提供了新的理论依据和参考信息。在当今世界，各种影响因素的变化趋势纷繁复杂，公共教育投入中高等教育投入所占比重和经济发展状态均处于不断上升之中，而经济发展速度和国民收入差异则处于不断减小之中，此外文化价值观的差异取代了以前地域之间的差异，成了主要的差异化类别划分标准和影响因素。在这样复杂的发展形势背景下，如何利用教育经济手段，对拥有不同文化价值观的国家（地区）中的国民收入差异进行调节，保障社会"平等与效率"的有机统一及和谐健康发展成为当今社会的主题。结合本书的理论和实证研究成果，本书提出通过以下教育经济手段，调节国民收入差异的政策建议。

### 一、发挥公共教育投入因素对国民收入差异的宏观调节作用

国民收入差异表征的是民众所能获得资源的差异，当社会整体的国民收入差异处于极值之时，将影响社会的正常发展和和谐稳定。国民收入差异过小意味着在社会中从事不同工作、拥有不同数量资源、努力程度不同的民众所获得的收入几乎都一样，这种收入分配模式将使民众丧失努力拼搏的动力，由此导致社会发展处于停滞状态；而当国民收入差异过大，则将会导致拥有不同资源、从事不同工作的民众所积累资源的数量和速度差异过大，当这种民众的显著差异随着时间的推移而逐代累积并不断扩大之后，整个社会的流动将停滞，阶层随之固化，从而引致社会的动荡和不安。

由前文的格兰杰因果关系检验可知,公共教育投入的规模和结构、经济发展的状况和速度均为国民收入差异的格兰杰"因"。此外,由面板数据回归分析结果可知,从长期、宏观的视角来看,上述四个因素数值的增大都将缩小所存在的国民收入差异。因而,上述四个因素均对国民收入差异具有宏观调节作用。充分发挥好上述属于教育经济范畴的四个影响因素对国民收入差异的宏观调节作用,有利于社会的和谐稳定和健康发展。

## 二、关注公共教育投入的不同方面对国民收入差异的差异化影响

通过前文中的方差分解和回归分析可知,对国民收入差异具有统计显著影响的公共教育投入规模和结构、经济发展状况和速度四个因素的作用各有不同。其中,公共教育投入规模对国民收入差异的影响力最大,经济发展状态次之,公共教育投入结构的影响力位列第三,经济发展速度的影响力最弱。而通过面板门限回归模型的分析可知,当公共教育投入的规模和结构以不同幅度变动时,其对国民收入差异的影响模式各不相同。其中:当公共教育投入规模超过 13.058% 之后,公共教育投入规模的继续增加对国民收入差异的影响将由扩大国民收入差异转变为减小国民收入差异;而公共教育投入中,高等教育比例的增加则将一直减小国民收入差异。通过这些以现实社会中的数据为基础,使用计量统计方法得出的数据分析结果可知,在经济状况和文化价值观的综合影响下,不同的公共教育投入因素对国民收入差异的影响虽然在整体的长远趋势上一致,但当对所有影响因素进行精细分析后可知,不但每个因素对国民收入差异的影响力度各不相同,而且不同的增加幅度也将导致各个因素对国民收入差异的短期作用各异。为了充分利用好公共教育投入各个方面的影响因素对国民收入差异的调节作用,有必要仔细厘清公共教育投入规模和结构的不同方面对国民收入差异的影响,从而最大限度发挥公共教育投入因素对国民收入差异所具有的效能。

### 三、把握不同时期和不同强度公共教育投入对国民收入差异的差异化效用

通过对比脉冲响应函数和面板回归模型的分析结果可知，分别以时间维度和强弱维度考察公共教育投入的不同方面对国民收入差异的作用可得出基本一致的结果。由面板回归模型可知，公共教育投入规模大小的变化将会引起国民收入差异随之变化。其中，当公共教育投入占政府总投入的百分比低于13.058%时，公共教育投入规模的升高将扩大国民收入差异；而当公共教育投入占政府总投入的百分比高于13.058%时，公共教育投入规模的升高则将缩小国民收入差异。而由脉冲响应函数分析可知，公共教育投入的规模上升一个单位的标准差，将使国民的收入差异首先处于扩大的状态，而后迅速缩小并小于未受到经济发展冲击时的数值，这种效果属于长期有效状态。因而无论是从时间维度，还是从强弱维度考察公共教育投入的规模变化对国民收入差异的作用都可得出基本一致的结果。另外，无论是基于面板回归模型还是脉冲响应函数所进行的分析，公共教育投入结构的变化在时间和强弱两个维度也均呈现一致表现，即当公共教育投入中高等教育投入的比例增加时，国民的收入差异将变小；而当公共教育投入中高等教育投入的比例变小时，国民的收入差异反而将扩大。

所以，根据本书的分析结果可知，充分把握上述公共教育投入与国民收入差异的关系，将有利于以公共教育投入为手段，对国民收入差异进行有效调节。

### 四、充分利用公共教育投入调节民众价值观保障社会稳定发展

基于对由43个国家在1998—2012年的15年中所获得的平衡面板数据，本书建立了相应的面板回归模型组对其进行分析，由回归结果可知，传统与世俗理性文化价值观和生存与自我实现价值观对国民收入差异的影响力位于与教育、经济和文化价值观相关的六个

影响因素的第二位和第三位，仅次于公共教育投入规模变化对国民收入差异的影响力，而且这两种价值观对国民收入差异变化的影响力均呈现统计上的显著。由此可知，民众的文化价值观可以在较大程度上影响国民收入的差异。同时，文化价值观自身又受民众所处社会环境中的来自诸多方面的各种因素的影响，如在本书的研究中就发现，生存与自我实现价值观和社会经济发展现况存在中度相关的关系，因而生存与自我实现价值观和社会经济发展现况存在中等程度的相互影响。

而教育不但承担着传递、扩散、发明最新科技知识的功能，同时肩负着形成社会统一价值观、为社会发展服务的作用。因此，通过思想道德和公民教育，政府可以定向地调整民众的价值观。由前文研究结果可知，价值观对国民收入差异的影响力显著，因此政府通过教育对社会民众主流价值观进行有目的地引导，可以有效调节国民收入差异，从而有效保障整个社会的和谐稳定。

## 五、关注国民收入差异对经济因素的反作用

由格兰杰因果关系检验的分析结果可知，不但公共教育投入和经济发展因素是国民收入差异的格兰杰"因"，而且与之相对的国民收入差异也是社会经济发展状态和经济发展速度的格兰杰"因"，即从数理统计的角度来看，国民收入差异是社会经济发展状态和社会经济发展速度的数理统计原因，故而国民收入差异的改变将影响现时社会经济发展的状态和社会经济发展的速度。由于国民收入差异的变化将对经济发展状况和经济发展速度有着举足轻重的作用，本书的数据分析结果显示，国民收入差异的变化对经济发展状况和经济发展速度在统计上呈现显著相关关系并具有相反的阻碍作用，因而在研究国民收入差异的变化对经济发展状况和经济发展速度的相反作用之前，对国民收入差异的原因进行分析，关注在社会实际生活中国民收入差异对社会经济的反作用是加快经济发展进程的基本任务。

## 第三节　研究展望

伴随着当今世界范围内的全球化趋势，各国之间进行实质性交流与合作的机会日益增多。这种交流与合作促进了全球各国多方面的融合，降低了各国之间的差异程度。由本书的研究结论可知，当以地理区位作为衡量维度时，各大洲之间的差异确实在不断减小；但当以文化价值观作为衡量维度时则发现各国之间的差异在一部分国家中不断缩小，而在另一部分国家中反而在不断扩大。同时，虽然不同国家大多与教育和经济相关的因素均随着时间的推移处于不断缩小之中，但国民收入差异则在所有衡量维度的不同类别之中都存在统计显著差异。虽然当今世界人民生活和科技发展水平在不断提高，但上述两大现象显示各国国内的国民收入差异问题及不同衡量维度划分的各种类别之间的国民收入差异问题成为需要被世界各国重视的主要问题。本书的研究虽然厘清了教育、经济与国民收入差异的状况和发展趋势，教育、经济与国民收入差异之间的交互关系和教育、经济对国民收入差异的影响。但是一方面由于社会经济发展中所存在的复杂性、多元性和各因素之间的相互关联性，另一方面受本书作者的理论功底、学术造诣和所投入本研究的人力、物力、财力所限，本书的研究中仍存有诸多不足及可进一步完善之处，主要表现为以下三个方面。

### 一、扩大样本容量，提高研究结果的信度和效度

本书以世界银行数据库、世界收入不平等数据库和世界价值观调查数据库为基础，对世界43个国家在1998—2012年的15年中教育、经济和文化价值观的发展趋势，对国民收入差异的联动关系和影响进行了深入的宏观研究。但由于本书的研究所使用的计量统计方法要求被研究数据为平衡面板数据，因而在被研究的时间段和被研究的国家中的数据不能存在缺失值。与此同时，由于本书的研究目标是以上述15年中的社会经济发展的实际情况为依据，厘清各个相关变量之间所蕴含的内在规律，以此为基础理解当前社会现实的发展趋势并通过对

相关变量进行适当调节，以保障社会的和谐稳定。故而，为了保证本书研究的信度和效度，应在保证所获数据有效和真实的基础上，尽量获得最新的样本数据，同时尽量扩大样本中被研究的个数和时间长度，以保证所进行的数理统计分析结果为稳健并且是无偏的。本书的研究样本中一共包含了 43 个国家在上述年中所产生的数据，其被研究的国家数相较于现在全世界范围内总共 233 个国家（地区）而言相对较少。虽然在研究的过程中，个别国家（非洲的卢旺达、刚果民主共和国等）因其独特的社会状况被检定为奇异值而被排除在本书的研究之外，但最后所获得的以 43 个国家为基础的样本相对于全世界总共 233 多个国家和而言依然相对较少。再从时间长度来看，第二次世界大战已经结束了 70 多年，其间虽然世界各地局部地区的区域性冲突时有发生，但总体而言全球一直处于和平之中，而本书所能收集到的上述 15 年的数据相较于 70 多年的全球整体和平年限而言也相对较短。随着科技的发展和全球化进程的推进，跨国数据的获得和保存相较于以前都有了较大的提升，因而未来的研究可以通过收集更多的数据对教育、经济、文化价值观与国民收入差异之间的关系进行更为稳健的分析。

## 二、与质性研究相结合，深化定量研究

本书主要是通过数理统计方法对已有数据进行定量研究，通过不同的定量研究方法，本书从不同的角度廓清了教育、经济、文化价值观与国民收入差异之间的各种关系。其中，通过独立样本 T 检验、方差齐性检验、单因子方差检验、最小显著差异比较表和偏好空间定位图展示了各变量的历史发展路径和未来的发展方向；通过格兰杰因果关系检验、向量自回归模型、脉冲响应函数和方差分解分析厘清了各变量与国民收入差异的统计学因果关系，并确定了各变量的变化对国民收入差异中短期影响的方向和强度；通过面板回归模型确定了各个变量的变化对国民收入差异长期的影响。但由于条件所限，本书并没有对引致各种变化的质性原因进行探讨，如对由定量研究所得的各变量的历史发展路径和未来的发展方向，可以通过质性研究挖掘引致各

变量变动的因由；而对由定量研究得出的各变量与国民收入差异的统计学因果关系，特别是其中国民收入差异的反作用仅在经济发展因素中显示出统计学因果关系的原因，也可以运用质性研究方法进一步进行探讨；而对于由回归模型确定的各个变量对国民收入差异的长期影响也可通过质性研究挖掘其背后的具体因由。因此，在本书的量化分析基础上进一步进行深入的质性研究将有利于挖掘数字背后蕴藏的社会现实意义，从而使相关研究进一步向纵深发展。

### 三、扩大所研究的影响因素，完善研究生态图谱

本书主要考察了在经济状况和文化价值观因素的影响下公共教育投入对国民收入差异的作用。但人类社会是由多方面因素构成，故而可以对国民收入差异产生重要影响的因素除了上述三个方面之外还有其他因素可以考虑；此外，随着社会的进步和时代的变迁，不同因素对国民收入差异的影响力水平和趋势均将随着社会环境的变化而发生变化。❶ 因此在未来的研究中，可以扩大所研究的对国民收入差异存在显著影响力的影响因素的广度和深度，即不但可以从横向扩展的角度包括更多的影响因素（科技水平等），也可以从纵向角度收纳不同层次（基于省、市等）的经验数据，从而对现有的研究进行改进与拓展，在现有研究的基础上构建更加具有层次性、更加精细和深化的计量模型和优化的指标体系，从而对影响国民收入差异的因素进行更深入、透彻、全面的研究。

---

❶ 冯增俊. 教育人类学未来发展展望［J］. 华南师范大学学报（社会科学版），2006（2）：98－103.

# 主要参考文献

## 一、中文类

[1] 廖毅,张薇.法国民族融合与教育优惠政策[J].西北民族大学学报(哲学社会科学版),2016(6).

[2] 亚当·斯密.国富论[M].张兴,等译.北京:燕山出版社,2009.

[3] 何艳玲."公共价值管理":一个新的公共行政学范式[J].政治学研究,2009(6).

[4] 廖毅,张薇.经济因素对民族省份与西部地区人均受教育水平的差异分析[J].求索,2017(7).

[5] 赖德胜.教育与收入分配[M].北京:北京师范大学出版社,2000.

[6] 白雪梅,吕光明.教育与收入不平等关系研究综述[J].经济学动态,2004(4).

[7] 钱智勇.教育、人力资本和兼顾公平的增长[J].上海经济研究,2010(1).

[8] 梁玮.新疆人力资本与城乡收入差距的关系研究[D].乌鲁木齐:新疆大学,2009.

[9] 熊广勤,张卫东.教育与收入分配差距:中国农村的经验研究[J].统计研究,2011(10).

[10] 董鲲.中国地区间政府教育支出与居民收入差距的关系研究[D].济南:山东大学,2012.

[11] 彭杨鲲.政府教育投资对区域收入差距影响的实证研究[D].北京:财政部财政科学研究所,2013.

［12］罗丹．我国西部地区城乡教育差距对城乡收入差距影响的实证研究［D］．重庆：重庆工商大学，2014．

［13］陈斌开，张鹏飞，杨汝岱．政府教育投入、人力资本投资与中国城乡收入差距［J］．管理世界，2010（1）．

［14］张伟，陶士贵．人力资本与城乡收入差距的实证分析与改善的路径选择［J］．中国经济问题，2014（1）．

［15］高梦滔，姚洋．农户收入差距的微观基础：物质资本还是人力资本？［J］．经济研究，2006（12）．

［16］张东辉，司志宾．人力资本投资、就业双轨制与个体收入差距——收入差距问题代际间资本转移视角的一种解释［J］．福建论坛（人文社会科学版），2007（10）．

［17］张东伟．人力资本回报率变化与收入差距："马太效应"及其政策含义［J］．经济研究，2006（12）．

［18］陈杰．对教育价值观的若干思考［J］．教育探索，2002（1）．

［19］彭拥军．高等教育与农村社会流动［M］．北京：中国人民大学出版社，2007．

［20］靳希斌．教育经济学［M］．3版．北京：人民教育出版社，2005．

［21］靳希斌．关于教育经济学若干热点问题的争鸣［J］．教育研究，1999（6）．

［22］王玉昆．教育经济学［M］．北京：华文出版社，1998．

［23］尹鸿雁．中国公共产品供给研究——政府的责任、优势与局限［D］．长春：吉林大学，2010．

［24］张馨．公共财政论纲［M］．北京：经济科学出版社，1999．

［25］保罗·A.萨谬尔森，威廉·D.诺德豪斯．经济学［M］．12版．北京：中国发展出版社，1992．

［26］厉以宁．教育经济学［M］．北京：北京出版社，1984．

［27］陈朝旭．政府公共教育投资与经济增长关系的实证分析［J］．财经问题研究，2011（2）．

［28］舒尔茨．教育的经济价值［M］．长春：吉林人民出版社，1982．

[29] 王善迈．教育投入与产出研究［M］．石家庄：河北教育出版社，1996．

[30] 廖毅，张薇．教育促进民族区域人力资本与经济发展适配的探析——以云南为例［J］．云南民族大学学报（哲学社会科学版），2017（1）．

[31] 王善迈，杜育红，刘远新．我国教育发展不平衡的实证分析［J］．教育研究，1998（6）．

[32] 孙启林．朝鲜新的"秀才—精英"教育体系述评［J］．外国教育研究，1999（6）．

[33] 阿瑟·塞西尔·庇古．福利经济学［M］．北京：华夏出版社，2013．

[34] 冯增俊．现代高等教育模式论［M］．广州：广东高等教育出版社，1993．

[35] 王卫东．现代化进程中的教育价值观［M］．北京：中国社会科学出版社，2002．

[36] 巩真．教育均等化政策对收入差异影响的国际比较——美、韩经验借鉴和中国问题分析［J］．陕西师范大学学报（哲学社会科学版），2006（2）．

[37] 陆铭，陈钊，万广华．因患寡，而患不均——中国的收入差距、投资、教育和增长的相互影响［J］．经济研究，2005（12）．

[38] 赖德胜．教育扩展与收入不平等［J］．经济研究，1997（10）．

[39] 舒尔茨．论人力资本投资［M］．北京：北京经济学院出版社，1990．

[40] 张建平．教育价值观的历史变迁及其新走向［D］．南京：南京师范大学，2003．

[41] 余飘萍．新疆公共教育支出对居民收入差距的影响研究［D］．乌鲁木齐：新疆财经大学，2015．

[42] 朱沙．政府保障高等教育公平的财政政策研究［D］．成都：西南财经大学，2010．

[43] 廖毅，张薇．公共教育投入与国民收入差异的关系研究［J］．大学教育科学，2019（5）．

## 二、英文类

[44] Galor O, Zeira J. Income distribution and macroeconomics [J]. The Review of Economic Studies, 1993, 60 (1).

[45] Morel N, Palier B, Palme J. Towards a social investment welfare state: ideas, policies and challenges [M]. Boston: Policy Press, 2012.

[46] Boudon R. Education, opportunity and social inequality: changing prospects in western society [M]. New York: Wiley-Interscience, 1974.

[47] Haveman R, Smeeding T. The role of higher education in social mobility [J]. The Future of Children, 2006 (1).

[48] Schultz, Theodore W. Investment in human capital [J]. American Economic Review, 1961 (1).

[49] Becker Gary S. Human capital: A theoretical and empirical analysis with special reference to education [M]. New York: Columbia University Press, 1964.

[50] George Psacharopoulos. Returns to education: an international comparison [M]. San Francisco: Elsevier-Jossey Bass, 1973.

[51] Raymond R and Sesnowitz M. The rate of return to mexican americans and anglos on an investment in a college education [J], Economic Inquiry, 1983, 21 (3).

[52] Hall R E, Jones C I. Why do some countries produce so much more output per worker than others? [J]. The Quarterly Journal of Economics, 1999, 114 (1).

[53] Yi L, Wei Z, Xiaobo Y. Difference analysis of economic factors on per capita education level between the ethnic provinces and the western region [J]. Argos, 2018 (2).

[54] Teixeira P N. Economic beliefs and institutional politics: human capital theory and the changing views of the world bank about education (1950—1985) [J]. The European Journal of the History of Economic Thought, 2016 (3).

[55] Sequeira T N, Viegas R, Ferreira – Lopes A. Income and Religion: a heterogeneous panel data analysis [J]. Review of Social Economy, 2016 (2).

[56] Orley Ashenfelter and Rouse Cecilia E. Income, schooling and ability: evidence from a new sample of identical twins [J]. Quarterly Journal of Economics, 1998 (1).

[57] Cohn Elchanan and Addison John T. The economic returns to lifelong learning [R]. University of South Carolina College of Business Administration Division of Research Working Paper B – 97 – 04, 1997.

[58] Psacharopoulos G. Returns to investment in education: a global update [J], World Development, 1994 (22).

[59] Griliches Zvi. Role of education in production functions and growth accounting [M]. New York: Columbia University Press, 1970.

[60] Griliches Zvi. Estimating the returns to schooling: some econometric problems [J], Econometrica, 1977 (45).

[61] Bils M, Klenow P J. Does schooling cause Growth? [J]. American Economic Review, 2000 (2).

[62] Mincer Jacob. Schooling, experience and earnings [M]. New York: Columbia University Press, 1974.

[63] Card David. Earnings, schooling and ability revisited [J]. Research in Labor Economics, 1995 (14).

[64] Daron Acemoglu K, Simon Johnson and Robinson James A. Institutions as a fundamental cause of long – run economic growth [J]. Economic Growth, 2005 (6).

[65] Blackburn M, Neumark D. Omitted – ability bias and the increase in the return to schooling [J]. Journal of Labor Economics, 1993 (3).

[66] Blackburn M, Neumark D. Are OLS estimates of the return to schooling biased downward? Another look [J]. The Review of Economics and Statistics, 1995 (2).

[67] Parker S C, Van Praag C M. Schooling, capital constraints and entrepreneurial performance: the endogenous triangle [J]. Journal of Business & Economic Statistics, 2006 (4).

[68] Shavit Yossi and Hans - Peter Blossfeld. Persistent inequality: changing educational attainment in thirteen countries [M]. Boulder: Westview Press, 1993.

[69] Meyer John W. The effects of education as an institution [J]. American Journal of Sociology, 1977 (83).

[70] Kerckhoff Alan C. Institutional arrangements and stratification processes in industrial societies [J]. Annual Review of Sociology, 1995 (21).

[71] Van Der Werfhorst, Herman G and Mijs Jonathan J B. Achievement inequality and the institutional structure of educational systems: a comparative perspective [J], Annual Review of Sociology, 2010 (36).

[72] Erikson Robert and Jonsson Jan O. From school to work [A] // A comparative study of educational qualifications and occupational destinations. Oxford: Oxford University Press, 1998.

[73] Buchmann C, Dalton B. Interpersonal influences and educational aspirations in 12 countries: the importance of institutional context [J]. Sociology of Education, 2002 (5).

[74] Breen R and Jonsson J O. Inequality of opportunity in comparative perspective: recent research on educational attainment and social mobility [J]. Annual Review of Sociology, 2005 (31).

[75] Reay D, David M E and Ball S J. Degrees of choice: class, race, gender and higher education [M]. London: Trentham Books, 2005.

[76] Crozier G, Reay D, Clayton J, Colliander L and Grinstead J. Different strokes for different folks: diverse students in diverse institutions - experiences of higher education [J]. Research Papers in Education, 2008 (23).

[77] Bourdieu P. Distinction [M]. London: Routledge, 1984.

[78] Mare R D. Change and stability in educational stratification [J]. American Sociological Review, 1981 (46).

[79] Psacharopoulos G, Patrinos H A. Returns to investment in education: a further update [J]. Education Economics, 2004, 12 (2).

[80] Psacharopoulos G. Schooling and income distribution [J]. Review of Economics and Statistics, 1976 (2).

[81] Baptiste I. Educating lone wolves: pedagogical implications of human capital theory [J]. Adult Education Quarterly, 2001, 51 (3).

[82] Little A. Motivating learning and the development of human Capital [J]. Compare, 2003, 33 (4).

[83] Lemert C. Social theory: the multicultural and classic readings [M]. Boulder: Westview Press, 1999.

[84] Heidemann W. Knowledge and skills for the new economy—the role of educational policy: paper presented at the conference on social justice in the new economy [R]. London England, 2000.

[85] Psacharopoulos G. Returns to education: an updated international comparison [J]. Comparative Education, 1981, 17 (3).

[86] Coleman J S. Department of health USA. equality of educational opportunity [M]. Washington: US Department of Health, Education and Welfare, Office of Education, 1966.

[87] Hanushek E A. The economics of schooling: production and efficiency in public schools [J]. Journal of Economic Literature, 1986, 24 (3).

[88] Haveman R, Smeeding T. The role of higher education in social mobility [J]. The Future of Children, 2006 (1).

[89] Marshall A, Guillebaud C W. Principles of economics [M]. 9th ed. Chicago: Macmillan, 1961.

[90] Samuelson P A. The pure theory of public expenditure [J]. Review of Economics and Statistics, 1954 (4).

[91] UNESCO. Education for all 2000—2015: achievements and

challenges [M]. Paris: UNESCO Publishing, 2015.

[92] Bolstad R. Taking a "future focus" in education—what does it mean [M]. Wellington: New Zealand Council for Educational Research, 2011.

[93] Schuller T, Desjardins R. Understanding the social outcomes of learning [M]. Paris: OECD, 2007.

[94] Healy T, Côté S. The well-being of nations: the role of human and social capital [A] //Education and skills. Paris: OECD, 2001.

[95] Oreopoulos P. Do dropouts drop out too soon? Wealth, health and happiness from compulsory schooling [J]. Journal of Public Economics, 2007, 91 (11).

[96] UNESCO Institute for Statistics. The quantitative impact of conflict on education [M]. Montreal: Que., 2010.

# 附　录

## 攻读博士学位期间发表的学术论文

一、"人才流动背景下高等教育对民族区域经济发展的影响研究——以大湘西地区为例",《民族论坛》2016 年第 1 期,第 80 - 86 页。

二、"法国民族融合与教育优惠政策",《西北民族大学学报(哲学社会科学版)》2016 年第 6 期,第 171 - 176 页。

三、"教育适配民族地区经济发展探析——以东北延边朝鲜族自治州为例",《经济视角》2016 年第 6 期,第 84 - 91 页。

四、"教育促进民族区域人力资本与经济发展适配的探析——以云南为例",《云南民族大学学报(哲学社会科学版)》2017 年第 1 期,第 118 - 125 页。

五、"移动教学的回顾与展望",《湖南工业大学学报(社会科学版)》2017 年第 2 期,第 1 - 6 页。

六、"结果平等视域下湖南民族教育资源成效分析",《湖南财政经济学院学报》2017 年第 2 期,第 50 - 59 页。

七、"经济因素对民族省份与西部地区人均受教育水平的差异分析",《求索》2017 年第 7 期,第 186 - 191 页。